앞선 정보 제공! 도서 업데이트

언제, 왜 업데이트될까?

도서의 학습 효율을 높이기 위해 자료를 추가로 제공할 때!
공기업 · 대기업 필기시험에 변동사항 발생 시 정보 공유를 위해!
공기업 · 대기업 채용 및 시험 관련 중요 이슈가 생겼을 때!

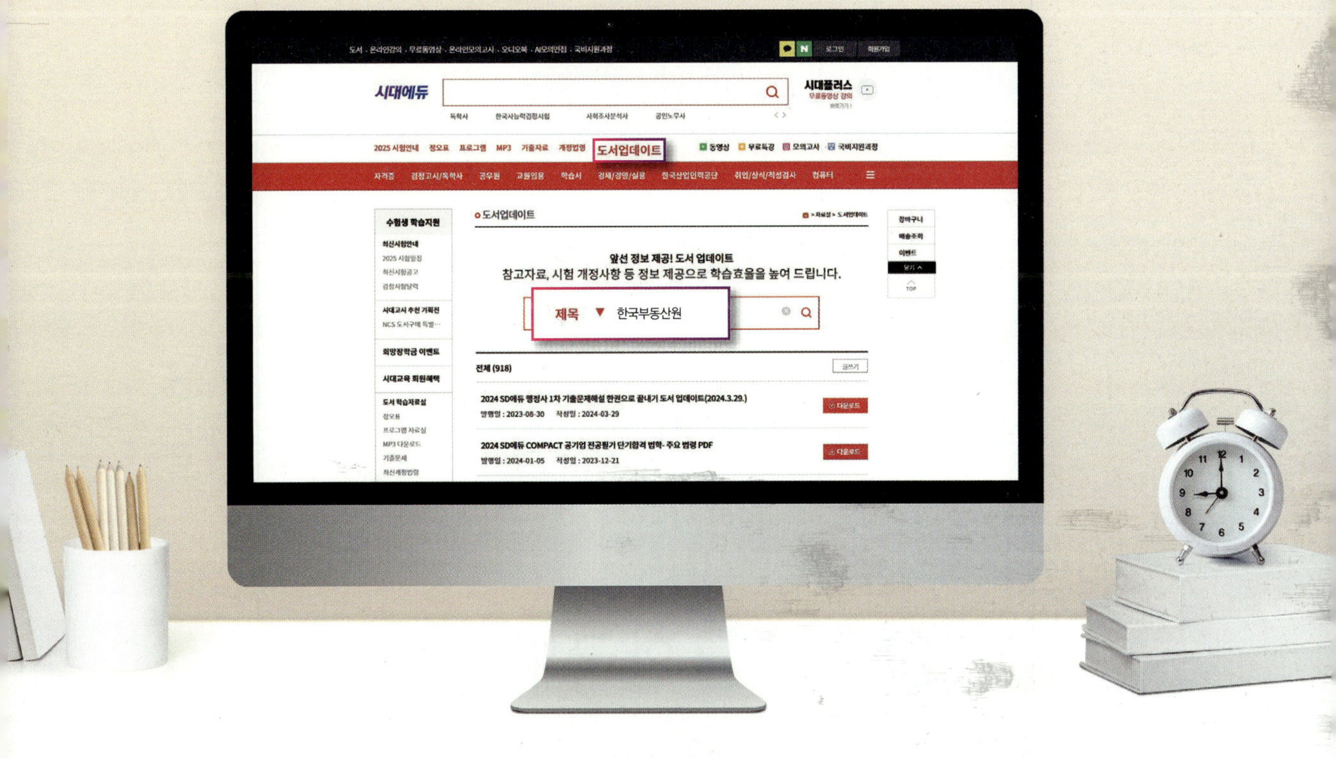

01 시대에듀 도서 www.sdedu.co.kr/book 홈페이지 접속

02 상단 카테고리 「도서업데이트」 클릭

03 해당 기업명으로 검색

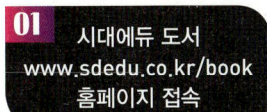

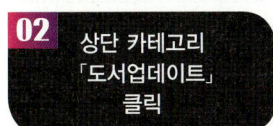

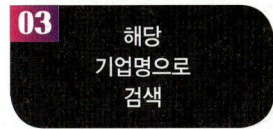

참고자료, 시험 개정사항 등 정보 제공으로 학습효율을 높여 드립니다.

#나의_사원증_미리_채우기

#취뽀성공 #합격은_나의_것 #올취완_올해취업완료 #한국부동산원_신입사원

사이다

사일 동안
이것만 풀면
다 합격!

한국부동산원
NCS + 전공

시대에듀

2026 최신판 시대에듀 사이다 모의고사
한국부동산원 NCS + 전공

Always **with you**

사람의 인연은 길에서 우연하게 만나거나 함께 살아가는 것만을 의미하지는 않습니다.
책을 펴내는 출판사와 그 책을 읽는 독자의 만남도 소중한 인연입니다.
시대에듀는 항상 독자의 마음을 헤아리기 위해 노력하고 있습니다. 늘 독자와 함께하겠습니다.

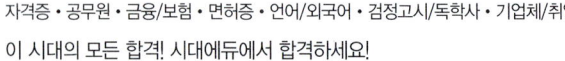

머리말 PREFACE

부동산 시장의 안정과 질서를 유지하기 위해 노력하는 한국부동산원은 2026년에 신입직원을 채용할 예정이다. 한국부동산원의 채용절차는 「지원서 접수 → 서류전형 → 필기시험 → 면접전형 → 최종 합격자 결정」 순으로 이루어진다. 한국부동산원의 필기시험은 직업기초능력평가와 직무수행능력평가, 인성검사로 진행되며, 그중 직업기초능력평가는 의사소통능력, 수리능력, 문제해결능력, 정보능력, 조직이해능력 총 5개의 영역을 평가한다. 직무수행능력평가는 지원 분야별로 출제범위가 다르므로 반드시 확정된 채용 공고를 확인해야 한다. 필기시험 고득점자 순으로 채용예정인원의 4배수 이내에서 면접전형 대상자를 선정할 예정이므로 필기시험에서 고득점을 받기 위해 다양한 유형에 대한 폭넓은 학습과 문제풀이능력을 높이는 등 철저한 준비가 필요하다.

한국부동산원 필기시험 합격을 위해 시대에듀에서는 한국부동산원 판매량 1위의 출간 경험을 토대로 다음과 같은 특징을 가진 도서를 출간하였다.

도서의 특징

❶ **합격으로 이끌 가이드를 통한 채용 흐름 확인!**
- 한국부동산원 소개와 최신 시험 분석을 수록하여 채용 흐름을 파악하는 데 도움이 될 수 있도록 하였다.

❷ **기출응용 모의고사를 통한 완벽한 실전 대비!**
- 철저한 분석을 통해 실제 유형과 유사한 기출응용 모의고사를 4회분 수록하여 시험 직전 4일 동안 자신의 실력을 점검하고 향상시킬 수 있도록 하였다.

❸ **다양한 콘텐츠로 최종 합격까지!**
- 온라인 모의고사를 무료로 제공하여 필기시험에 대비할 수 있도록 하였다.
- 모바일 OMR 답안채점/성적분석 서비스를 통해 자동으로 점수를 채점하고 확인할 수 있도록 하였다.

끝으로 본 도서를 통해 한국부동산원 채용을 준비하는 모든 수험생 여러분이 합격의 기쁨을 누리기를 진심으로 기원한다.

SDC(Sidae Data Center) 씀

한국부동산원 기업분석 INTRODUCE

◇ 미션

부동산 **시장의 안정과 질서**를 유지하고,
부동산 **소비자 권익보호**와 부동산 **산업발전**에 이바지한다.

◇ 비전

국민의 삶에 안심과 가치를 더하는 **부동산 파트너**

◇ 인재상

Professional
부동산 분야에서 최고의 전문성을 추구하는 인재

Innovative
조직의 변화를 위해 적극적으로 혁신을 주도하는 인재

Collaboration
동료와 자신의 성장을 위해 열린 마음으로 소통하는 인재

Public Value
지역사회와의 동반성장을 위해 공공가치를 실천하는 인재

Fair Trust
공정하고 청렴한 자세로 국민에게 신뢰받는 인재

◇ 핵심가치

공정

혁신

상생

◇ 전략목표 및 전략과제

부동산 정보 신뢰성 제고

- AI 기반 융합정보활용 조사 · 분석 체계 고도화
- 공시가격의 정확성 및 투명성 제고
- 국민 맞춤형 통계 · 정보 활용도 제고
- 부동산데이터 플랫폼 조성

부동산 시장 관리 강화 및 안정성 증진

- 거래시장 공정성 제고
- 청약시장 안정성 제고
- 개발 · 투자 및 평가시장 건전성 강화
- 부동산 소비자 권익보호 강화

부동산 산업 활성화 선도

- 정비사업 활성화 선도
- 부동산 산업 탄소중립 확산 선도
- 부동산 서비스산업 활성화 선도
- 공익보상사업 공공성 강화

혁신 및 책임경영 실천

- 재무건전성 강화
- 경영 혁신 및 효율화
- 경영 거버넌스 건전화
- 사회적 책임 내재화

신입 채용 안내 INFORMATION

◇ 지원자격(공통)

❶ 입사예정일로부터 근무 가능한 사람
❷ 한국부동산원 인사규정상 채용 결격사유가 없는 사람
❸ 한국부동산원 취업규칙에 따라 정년인 만 60세 미만인 사람
❹ 남자의 경우 군필 또는 면제자
※ 단, 최종합격자 발표일 이전 전역 예정자 포함
❺ 영어 : 토익 700점, 탭스 264점, 토플(IBT) 79점 이상인 자

◇ 필기시험

구분	대상	평가내용
직업기초능력평가	모든 분야	의사소통능력, 수리능력, 문제해결능력, 정보능력, 조직이해능력
직무수행능력평가	경영	경영학원론, 재무관리, 회계원리, 재무회계
	경제	경제학원론, 미시경제론, 거시경제론, 재정학
	법	헌법, 행정법, 상법, 민법
	건축	건축계획, 건축시공, 건축구조, 건축설비, 건축관계법규
	도시	토지이용계획, 도시계획관계법규, 지리정보체계, 지구단위계획
	부동산	부동산학개론, 부동산공법, 부동산공시법
	통계	조사방법론, 사회통계학, SAS프로그래밍(기초 데이터처리)
	전산	데이터베이스, 전자계산기 구조, 운영체제, 데이터 통신

◇ 면접전형

구분	면접내용	평가항목	배점	비고
직무면접	직무 PT 등	직무수행능력	50점	개별면접, 1～2단계 연속 시행
인성면접	자기소개서 등	직업기초능력	50점	

❖ 위 채용 안내는 2025년 채용공고를 기준으로 작성하였으므로 세부내용은 반드시 확정된 채용공고를 확인하시기 바랍니다.

2025년 기출분석 ANALYSIS

총평

한국부동산원 필기시험은 PSAT형 중심의 피듈형으로 출제되었으며, 난이도는 중상 이상으로 높은 편이었다는 후기가 많았다. 의사소통능력, 수리능력, 문제해결능력에서 한국부동산원과 관련된 지문이 출제되었기에 평소에 이에 대한 관심과 이해를 높여야 한다. 또한 수리능력의 경우 단순 계산보다는 자료를 이해해야 하는 문제가 많았으므로 표나 그래프를 신속 · 정확하게 이해하는 연습이 필요할 것이다. 문제해결능력은 자료 해석 문제의 비중이 높았으며, 정보능력과 조직이해능력에서는 모듈 이론을 묻는 문제가 출제되었으므로 모듈형 문제에도 대비해야 한다.

◇ 영역별 출제 비중

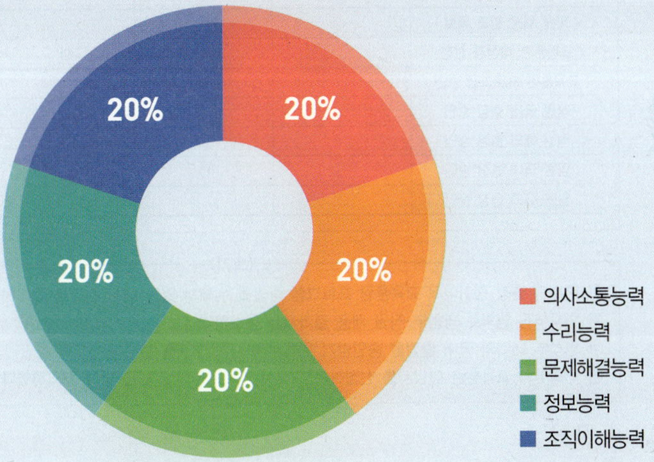

구분	출제 특징	출제 키워드
의사소통능력	• 지문의 길이가 긴 편이며, 문서 내용 이해, 문서 작성 순서를 묻는 문제가 출제됨 • 일치 · 불일치를 묻는 문제, 적절한 문서의 종류를 묻는 문제가 출제됨	• 부동산, 청약, 경청 방해 요인, 문서의 종류 등
수리능력	• 부동산과 관련한 복잡한 지문이 세트 문항으로 출제됨 • 단순한 계산 문제보다는 자료를 이해해야 하는 문제가 다수였음	• 확률, 근무수당, 초과근무위로수당 등
문제해결능력	• 부동산과 관련한 자료, 모듈형 문제가 출제됨 • 표 등의 자료를 보고 해석하는 문제가 다수 출제됨	• So What 기법, 브레인라이팅, 브레인스토밍, 성과급 등
정보능력	• 정보 이해를 묻는 문제, 오류 코드와 관련한 문제가 출제됨 • 엑셀 함수와 알고리즘 유형의 문제가 출제됨	• 코딩, RANK 함수, 알고리즘 등
조직이해능력	• 전결 · 결재, 업무의 종류, 조직 구조 등을 묻는 문제가 출제됨	• 전결, 업무의 종류, 조직 구조 등

한국부동산원

전결 ▸ 키워드

2025년 적중

35 다음은 H전자 직무전결표의 일부분이다. 이에 따라 문서를 처리한 내용으로 옳지 않은 것을 〈보기〉에서 모두 고르면?

직무내용	대표이사	위임전결권자		
		전무	이사	부서장
직원 채용 승인	○			
직원 채용 결과 통보				○
교육훈련 대상자 선정			○	
교육훈련 프로그램 승인		○		
직원 국내 출장 승인			○	
직원 해외 출장 승인		○		
임원 국내 출장 승인		○		
임원 해외 출장 승인	○			

〈보기〉

㉮ 전무가 출장 중이어서 교육훈련 프로그램 승인을 위해서 일단 이사 전결로 처리하였다.
㉯ 인사부장 명의로 영업부 직원 채용 결과서를 통보하였다.
㉰ 영업부 대리의 국내 출장을 승인받기 위해서 이사의 결재를 받았다.
㉱ 기획부의 교육훈련 대상자를 선정하기 위해서 기획부장의 결재를 받아 처리하였다.

① ㉮, ㉯
② ㉮, ㉯, ㉰
③ ㉮, ㉯, ㉱
④ ㉮, ㉰, ㉱
⑤ ㉮, ㉯, ㉰, ㉱

브레인스토밍 ▸ 키워드

2025년 적중

40 다음 설명에 해당하는 의사결정 방법은?

조직에서 의사결정을 하는 대표적인 방법으로, 여러 명이 한 가지 문제를 놓고 아이디어를 비판 없이 제시하여 그중에서 최선책을 찾아내는 방법이다. 다른 사람이 아이디어를 제시할 때 비판하지 않고, 아이디어를 최대한 많이 공유하고 이를 결합하여 해결책을 마련하게 된다.

① 만장일치
② 다수결
③ 브레인스토밍
④ 의사결정나무
⑤ 델파이 기법

국가철도공단

경청 ▶ 유형 2025년 적중

01 A씨 부부는 대화를 하다 보면 사소한 다툼으로 이어지곤 한다. A씨의 아내는 A씨가 자신의 이야기를 제대로 들어주지 않기 때문이라고 생각한다. 다음 사례에 나타난 A씨의 경청을 방해하는 습관은 무엇인가?

> A씨의 아내가 남편에게 직장에서 업무 실수로 상사에게 혼난 일을 이야기하자 A씨는 "항상 일을 진행하면서 꼼꼼하게 확인하라고 했잖아요. 당신이 일을 처리하는 방법이 잘못됐어요. 다음부터는 일을 하기 전에 미리 계획을 세우고 체크리스트를 작성해보세요."라고 이야기했다. A씨의 아내는 이런 대답을 듣자고 이야기한 것이 아니라며 더 이상 이야기하고 싶지 않다고 말하며 밖으로 나가 버렸다.

① 짐작하기 ② 걸러내기
③ 판단하기 ④ 조언하기

코레일 한국철도공사

교통사고 ▶ 키워드 2025년 적중

※ 다음은 K국의 교통사고 사상자 2,500명에 대해 조사한 자료이다. 이어지는 질문에 답하시오. **[3~4]**

〈교통사고 현황〉

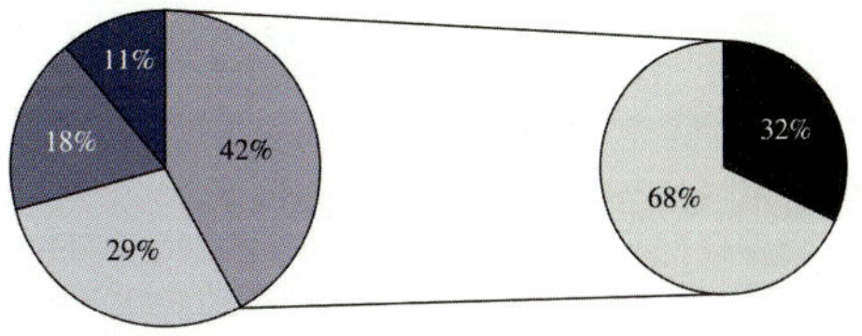

※ 사상자 수와 가해자 수는 같다.

〈교통사고 가해자 연령〉

구분	20대	30대	40대	50대	60대 이상
비율	38%	21%	11%	8%	( )

※ 교통사고 가해자 연령 비율의 합은 100%이다.

03 다음 중 자료에 대한 설명으로 옳지 않은 것은?

① 교통사고 가해자 연령에서 60대 이상의 비율은 30대보다 높다.
② 사륜차와 사륜차 교통사고 사망사건의 가해자가 모두 20대라고 할 때, 20대 가해건수의 35% 이상을 차지한다.

학습플랜 STUDY PLAN

1일 차 학습플랜 1일 차 기출응용 모의고사

______월 ______일		
의사소통능력	수리능력	
문제해결능력	정보능력	조직이해능력

2일 차 학습플랜 2일 차 기출응용 모의고사

______월 ______일		
의사소통능력	수리능력	
문제해결능력	정보능력	조직이해능력

3일 차 학습플랜 3일 차 기출응용 모의고사

_____월 _____일		
경영	경제	법

4일 차 학습플랜 4일 차 기출응용 모의고사

_____월 _____일		
경영	경제	법

취약영역 분석 WEAK POINT

1일 차 취약영역 분석

시작 시간	:	종료 시간	:
풀이 개수	개	못 푼 개수	개
맞힌 개수	개	틀린 개수	개
취약영역 / 유형			
2일 차 대비 개선점			

2일 차 취약영역 분석

시작 시간	:	종료 시간	:
풀이 개수	개	못 푼 개수	개
맞힌 개수	개	틀린 개수	개
취약영역 / 유형			
3일 차 대비 개선점			

3일 차 취약영역 분석

시작 시간	:	종료 시간	:
풀이 개수	개	못 푼 개수	개
맞힌 개수	개	틀린 개수	개
취약영역 / 유형			
4일 차 대비 개선점			

4일 차 취약영역 분석

시작 시간	:	종료 시간	:
풀이 개수	개	못 푼 개수	개
맞힌 개수	개	틀린 개수	개
취약영역 / 유형			
시험일 대비 개선점			

이 책의 차례 CONTENTS

문 제 편 한국부동산원 NCS + 전공

1일 차 기출응용 모의고사 2

2일 차 기출응용 모의고사 30

3일 차 기출응용 모의고사 60

4일 차 기출응용 모의고사 114

해 설 편 정답 및 해설

1일 차 기출응용 모의고사 2

2일 차 기출응용 모의고사 8

3일 차 기출응용 모의고사 14

4일 차 기출응용 모의고사 32

OMR 답안카드

1일 차
기출응용 모의고사

〈문항 및 시험시간〉

영역	문항 수	시험시간	모바일 OMR 답안분석
의사소통능력+수리능력+문제해결능력 +정보능력+조직이해능력	40문항	50분	

한국부동산원 NCS

1일 차 기출응용 모의고사

문항 수 : 40문항
시험시간 : 50분

01 L공사에 근무 중인 귀하는 고객 문의를 담당하고 있다. 고객들이 자주 묻는 질문의 답변을 모아 정리하고자 할 때, 다음 자료를 통해 알 수 없는 것은?

〈생애주기별 맞춤지원이 가능한 '전세임대주택'〉

○ 전세임대주택은 주택도시기금을 재원으로 하는 수탁사업으로서, 입주 대상자가 입주할 주택을 물색하여 L공사에 계약 요청하면 전세금 지원한도액 범위 내에서 95 ~ 100% 해당액을 주택도시기금에서 지원합니다.

○ 수도권을 기준으로 8,500만 원의 전세주택을 물색하여 입주하게 되는 경우, 5% 해당액(425만 원)은 입주자가 계약금으로 부담하고, 95% 해당액(8,075만 원)은 주택도시기금에서 주택소유자에게 지급합니다.

공급유형	수도권	광역시	기타 지역
기존주택 · 신혼부부	8,500만 원	6,500만 원	5,500만 원
청년 · 소년소녀 등	8,000만 원	6,000만 원	5,000만 원

○ 전세임대주택은 L공사가 건설 · 매입한 주택에 입주하는 것이 아니라, 입주 대상자가 거주를 희망하는 주택을 직접 물색하여 입주합니다. 전용면적 $85m^2$ 이내(1인 가구는 전용면적 $60m^2$ 이하) 전세주택 또는 보증부 월세주택에 입주 가능하며, 현재 거주하고 있는 주택도 임대인의 동의가 있는 경우 전세임대주택으로 전환하여 계속 거주할 수 있습니다.

○ 최초 계약 이후 2년 단위로 재계약을 체결할 수 있어 재계약 시점에 입주 자격요건을 갖췄다면 최장 20년까지 거주가 가능합니다. 기존주택 · 신혼부부는 9회 재계약이 가능하고, 소년소녀 가정 등은 만 20세 이후부터 3회 재계약 가능, 청년 전세임대는 2회까지 재계약이 가능합니다.

○ 입주자 모집 공고 시 청년 전세임대는 L청약센터에서 인터넷 접수하며, 기존주택 · 신혼부부 · 소년소녀 가정 등은 지자체에 방문해 신청할 수 있습니다. 소년소녀 가정 등은 연중 상시 신청 가능하고 기존주택 전세임대 1순위 해당자에 한하여 연중 즉시 지원도 가능합니다.

① 전세임대주택사업의 정의
② 전세임대 신청 방법
③ 전세임대주택 공급량
④ 전세금 지원액
⑤ 최장 거주 기간

02 다음 글을 읽고 이해한 내용으로 적절하지 않은 것은?

> 지대는 3가지 생산요소, 즉 토지・자본・노동의 소유자인 지주・자본가・노동자에게 돌아가는 정상적인 분배 몫을 제외하고 남는 잉여 부분을 말한다. 가령 시장에서 인기가 많은 과일이 어느 특정 지역에서만 생산된다면 이곳에 땅을 가진 사람들은 자신들이 정상적으로 땅을 빌려주고 받을 수 있는 소득보다 훨씬 높은 잉여이익을 챙길 수 있을 것이다. 강남에 부동산을 가진 사람들은 그곳에 좋은 학군이 있고 좋은 사설학원들이 있기 때문에 다른 곳보다 훨씬 비싼 값에 부동산을 팔거나 임대할 수 있다. 정상적인 이익을 넘어서는 과도한 이익, 이것이 전통적인 지대 개념이다.
> 영국의 경제학자 앨프레드 마셜은 경제가 발전하고 복잡해짐에 따라 원래 땅에서 생겨난 이 지대 개념을 다른 산업 분야로 확장하고, 땅으로부터의 잉여이익과 차별화하기 위해 '준지대'라는 이름을 붙였다. 즉, 특정 산업 부문에 진입 장벽이나 규제가 있어 진입 장벽을 넘은 사람들이 실제보다 더 많은 잉여이익을 얻는 경우를 모두 총괄해서 준지대라고 하는 것이다. 가령 정부가 변호사와 의사 숫자를 대폭 제한하는 법이나 규제를 만들 경우 이미 진입 장벽을 넘은 변호사나 의사들은 자신들이 제공하는 전문적 서비스, 이상으로 소득이 늘게 되는데, 이것이 준지대가 되는 것이다. 또 특정 IT 기술자에 대한 수요가 급증했는데, 자격을 가진 사람이 적어서 노동 공급이 한정된 경우 임금이 정상적 상태를 넘어서 대폭 상승한다. 이때의 임금 상승은 생산요소의 한정적 공급에 따른 것으로 역시 준지대적 성격을 가진다.
> 원래 마셜이 생각했던 준지대는 일시적 현상으로, 시간이 지나면 해소되는 것이었다. 이를 테면 특정 IT 기술자에 대한 수요가 오랫동안 꾸준할 경우 이 기술을 배우려는 사람이 늘어나고 노동 공급이 증가해 임금이 하락하게 된다. 시간이 지나면서 준지대가 해소되는 것이다. 그러나 정부가 어떤 이유로든 규제 장치나 법률을 제정해서 장벽을 쌓으면 준지대는 계속 유지될 수 있을 것이다. 이렇게 특정 산업의 로비스트들이 준지대를 유지하기 위하여 정부에 로비하고 정치권에 영향력을 행사하는 행위를 '지대추구'라고 한다.
> 역사적으로 지대추구의 대표적인 사례는 길드 조직이었다. 남들보다 먼저 도시에 자리잡은 수공업자들은 각종 길드를 만들어 업종 칸막이를 했다. 한 길드는 비슷한 품목을 만들어내는 다른 길드의 영역을 침범할 수 없었고, 심지어 큰 포도주 통을 만드는 사람은 작은 포도주 통을 만들지 못하도록 금지되었다. 당시 길드의 가장 큰 목적은 새로운 인력의 진입을 봉쇄하는 것이었다.
> 중세 봉건사회가 해체되면서 도시로 몰려들고 있는 저임금 노동자들이 더 싼 임금으로 수공업에 진출하려고 하자, 기득권을 지닌 도시 수공업자들이 귀족들의 비호 아래 길드 조직을 법으로 보호해 저임금 신규 인력 진출을 막고 자신들의 높은 이익을 보호하려 한 것이다.

① 지대는 토지와 자본, 노동의 대가를 제외한 나머지 부분을 일컫는다.
② 전통적으로 지대를 통해 비정상적으로 과도한 이익을 얻는 경우가 많았다.
③ 특정 농산물의 수요가 증가한다면, 그 지역의 지대는 평소보다 증가한다.
④ 준지대는 시간이 지나면 반드시 해소되는 것은 아니다.
⑤ 정부는 규제 장치나 법률 제정으로 지대추구 행위를 해소하려고 노력한다.

03 **다음 밑줄 친 부분을 뒷받침하는 사례로 빈칸에 들어갈 내용을 〈보기〉에서 골라 순서대로 바르게 나열한 것은?**

아파트 주거 환경은 일반적으로 공동체적 연대를 약화하는 것으로 인식되어 있다. 그러나 오늘날 한국 사회에서 보편화된 아파트 단지에는 도시화의 진전에 따른 <u>공동체적 연대의 약화를 예방하거나 치유하는 집단적 노력이 존재한다.</u> ________________ <u>물론 아파트의 위치나 평형, 단지의 크기 등에 따라 공동체 형성의 정도가 서로 다른 것은 사실이다.</u> ________________

더 심각한 문제는 사회문화적 동질성에 입각한 아파트 근린 관계가 점차 폐쇄적이고 배타적인 공동체로 변하고 있다는 것이다. 이에 대한 대책이 '소셜 믹스(Social Mix)'이다. 이는 동일 지역에 다양한 계층이 더불어 살도록 함으로써 계층 간 갈등을 줄이려는 정책이다.

그러나 이 정책의 실제 효과에 대해서는 회의적 시각이 많다. 대형 아파트 주민들도 소형 아파트 주민들과 이웃이 되기를 싫어하지만, 저소득층이 대부분인 소형 아파트 주민들 역시 부자들에게 위화감을 느끼면서 굳이 같은 공간에서 살려고 하지 않기 때문이다. 그럼에도 불구하고 우리나라에서는 사회 통합적 주거 환경을 규범적 가치로 인식하여, 아파트 단지 구성에 있어 대형과 소형, 분양과 임대가 공존하는 수평적 공간 통합을 지향한다. <u>우리 사회가 규범적으로는 부자 동네와 가난한 동네가 뚜렷이 구분되지 않는 주거 환경을 지향한다는 것이다.</u> ________________

아파트를 둘러싼 계층 간의 공간 통합 혹은 공간 분리 문제를 단순히 주거 환경의 문제로만 보면 근본적인 해결이 어려울 수도 있다. 지금의 한국인에게 아파트는 주거 공간으로서의 의미를 넘어 부의 축적 수단이라는 의미를 담고 있기 때문이다.

보기

㉠ 아파트 부녀회의 자원봉사자들이 단지 내의 경로당과 공부방을 중심으로 다양한 프로그램을 운영하여 주민들 사이의 교류를 활성화한 사례

㉡ 대규모 아파트 단지를 조성할 때 소형 및 임대 아파트를 포함해야 한다는 법령과 정책 사례

㉢ 대형 고급 아파트 단지에서는 이웃에 누가 사는지도 잘 모르지만 중소형 서민 아파트 단지에서는 학부모 모임이 활발한 사례

① ㉠, ㉡, ㉢
② ㉠, ㉢, ㉡
③ ㉡, ㉠, ㉢
④ ㉢, ㉠, ㉡
⑤ ㉢, ㉡, ㉠

04 다음 중 빈칸에 들어갈 문장으로 적절하지 않은 것은?

> 우리나라 교과서에는 아메리카 정복 시기의 역사적인 사실들을 잘못 기록하거나 왜곡하여 서술한 오류가 자주 발견된다.
>
> ______________________________
>
> 위의 인용문에는 유럽 사람들이 "라틴아메리카를 탐험하고 정복하였다."고 기술했는데, '라틴아메리카'를 '아메리카'로 정정해야 한다. 이 사건은 영국이 아메리카 북동부에 식민지를 건설하기 전에 이루어졌기 때문이다. 1670년 에스파냐와 영국 간의 협약에 따라 북쪽 지역이 영국의 식민지가 된 이후에야 앵글로아메리카와 라틴아메리카라는 용어를 사용할 수 있다. 또한 에스파냐인 정복자 에르난 코르테스가 16세기 중반에 멕시코를 탐험했다는 내용도 오류다. 그는 16세기 중반이 아니라 초반인 1519년에 멕시코의 베라크루스 지역에 도착했고, 아스테카 제국의 수도인 테노치티틀란을 멸망시킨 시기는 1521년이었다. 그리고 엘도라도가 '황금으로 가득 찬 도시'라는 뜻이라고 설명한 것도 오류다. 에스파냐어 'El Dorado'는 직역하자면 '황금으로 도금된 사람' 정도이고, 의역하면 아메리카에서 황금을 찾아 벼락부자가 된 '황금의 사나이'란 뜻이다. 이외에도 아메리카 정복에 관해 흔히들 오해하는 내용이 있다.
>
> 우리는 일반적으로 에스파냐 왕실이 아메리카 정복을 직접 지휘했고, 정복자들은 에스파냐의 정식 군인이었다고 생각한다. 그러나 이는 완전히 착각이다. 아메리카 정복은 민간 사설 무장 집단이 주도했고, 정복자들도 일반 민간인이었다.

① "엘도라도에 대한 호기심과 황금에 대한 욕심 때문에 유럽 사람들이 라틴아메리카를 탐험하고 정복하였다."

② "1532년 11월 16일 잉카 제국은 에스파냐의 피사로가 이끄는 180여 명의 군대에 의해 멸망했다."

③ "엘도라도는 에스파냐어로 '황금으로 가득 찬 도시'라는 뜻이 있다."

④ "코르테스는 이 도시를 철저하게 파괴하여 폐허로 만들고, 그 위에 '새로운 에스파냐'라고 불리는 멕시코시티를 건설하였다."

⑤ "이후 16세기 중반에 멕시코를 탐험하였던 코르테스가 카카오를 에스파냐의 귀족과 부유층에 소개하여, 17세기 중반에는 유럽 전역에 퍼졌다."

05 다음 중 문서이해의 절차를 순서대로 바르게 나열한 것은?

> ㉠ 문서의 목적을 이해
> ㉡ 상대방의 의도를 도표나 그림 등으로 메모하여 요약・정리
> ㉢ 문서를 통해 상대방의 욕구와 의도 및 요구되는 행동에 관한 내용 분석
> ㉣ 문서의 정보를 밝혀내고 문서가 제시하고 있는 현안 문제 파악
> ㉤ 문서에서 이해한 목적 달성을 위해 취해야 할 행동을 생각하고 결정
> ㉥ 문서가 작성되게 된 배경과 주제 파악

① ㉠－㉡－㉢－㉣－㉤－㉥
② ㉠－㉥－㉣－㉢－㉤－㉡
③ ㉡－㉢－㉣－㉤－㉥－㉠
④ ㉢－㉡－㉤－㉠－㉣－㉥
⑤ ㉥－㉠－㉣－㉢－㉤－㉡

06 다음에서 설명하는 문서의 종류는?

> 회사의 업무에 대한 협조를 구하거나 의견을 전달할 때 작성하며, 흔히 사내 공문서라고도 한다.

① 기안서
② 기획서
③ 보고서
④ 비즈니스 레터
⑤ 보도자료

07 다음 글에서 나타나는 경청의 방해 요인은?

> 내 친한 친구는 한 번도 약속을 지킨 적이 없던 것 같다. 작년 크리스마스 때의 약속, 지난 주말에 했던 약속 모두 늦게 오거나 당일에 문자로 취소 통보를 했었다. 그 친구가 오늘 학교에서 나에게 다음 주말에 개봉하는 영화를 함께 보러 가자고 했고, 나는 당연히 다음 주에는 그 친구와 만날 수 없을 것이라고 생각했다.

① 판단하기
② 조언하기
③ 언쟁하기
④ 걸러내기
⑤ 비위 맞추기

08 다음 중 밑줄 친 ㉠~㉤을 수정하려고 할 때 적절하지 않은 것은?

> 오늘날 인류가 왼손보다 오른손을 ㉠ 더 선호하는 경향은 어디서 비롯되었을까? 오른손을 귀하게 여기고 왼손을 천대하는 현상은 어쩌면 산업화 이전 사회에서 배변 후 사용할 휴지가 없었다는 사실과 관련이 있을 법하다. 맨손으로 배변 뒤처리를 하는 것은 ㉡ 불쾌할 뿐더러 병균을 옮길 위험을 수반하는 일이었다. 이런 위험의 가능성을 낮추는 간단한 방법은 음식을 먹거나 인사할 때 다른 손을 사용하는 것이었다. 기술 발달 이전의 사회는 대개 왼손을 배변 뒤처리에, 오른손을 먹고 인사하는 일에 사용했다.
> 나는 이런 배경이 인간 사회에 널리 나타나는 '오른쪽'에 대한 긍정과 '왼쪽'에 대한 ㉢ 반감을 어느 정도 설명해 줄 수 있으리라고 생각한다. 그러나 이 설명은 왜 애초에 오른손이 먹는 일에, 그리고 왼손이 배변 처리에 사용되었는지 설명해 주지 못한다. 동서양을 막론하고, 왼손잡이 사회는 확인된 바가 없기 때문이다. ㉣ 하지만 왼손잡이 사회가 존재할 가능성도 있으므로 만약 왼손잡이를 선호하는 사회가 발견된다면 이러한 논란은 종결되고 왼손잡이와 오른손잡이에 대한 새로운 이론이 등장할 것이다. 그러므로 근본적인 설명은 다른 곳에서 찾아야 할 것 같다.
> 한쪽 손을 주로 쓰는 경향은 뇌의 좌우반구의 기능 분화와 관련되어 있는 것으로 보인다. 보고된 증거에 따르면, 왼손잡이는 읽기와 쓰기, 개념적·논리적 사고 같은 좌반구 기능에서 오른손잡이보다 상대적으로 미약한 대신 상상력, 패턴 인식, 창의력 등 전형적인 우반구 기능에서는 상대적으로 기민한 경우가 많다.
> 나는 이성 대 직관의 힘겨루기, 뇌의 두 반구 사이의 힘겨루기가 오른손과 왼손의 힘겨루기로 ㉤ 표면화시킨 것이 아닐까 생각한다. 즉, 오른손이 원래 왼손보다 더 능숙했기 때문이 아니라 뇌의 좌반구가 인간의 행동을 지배하는 권력을 갖게 되었기 때문에 오른손 선호에 이르렀다는 생각이다.

① ㉠ : 의미 중복이 일어나므로 '선호하는'으로 수정한다.
② ㉡ : 띄어쓰기가 잘못되었으므로 '불쾌할뿐더러'로 수정한다.
③ ㉢ : 문맥상 어색한 단어이므로 '기시감'으로 수정한다.
④ ㉣ : 전체적인 글의 흐름과 어울리지 않으므로 삭제한다.
⑤ ㉤ : 잘못된 사동표현이므로 피동 표현인 '표면화된'으로 수정한다.

09 K사에서는 사회나눔사업의 일환으로 마케팅부에서 5팀, 총무부에서 2팀을 구성해 7팀 모두가 하루에 한 팀씩 7일 동안 요양시설에서 봉사활동을 하려고 한다. 7팀의 봉사활동 순번을 임의로 정할 때, 첫 번째 날 또는 일곱 번째 날에 총무부 소속 팀이 봉사활동을 하게 될 확률은?

① $\frac{5}{21}$
② $\frac{1}{3}$
③ $\frac{3}{7}$
④ $\frac{11}{21}$
⑤ $\frac{13}{21}$

10 다음은 2024년 항목별 상위 7개 동의 자산규모를 나타낸 자료이다. 이에 대한 설명으로 옳은 것은?

〈항목별 상위 7개 동의 자산규모〉

순위 \ 구분	총자산(조 원)		부동산자산(조 원)		예금자산(조 원)		가구당 총자산(억 원)	
	동명	규모	동명	규모	동명	규모	동명	규모
1	여의도동	24.9	대치동	17.7	여의도동	9.6	을지로동	51.2
2	대치동	23.0	서초동	16.8	태평로동	7.0	여의도동	26.7
3	서초동	22.6	압구정동	14.3	을지로동	4.5	압구정동	12.8
4	반포동	15.6	목동	13.7	서초동	4.3	도곡동	9.2
5	목동	15.5	신정동	13.6	역삼동	3.9	잠원동	8.7
6	도곡동	15.0	반포동	12.5	대치동	3.1	이촌동	7.4
7	압구정동	14.4	도곡동	12.3	반포동	2.5	서초동	6.4

※ (총자산)=(부동산자산)+(예금자산)+(증권자산)

※ (가구 수)=$\frac{\text{(총자산)}}{\text{(가구당 총자산)}}$

① 압구정동의 가구 수는 여의도동의 가구 수보다 적다.
② 이촌동의 가구 수는 2만 가구 이상이다.
③ 대치동의 증권자산은 서초동의 증권자산보다 많다.
④ 여의도동의 증권자산은 최소 4조 원 이상이다.
⑤ 총자산 대비 부동산자산의 비율은 도곡동이 목동보다 높다.

11 다음은 2004・2014・2024년의 수도권 지역 및 전국 평균 매매・전세가격에 대한 자료이다. 이에 대한 설명으로 옳은 것은?

〈2004・2014・2024년 수도권・전국 평균 매매・전세가격〉

(단위 : 만 원)

구분		평균 매매가격			평균 전세가격		
		2004년	2014년	2024년	2004년	2014년	2024년
전국		10,100	14,645	18,500	6,762	9,300	13,500
수도권	전체	12,500	18,500	22,200	8,400	12,400	18,900
	서울	17,500	21,350	30,744	9,200	15,500	20,400
	인천	13,200	16,400	20,500	7,800	10,600	13,500
	경기	10,400	15,200	18,900	6,500	11,200	13,200

① 2024년 수도권 전체의 평균 매매가격은 전국의 1.2배이고, 평균 전세가격은 전국의 1.3배이다.

② 2004년 대비 2014년의 전국과 수도권 전체 평균 매매가격 증가율의 차이는 5%p 미만이다.

③ 2004년 전국의 평균 전세가격은 수도권 전체 평균 전세가격의 80% 미만이다.

④ 서울의 2014년 대비 2024년 매매가격 증가율은 2004년 대비 2014년 매매가격 증가율의 1.5배이다.

⑤ 2004년, 2014년, 2024년 서울, 인천, 경기의 평균 매매・전세가격이 높은 순으로 나열하면 항상 '서울, 인천, 경기'이다.

12 다음은 H사에 근무하는 K사원의 급여명세서이다. K사원의 시간외근무 시간과 세후 급여가 바르게 연결된 것은?

〈급여지급명세서〉

사원번호	A26	성명	K
소속	총무부	직급	사원

• 지급 내역

(단위 : 원)

지급 항목			과세 항목		
과세 대상	기본급여	2,400,000	소득세	근로소득세	(　　)
	시간외수당	(　　)		지방소득세	(　　)
	직책수당	0	4대 보험	국민연금	(　　)
	상여금	0		건강보험	(　　)
	특별수당	120,000		장기요양보험	(　　)
비과세 대상	교통비	150,000		고용보험	(　　)
	교육지원	0			
	식대	100,000			
급여 총액		2,950,000	과세 총액		(　　)

※ $(\text{시간외수당})=(\text{기본급})\times\frac{(\text{시간외근무 시간})}{200}\times150\%$

※ 소득세 및 4대보험료율(과세대상 급여 기준)
- 근로소득세 : 3%
- 지방소득세 : 근로소득세의 10%
- 국민연금 : 4.5%
- 건강보험 : 3.5%
- 장기요양보험 : 건강보험료의 10%
- 고용보험 : 0.9%

	시간외근무 시간	세후 급여
①	8시간	2,611,150원
②	8시간	2,624,850원
③	10시간	2,611,150원
④	10시간	2,624,650원
⑤	10시간	2,631,250원

16 다음은 H국의 청년 고용동향에 대한 자료이다. 이에 대한 설명으로 옳지 않은 것은?

〈청년층(15 ~ 26세) 고용률 및 실업률〉

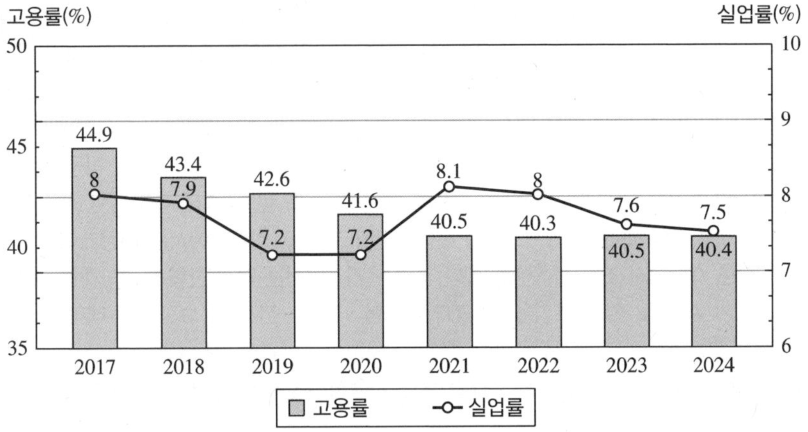

• (실업률) : (실업자수÷경제활동인구)×100
• (고용률) : (취업자수÷생산가능인구)×100

〈청년층(15 ~ 26세) 고용동향〉

(단위 : %, 천 명)

구분	2017년	2018년	2019년	2020년	2021년	2022년	2023년	2024년
생산가능인구	9,920	9,843	9,855	9,822	9,780	9,705	9,589	9,517
경제활동인구	4,836	4,634	4,530	4,398	4,304	4,254	4,199	4,156
경제활동참가율	48.8	47.1	46.0	44.8	44.0	43.8	43.8	43.7

• 생산가능인구 : 만 15세 이상 인구
• 경제활동인구 : 만 15세 이상 인구 중 취업자와 실업자
• 경제활동참가율 : (경제활동인구÷생산가능인구)×100

① 청년층 고용률과 실업률 사이에는 상관관계가 없다.
② 전년과 비교했을 때 2018년에 경제활동인구가 가장 많이 감소했다.
③ 생산가능인구는 매년 감소하고 있다.
④ 고용률 대비 실업률 비율이 가장 높았던 해는 2021년이다.
⑤ 경제활동참가율은 전체적으로 감소하고 있다.

17 **발산적 사고를 개발하기 위한 방법으로는 자유연상법, 강제연상법, 비교발상법이 있다. 다음 제시문의 '보고회'에서 사용된 사고 개발 방법으로 가장 적절한 것은?**

> 충남 보령시는 2025년에 열리는 보령해양머드박람회와 연계할 사업을 발굴하기 위한 보고회를 개최하였다. 경제적 · 사회적 파급 효과의 극대화를 통한 성공적인 박람회 개최를 도모하기 위해 마련된 보고회는 각 부서의 업무에 국한하지 않은 채 가능한 많은 양의 아이디어를 자유롭게 제출하는 방식으로 진행됐다.
> 홍보미디어실에서는 박람회 기간 가상현실(VR) · 증강현실(AR) 체험을 통해 사계절 머드 체험을 할 수 있도록 사계절 머드체험센터 조성을, 자치행정과에서는 박람회 임시주차장 조성 및 박람회장 전선 지중화 사업을, 교육체육과에서는 세계 태권도 대회 유치를 제안했다. 또 문화새마을과에서는 KBS 열린음악회 및 전국노래자랑 유치를, 세무과에서는 e-스포츠 전용경기장 조성을, 회계과에서는 해상케이블카 조성 및 폐광지구 자립형 농어촌 숙박단지 조성 등을 제안했다. 사회복지과에서는 여성 친화 플리마켓을, 교통과에서는 장항선 복선전철 조기 준공 및 열차 증편을, 관광과는 체험 · 놀이 · 전시 등 보령머드 테마파크 조성 등의 다양한 아이디어를 내놓았다.
> 보령시는 이번에 제안된 아이디어를 토대로 실현 가능성 등을 검토하고, 박람회 추진에 참고자료로 적극 활용할 계획이다.

① 브레인스토밍
② SCAMPER 기법
③ NM법
④ Synectics법
⑤ 육색사고모자 기법

18 **서울에서 근무 중인 A대리는 현재 P지부와 N지부에 근무 중인 협력업체 직원과 화상 회의를 하고자 한다. N지부 현지 시간은 서울보다 11시간 느리며, P지부 현지시간은 N지부보다 6시간 빠르다. 회의에 대한 시간 정보가 다음 〈조건〉과 같을 때, 세 번째 화상 회의에 정시에 참석하기 위해 A대리가 접속해야 하는 현지 시간으로 옳은 것은?**

> **조건**
> • A대리는 P지부에 근무 중인 K주임, N지부에 근무 중인 S대리와 총 5회의 화상 회의를 진행하고자 한다.
> • 첫 회의는 호스트 현지시간 기준으로 오전 11시에 열린다.
> • 매회 회의는 해당 호스트의 현지 시간을 기준으로, 직전 회의보다 2시간 늦게 시작된다.

① 11:00
② 12:00
③ 15:00
④ 17:00
⑤ 18:00

19 A대리는 R도시의 해안지역에 설치할 발전기를 검토 중이다. 설치 환경 및 조건에 대한 정보가 다음과 같을 때, 후보 발전기 중 설치될 발전기로 옳은 것은?

〈발전기 설치 환경 및 조건〉

- 발전기는 동일한 종류를 2기 설치한다.
- 발전기를 설치할 대지는 1,500m^2이다.
- 에너지 발전단가가 1,000kWh당 97,500원을 초과하지 않도록 한다.
- 후보 발전기 중 탄소배출량이 가장 많은 발전기는 제외한다.
- 운송수단 및 운송비를 고려하여, 개당 중량은 3톤을 초과하지 않도록 한다.

〈후보 발전기 정보〉

발전기	발전방식	발전단가	탄소배출량	필요면적	중량
A	수력	92원/kWh	45g/kWh	690m^2	3,600kg
B	화력	75원/kWh	91g/kWh	580m^2	1,250kg
C	화력	105원/kWh	88g/kWh	450m^2	1,600kg
D	풍력	95원/kWh	14g/kWh	800m^2	2,800kg
E	풍력	80원/kWh	22g/kWh	720m^2	2,140kg

① A발전기
② B발전기
③ C발전기
④ D발전기
⑤ E발전기

20 다음은 H회사의 연차휴가와 관련된 자료이다. A대리는 2021년 1월 1일에 입사하였고 매해 80% 이상 출근하였다. 오늘 날짜가 2025년 1월 26일이라면 A대리의 당해 연도 연차휴가는 며칠인가?

연차휴가(제29조)
- 직전 연도에 연간 8할 이상 출근한 직원에게는 15일의 연차유급휴가를 준다.
- 3년 이상 근속한 직원에 대하여는 최초 1년을 초과하는 근속 매 2년마다 연차유급휴가에 1일을 가산한 휴가를 준다. 여기서 소수점 단위는 절사하고, 가산휴가를 포함한 총 휴가일수는 25일을 한도로 한다.
- 연차휴가는 직원의 자유의사에 따라 분할하여 사용할 수 있다. 반일단위(9 ~ 14시, 14 ~ 18시)로 분할하여 사용할 수 있으며 반일 연차휴가 2회는 연차휴가 1일로 계산한다.
- 연차휴가를 줄 수 없을 때는 연봉 및 복리후생 관리규정에 정하는 바에 따라 보상금을 지급한다.

① 15일
② 16일
③ 17일
④ 18일
⑤ 19일

※ 다음은 인천광역시 강화군에 위치한 R부동산의 매물번호에 대한 자료이다. 이어지는 질문에 답하시오. [21~22]

〈매물번호 부여 기준〉

AA	B	CC	D	EE	F
매물구분	매매구분	매물지역	거래구분	매매 / 보증금	월세

매물구분	매매구분	매물지역
GD : 토지 HO : 전원주택 FE : 펜션 SR : 상가 AP : 아파트 VI : 빌라 FC : 공장	O : 매매 P : 전세 Q : 월세	01 : 강화읍 02 : 선원면 03 : 길상면 04 : 불은면 05 : 송해면 06 : 하점면 07 : 양도면

거래구분	매매 / 보증금	월세
1 : 독점매물 2 : 공유매물	00 : 1,000만 원 미만 01 : 1,000만 원대 02 : 2,000만 원대 03 : 3,000만 원대 … 10 : 10,000만 원대 … 49 : 49,000만 원대 50 : 50,000만 원대	T : 해당 없음 N : 30만 원 미만 D : 30만 원 이상 50만 원 미만 X : 50만 원 이상 70만 원 미만 S : 70만 원 이상 100만 원 미만 V : 100만 원 이상

21 매물번호가 다음과 같을 때, 매물번호에 대한 설명으로 적절하지 않은 것은?

HOO01135T

① 매물은 주거를 위한 것이다.

② 매물 구매 시 소유권이 변경된다.

③ 매물은 읍 단위에 위치하고 있다.

④ 매물의 월세는 협의가 가능하다.

⑤ 매물의 매매 금액은 3억 원 이상이다.

22 다음은 R부동산을 방문한 A고객의 요청사항이다. 이를 토대로 할 때 A고객에게 R부동산 중개인이 보여줄 매물로 가장 적절한 것은?

> A : 안녕하세요? 이번에 강화도로 공장을 이전하게 되어 적당한 매물이 있는지 여쭤보러 왔어요. 공장허가를 받을 수 있는 토지도 좋고요, 기존 공장건물이 있는 곳도 좋아요. 저희는 매매나 전세로 생각 중인데, 매매가에 경우에는 최대 3억 3천만 원까지 가능하고요, 전세가는 최대 4억 원까지만 가능할 것 같아요. 위치는 크게 상관없으나, 아무래도 공장이라 소음이나 냄새 등으로 주민들과 마찰이 적었음 해서 시내인 강화읍은 피하고 싶어요.

① GDO01131T
② GDP02241T
③ FCO03138T
④ FCP04231T
⑤ FEP07401T

23 다음 〈조건〉을 근거로 판단할 때, 〈보기〉 중 옳은 것을 모두 고르면?

조건

- 갑과 을은 책의 쪽 번호를 이용한 점수 게임을 한다.
- 책을 임의로 펼쳐서 왼쪽 면 쪽 번호의 각 자리 숫자를 모두 더하거나 모두 곱해서 나오는 결과와 오른쪽 면 쪽 번호의 각 자리 숫자를 모두 더하거나 모두 곱해서 나오는 결과 중에 가장 큰 수를 본인의 점수로 한다.
- 점수가 더 높은 사람이 승리하고, 같은 점수가 나올 경우 무승부가 된다.
- 갑과 을이 가진 책의 시작 면은 1쪽이고, 마지막 면은 378쪽이다. 책을 펼쳤을 때 왼쪽 면이 짝수, 오른쪽 면이 홀수 번호이다.
- 시작 면이나 마지막 면이 나오게 책을 펼치지는 않는다.

※ 쪽 번호가 없는 면은 존재하지 않음
※ 두 사람은 항상 서로 다른 면을 펼침

보기

ㄱ. 갑이 98쪽과 99쪽을 펼치고, 을은 198쪽과 199쪽을 펼치면 을이 승리한다.
ㄴ. 갑이 120쪽과 121쪽을 펼치고, 을은 210쪽과 211쪽을 펼치면 무승부이다.
ㄷ. 갑이 369쪽을 펼치면 반드시 승리한다.
ㄹ. 을이 100쪽을 펼치면 승리할 수 없다.

① ㄱ, ㄴ
② ㄱ, ㄷ
③ ㄱ, ㄹ
④ ㄴ, ㄷ
⑤ ㄴ, ㄹ

24 버스터미널에서 근무하는 A씨에게 부산에 사는 어느 고객이 버스 정보에 대해 문의를 해왔다. 다음 〈보기〉의 대화 중 A씨가 고객에게 바르게 안내한 것을 모두 고르면?

• 부산 터미널

도착지	서울 종합 버스터미널
출발 시각	매일 15분 간격(06:00 ~ 23:00)
소요 시간	4시간 30분 소요
운행 요금	우등 29,000원 / 일반 18,000원

• 부산 동부 터미널

도착지	서울 종합 버스터미널
출발 시각	06:30, 08:15, 13:30, 17:15, 19:30
소요 시간	4시간 30분 소요
운행 요금	우등 30,000원 / 일반 18,000원

※ 도로 교통 상황에 따라 소요 시간에 차이가 있을 수 있음

보기

고객 : 안녕하세요. 제가 서울에 볼일이 있어 버스를 타고 가려고 하는데요. 어떻게 하면 되나요?

A씨 : (가) 네, 고객님. 부산에서 서울로 출발하는 버스터미널은 부산 터미널과 부산 동부 터미널이 있는데요. 고객님 댁이랑 어느 터미널이 더 가깝나요?

고객 : 부산 동부 터미널이 더 가까운 것 같아요.

A씨 : (나) 부산 동부보다 부산 터미널에 더 많은 버스들이 배차되고 있습니다. 새벽 6시부터 밤 11시까지 15분 간격으로 운행되고 있으니 부산 터미널을 이용하시는 것이 좋을 것 같습니다.

고객 : 그럼 서울에 1시까지는 도착해야 하는데 몇 시 버스를 이용하는 것이 좋을까요?

A씨 : (다) 부산에서 서울까지 4시간 30분 정도 소요되므로 1시 이전에 여유 있게 도착하시려면 오전 8시 또는 8시 15분 출발 버스를 이용하시면 될 것 같습니다.

고객 : 4시간 30분보다 더 소요되는 경우도 있나요?

A씨 : (라) 네, 도로 교통 상황에 따라 소요 시간에 차이가 있을 수 있습니다.

고객 : 그럼 운행 요금은 어떻게 되나요?

A씨 : (마) 부산 터미널에서 서울 종합 버스터미널까지 운행요금은 29,000원입니다.

① (가), (나)
② (가), (다)
③ (가), (다), (라)
④ (다), (라), (마)
⑤ (나), (다), (라), (마)

25 **다음 중 신기술에 대한 설명으로 옳지 않은 것은?**

① NFC : 근거리 무선 통신으로, 전자기 유도 현상을 이용하여 정보를 주고받는 기술이다.
② 딥페이크 : 인공지능(AI)을 기반으로 한 변조 및 합성 기술이다.
③ 클라우드 : 소프트웨어와 데이터를 인터넷과 연결된 중앙 컴퓨터에 저장하여 이용하는 기술이다.
④ 블록체인 : 거래 정보를 중앙 서버가 단독으로 기록하고 관리하는 기술이다.
⑤ 사물인터넷 : 무선 통신을 통해 사물과 연결하는 기술이다.

26 **다음 중 엑셀의 기능에서 틀 고정에 대한 설명으로 옳지 않은 것은?**

① 고정하기를 원하는 행의 위 또는 열의 왼쪽에 셀 포인터를 위치시킨 후 [보기] – [틀 고정]을 선택한다.
② 틀을 고정하면 셀 포인터의 이동에 상관없이 고정된 행이나 열이 표시된다.
③ 문서의 내용이 많은 경우 셀 포인터를 이동하면 문서의 제목 등이 안 보이므로 틀 고정을 사용한다.
④ 인쇄할 때는 틀 고정을 해놓은 것이 적용이 안 되므로 설정을 바꿔줘야 한다.
⑤ 틀 고정을 취소할 때에는 셀 포인터의 위치는 상관없이 [보기] – [틀 고정 취소]를 클릭한다.

27 **다음 중 분산처리 시스템의 특징으로 옳지 않은 것은?**

① 작업을 병렬적으로 수행함으로써 사용자에게 빠른 반응 시간과 빠른 처리 시간을 제공한다.
② 사용자들이 비싼 자원을 쉽게 공유하여 사용할 수 있고, 작업의 부하를 균등하게 유지할 수 있다.
③ 작업의 부하를 분산시킴으로써 반응 시간을 항상 일관성 있게 유지할 수 있다.
④ 분산 시스템에 구성 요소를 추가하거나 삭제는 할 수 없다.
⑤ 다수의 구성 요소가 존재하므로 일부가 고장 나더라도 나머지 일부는 계속 작동 가능하기 때문에 사용 가능도가 향상된다.

28 다음은 A오디션의 1, 2차 결과를 나타낸 표이다. [E2:E7]에 최종점수를 구하고자 할 때, 필요한 함수로 옳은 것은?

	A	B	C	D	E
1	이름	1차	2차	평균	최종점수
2	유재호	96.45	45.67	71.16	71.1
3	전현지	89.67	34.77	62.22	62.2
4	강유리	88.76	45.63	67.195	67.2
5	박예슬	93.67	43.56	68.615	68.6
6	김성진	92.56	38.45	65.505	65.5
7	이미란	95.78	43.65	69.715	69.7

① ROUND
② INT
③ TRUNC
④ COUNTIF
⑤ ABS

29 H공사는 이번 달에 총 7명의 사원을 새로 뽑았다. 신입직원의 거주지가 영통구이거나 팔달구이면 매탄2지점에 배치하고 그 외에는 금곡지점에 배치하려고 한다. [D2] 셀에 수식을 입력한 후 채우기 핸들 기능으로 [D2:D8] 셀을 채우려고 할 때, [D2] 셀에 입력해야 하는 수식으로 옳은 것은?

	A	B	C	D
1	이름	거주지역	경력유무	지점명
2	최민준	팔달구	유	매탄2지점
3	김진서	권선구	유	금곡지점
4	이예준	권선구	유	금곡지점
5	김수빈	장안구	무	금곡지점
6	서민재	영통구	유	매탄2지점
7	조예은	팔달구	무	매탄2지점
8	박우진	영통구	무	매탄2지점

① =IF(OR(B2="장안구",B2="영통구"),"금곡지점","매탄2지점")
② =IF(OR(B2="팔달구",B2="영통구"),"금곡지점","매탄2지점")
③ =IF(OR(B2="팔달구",B2="영통구"),"매탄2지점","금곡지점")
④ =IF(AND(B2="팔달구",B2="영통구"),"매탄2지점","금곡지점")
⑤ =IF(AND(B2="팔달구",B2="영통구"),"금곡지점","매탄2지점")

※ 다음 프로그램을 보고 이어지는 질문에 답하시오. **[30~31]**

```
#include <stdio.h>

void main()
{
  while (i>0)
    i++;
  printf("%d", i);
}
```

30 다음 중 위 프로그램에서 정상적으로 출력하기 위해 정수 i의 필요한 정의는?

① int i=−1;
② int i=1;
③ int i=0;
④ int i++=1;
⑤ int i++=0;

31 다음 중 위 프로그램에서 i를 정의하고 실행했을 때, 출력값으로 옳은 것은?

① −1
② 1
③ 0
④ 2
⑤ −2

32 다음은 H공사 홈페이지의 로그인 과정에 대한 순서도이다. 홈페이지에 로그인하기 위해 로그인 정보를 입력했으나 로그인이 되지 않고 [2번 알림창]을 보게 되었다. 그 이유로 옳은 것은?

〈순서도 기호〉

기호	설명	기호	설명
	시작과 끝을 나타낸다.	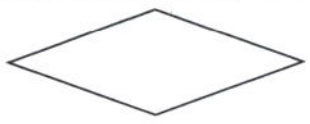	어느 것을 택할 것인지를 판단한다.
	데이터를 입력하거나 계산하는 등의 처리를 한다.		선택한 값을 출력한다.

〈순서도〉

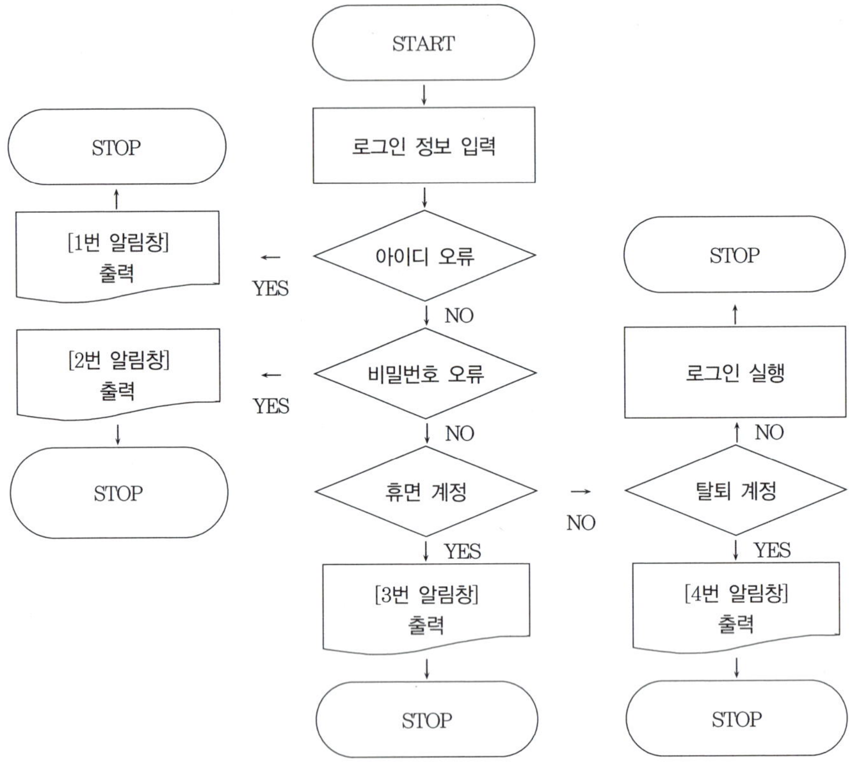

① 탈퇴 처리된 계정이기 때문
② 아이디와 비밀번호를 잘못 입력했기 때문
③ 아이디는 맞지만, 비밀번호를 잘못 입력했기 때문
④ 비밀번호는 맞지만, 아이디를 잘못 입력했기 때문
⑤ 휴면 처리된 계정이기 때문

33 **다음은 조직구조에 대한 설명이다. 밑줄 친 ㉠, ㉡에 대한 설명으로 옳은 것은?**

> 조직구조는 조직마다 다양하게 이루어지며, 조직목표의 효과적 달성에 영향을 미친다. 조직구조에 대한 많은 연구를 통해 조직구조에 영향을 미치는 요인으로는 조직의 전략, 규모, 기술, 환경 등이 있음을 확인할 수 있으며, 이에 따라 ㉠ <u>기계적 조직</u> 혹은 ㉡ <u>유기적 조직</u>으로 설계된다.

① ㉠은 의사결정 권한이 조직의 하부 구성원들에게 많이 위임되어 있다.
② ㉡은 상하 간의 의사소통이 공식적인 경로를 통해 이루어진다.
③ ㉠은 규제나 통제의 정도가 낮아 의사소통 결정이 쉽게 변할 수 있다.
④ ㉡은 구성원들의 업무가 분명하게 정의된다.
⑤ 안정적이고 확실한 환경에서는 ㉠이, 급변하는 환경에서는 ㉡이 적합하다.

34 **C씨는 취업스터디에서 기업 분석을 하다가 〈보기〉에서 제시하고 있는 기업의 경영 전략을 정리하였다. 다음 중 〈보기〉의 내용과 경영 전략이 바르게 짝지어진 것은?**

> • 차별화 전략 : 가격 이상의 가치로 브랜드 충성심을 이끌어내는 전략
> • 원가우위 전략 : 업계에서 가장 낮은 원가로 우위를 확보하는 전략
> • 집중화 전략 : 특정 세분시장만 집중 공략하는 전략

> **보기**
> ㉠ H기업은 S/W에 집중하기 위해 H/W의 한글 전용 PC 분야를 한국계 기업과 전략적으로 제휴하고 회사를 설립해 조직체에 위양하였으며, 이후 고유 분야였던 S/W에 자원을 집중하였다.
> ㉡ B마트는 재고 네트워크를 전산화하여 원가를 절감하고 양질의 제품을 최저가격에 판매하고 있다.
> ㉢ A호텔은 5성급 호텔로 하루 숙박비용이 상당히 비싸지만, 환상적인 풍경과 더불어 친절한 서비스를 제공하고 객실 내 제품이 모두 최고급으로 비치되어 있어 이용객들에게 높은 만족도를 준다.

	차별화 전략	원가우위 전략	집중화 전략
①	㉠	㉡	㉢
②	㉠	㉢	㉡
③	㉢	㉡	㉠
④	㉢	㉠	㉡
⑤	㉡	㉢	㉠

35 다음은 H전자 직무전결표의 일부분이다. 이에 따라 문서를 처리한 내용으로 옳지 않은 것을 〈보기〉에서 모두 고르면?

직무내용	대표이사	위임전결권자		
		전무	이사	부서장
직원 채용 승인	○			
직원 채용 결과 통보				○
교육훈련 대상자 선정			○	
교육훈련 프로그램 승인		○		
직원 국내 출장 승인			○	
직원 해외 출장 승인		○		
임원 국내 출장 승인		○		
임원 해외 출장 승인	○			

보기

㉮ 전무가 출장 중이어서 교육훈련 프로그램 승인을 위해서 일단 이사 전결로 처리하였다.
㉯ 인사부장 명의로 영업부 직원 채용 결과서를 통보하였다.
㉰ 영업부 대리의 국내 출장을 승인받기 위해서 이사의 결재를 받았다.
㉱ 기획부의 교육훈련 대상자를 선정하기 위해서 기획부장의 결재를 받아 처리하였다.

① ㉮, ㉯
② ㉮, ㉯, ㉰
③ ㉮, ㉯, ㉱
④ ㉮, ㉰, ㉱
⑤ ㉮, ㉯, ㉰, ㉱

36 H회사의 연구용역 업무를 담당하는 정대리는 연구비 총액 6,000만 원이 책정된 용역업체와의 계약을 체결하였다. 최부장은 계약 체결 건에 대해 확인하기 위해 정대리에게 전화를 걸었다. 다음 중 통화 내용으로 옳지 않은 것은?

〈규정〉

- 용역 발주의 방식(제○○조)
  연구비 총액 5,000만 원 이상의 연구용역은 경쟁 입찰 방식을 따르되, 그 외의 연구용역은 담당자에 의한 수의계약 방식으로 발주한다.
- 용역방침결정서(제○○조)
  용역 발주 전에 담당자는 용역방침결정서를 작성하여 부서장의 결재를 받아야 한다.
- 책임연구원의 자격(제○○조)
  연구용역의 연구원 중에 책임연구원은 대학교수 또는 박사학위 소지자이어야 한다.
- 계약실시요청 공문 작성(제○○조)
  연구자가 결정된 경우, 담당자는 연구용역 계약실시를 위해 용역수행계획서와 예산계획서를 작성하여 부서장의 결재를 받아야 한다.
- 보안성 검토(제○○조)
  담당자는 연구용역에 참가하는 모든 연구자에게 보안서약서를 받아야 하며, 총액 3,000만 원을 초과하는 연구용역에 대해서는 감사원에 보안성 검토를 의뢰해야 한다.
- 계약실시요청(제○○조)
  담당자는 용역방침결정서, 용역수행계획서, 예산계획서, 보안성 검토 결과를 첨부하여 운영지원과에 연구용역 계약실시요청 공문을 발송해야 한다.
- 계약의 실시(제○○조)
  운영지원과는 연구용역 계약실시를 요청받은 경우 지체 없이 계약업무를 개시하여야 하며, 계약 과정에서 연구자와의 협의를 통해 예산계획서상의 예산을 10% 이내의 범위에서 감액할 수 있다.

정대리 : 네, XX과 정○○입니다.
최부장 : 이번에 연구용역 계약 체결은 다 완료되었나?
정대리 : 네, ㉠경쟁 입찰 방식으로 용역 발주하였습니다. 용역방침결정서도 부서장님께 결재받았습니다.
최부장 : 그래, 연구원들은 총 몇 명이나 되나?
정대리 : ㉡S대학교 교수님이 책임연구원으로 계시고, 밑에 석사과정생 3명이 있습니다.
최부장 : 예산은 어느 정도로 책정되었나?
정대리 : ㉢처음에 6,000만 원으로 책정되었는데 계약 과정에서 연구자와 협의해 보니 5,000만 원까지 감액할 수 있을 것 같습니다.
최부장 : 운영지원과에 공문은 발송했나?
정대리 : ㉣아직 감사원으로부터 보안성 검토 결과가 오지 않았습니다. 오는 대로 공문 발송하겠습니다.
최부장 : 그럼 업무는 언제부터 시작하나?
정대리 : ㉤운영지원과에 연구용역 계약실시요청 공문을 발송한 즉시 바로 업무 개시될 예정입니다.

① ㉠
② ㉡
③ ㉢
④ ㉣
⑤ ㉤

37 R공사에서는 부패방지 교육을 위해 오늘 일과 중 1시간을 반영하여 부서별로 토론식 교육을 할 것을 지시하였다. 귀하의 직급은 사원으로, 적당한 교육시간을 판단하여 보고하여야 한다. 부서원의 스케줄이 다음과 같을 때, 교육을 편성하기에 가장 적절한 시간대는 언제인가?

시간	직급별 스케줄				
	부장	차장	과장	대리	사원
09:00 ~ 10:00	부서장 회의				
10:00 ~ 11:00					비품 신청
11:00 ~ 12:00			고객 응대		
12:00 ~ 13:00	점심식사				
13:00 ~ 14:00	부서 업무 회의				
14:00 ~ 15:00				타 지점 방문	
15:00 ~ 16:00			일일 업무 결산		
16:00 ~ 17:00		업무보고			
17:00 ~ 18:00	업무보고				

① 09:00 ~ 10:00
② 10:00 ~ 11:00
③ 13:00 ~ 14:00
④ 14:00 ~ 15:00
⑤ 15:00 ~ 16:00

38 다음은 한 부서의 분장업무를 나타낸 자료이다. 이를 토대로 유추할 수 있는 부서로 가장 적절한 것은?

분장업무	
• 판매방침 및 계획	• 외상매출금의 청구 및 회수
• 판매예산의 편성	• 제품의 재고 조절
• 시장조사	• 견본품, 반품, 지급품, 예탁품 등의 처리
• 판로의 개척, 광고 선전	• 거래처로부터의 불만처리
• 거래처의 신용조사와 신용한도의 신청	• 제품의 애프터서비스
• 견적 및 계약	• 판매원가 및 판매가격의 조사 검토
• 제조지시서의 발행	–

① 총무부
② 인사부
③ 기획부
④ 영업부
⑤ 자재부

39 다음 〈보기〉 중 비영리조직에 해당하는 것을 모두 고르면?

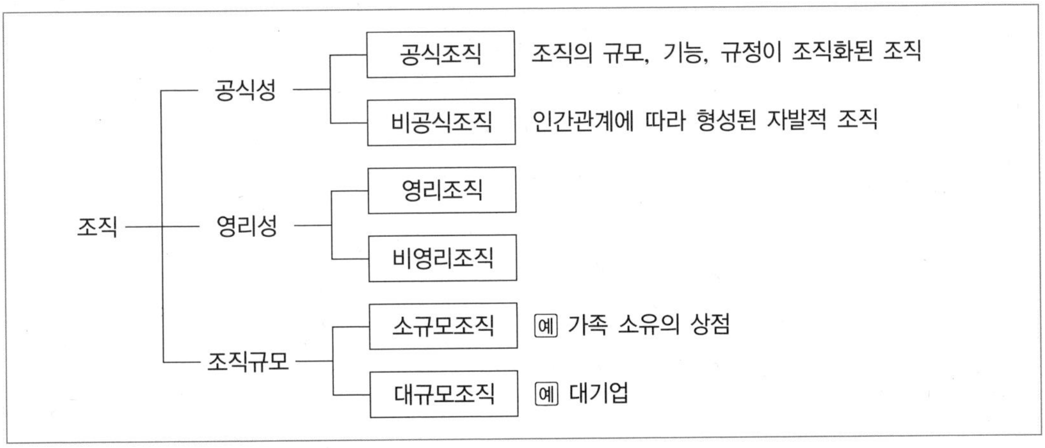

보기

㉠ 사기업
㉡ 정부조직
㉢ 병원
㉣ 대학
㉤ 시민단체

① ㉠, ㉢
② ㉡, ㉤
③ ㉠, ㉢, ㉣
④ ㉡, ㉣, ㉤
⑤ ㉡, ㉢, ㉣, ㉤

40 다음 중 조직문화의 구성 요소에 대한 설명으로 적절하지 않은 것은?

① 공유가치는 가치관과 이념, 조직관, 전통가치, 기본목적 등을 포함한다.
② 조직 구성원은 인력구성뿐만 아니라 그들의 가치관과 신념, 동기, 태도 등을 포함한다.
③ 관리기술은 조직경영에 적용되는 목표관리, 예산관리, 갈등관리 등을 포함한다.
④ 관리시스템으로는 리더와 부하 간의 상호관계를 볼 수 있다.
⑤ 조직의 전략은 조직운영에 필요한 장기적인 틀을 제공한다.

시대에듀

M E M O

2일 차

기출응용 모의고사

〈문항 및 시험시간〉

영역	문항 수	시험시간	모바일 OMR 답안분석
의사소통능력+수리능력+문제해결능력 +정보능력+조직이해능력	40문항	50분	

한국부동산원 NCS

2일 차 기출응용 모의고사

문항 수 : 40문항
시험시간 : 50분

※ 다음 글의 내용으로 적절하지 않은 것을 고르시오. **[1~2]**

01

서울 마포구에 거주 중인 40대 무주택자 A씨는 최근 아파트 매수를 망설이고 있다. 미국 기준금리 동결과 정부 규제 강화에 관망세가 지속돼 선뜻 결정하지 못하고 있는 것이다. A씨는 "사도 되는 건가 싶고, 또 떨어질까 겁나고 매일 부동산 앱만 들여다보는 중"이라고 토로했다.
7월 마지막 주, 전국 아파트값이 전주 대비 0.01% 상승하며 보합세를 이어갔다. 서울과 수도권은 여전히 상승 중이지만, 오름폭은 뚜렷하게 줄어들며 시장에 온기가 식고 있는 분위기다.
한국부동산원이 최근에 발표한 '주간 아파트가격 동향'에 따르면, 전국 아파트 매매가격은 전주에 이어 0.01% 상승, 전세가격 역시 같은 폭의 상승률을 기록했다. 서울은 재건축 이슈가 있는 일부 지역을 중심으로 상승 거래가 이뤄졌지만, 전반적인 수요 위축 속에 상승률이 전주 0.16%에서 이번 주 0.12%로 둔화됐다. 송파구(+0.41%), 서초구(+0.21%), 양천구(+0.17%)는 재건축 단지나 역세권 대단지를 중심으로 상승폭이 컸다. 성동구(+0.22%), 광진구(+0.17%), 용산구(+0.17%) 등도 강세를 보였다.
한국부동산원은 "관망 심리가 지속되고 있어 국지적 상승 외에 전반적 수요는 위축된 상황"이라고 설명했다. 수도권 전체도 상승폭이 0.06%에서 0.04%로 줄었고, 인천은 –0.03%, 경기는 0.01%로 미미한 변동을 보였다. 특히 경기 평택(–0.17%)과 시흥(–0.10%)은 입주 물량 부담과 매수자 부진으로 하락폭이 컸다.
전세가격 역시 전국적으로 0.01% 오르는 데 그치며 이사철을 앞둔 관망세가 이어지는 모습이다. 서울은 0.06% 상승해 전주와 같았고, 수도권은 0.02%에서 0.01%로, 경기는 보합(0.00%)으로 전환됐다. 서울에선 송파구(+0.28%), 강동구(+0.11%), 영등포구(+0.11%) 등이 눈에 띄는 상승세를 보였다. 반면 서초구는 –0.05% 하락하며 매물 누적으로 약세를 보였다. 인천(–0.05%)은 연수 · 남동구를 중심으로 하락폭이 컸고, 경기도 평택(–0.15%) 역시 약세를 이어갔다.
한국부동산원 관계자는 "하반기 시장 변수인 정부 추가 부동산 대책, 금리 동향 등이 명확해지기 전까지는 관망세가 지속될 것"이라며 "국지적 상승세는 일부 단지에 국한된 것으로 보인다."고 분석했다. 한편 전문가들은 당분간은 여름 비수기와 불확실성 속 '거래 절벽형 온기장세'가 이어질 것으로 보고 있다.

① 7월 마지막 주 전국 아파트 매매가격은 전주 대비 0.01% 상승했다.
② 7월 마지막 주 서울 송파구의 아파트 매매가격은 전주 대비 0.21% 상승했다.
③ 7월 마지막 주 전국 수도권 전세가격은 전주 대비 0.01% 상승했다.
④ 서울에서 재건축 이슈가 있는 일부 지역의 아파트 매매는 상승 거래되었다.
⑤ 7월 마지막 주 인천의 전세가격은 연수·남동구를 중심으로 하락폭이 컸다.

02

계약서란 계약의 당사자 간의 의사표시에 따른 법률행위인 계약 내용을 문서화한 것으로 당사자 사이의 권리와 의무 등 법률관계를 규율하고 의사표시 내용을 항목별로 구분한 후, 구체적으로 명시하여 어떠한 법률행위를 어떻게 하려고 하는지 등의 내용을 특정한 문서이다. 계약서의 작성은 미래에 계약에 관한 분쟁 발생 시 중요한 증빙 자료가 된다.
계약서의 종류를 살펴보면, 먼저 임대차계약서는 임대인 소유의 부동산을 임차인에게 임대하고, 임차인은 이에 대한 약정을 합의하는 내용을 담고 있다. 임대차는 당사자의 한쪽이 상대방에게 목적물을 사용・수익하게 할 수 있도록 약정하고, 상대방이 이에 대하여 차임을 지급할 것을 약정함으로써 그 효력이 생긴다. 부동산 임대차의 경우 목적 부동산의 전세・월세에 대한 임차보증금 및 월세를 지급할 것을 내용으로 하는 계약이 여기에 해당하며, 임대차계약서는 주택 등 집합건물의 임대차계약을 작성하는 경우에 사용되는 계약서이다. 주택 또는 상가의 임대차계약은 민법에 대한 특례를 규정한 주택임대차보호법 및 상가건물 임대차보호법의 적용을 받으며, 이 법의 적용을 받지 않은 임대차에 관하여는 민법상의 임대차 규정을 적용하고 있다.
다음으로 근로계약서는 근로자가 회사(근로기준법에서는 '사용자'라고 함)의 지시 또는 관리에 따라 일을 하고 이에 대한 대가로 회사가 임금을 지급하기로 한 내용의 계약서로 유상・쌍무계약을 말한다. 근로자와 사용자의 근로관계는 서로 동등한 지위에서 자유의사에 의하여 결정한 계약에 의하여 성립한다. 이러한 근로관계의 성립은 구술에 의하여 약정되기도 하지만 통상적으로 근로계약서 작성에 의하여 행해지고 있다.
마지막으로 부동산 매매계약서는 당사자가 계약 목적물을 매매할 것을 합의하고, 매수인이 매도자에게 매매대금을 지급할 것을 약정함으로 인해 그 효력이 발생한다. 부동산 매매계약서는 부동산을 사고팔기 위하여 매도인과 매수인이 약정하는 계약서로 매매대금 및 지급 시기, 소유권 이전, 제한권 소멸, 제세공과금, 부동산의 인도, 계약의 해제에 관한 사항 등을 약정하여 교환하는 문서이다. 부동산거래는 상황에 따라 다양한 매매조건이 수반되기 때문에 획일적인 계약 내용 외에 별도 사항을 기재하는 수가 많으므로 계약서에 서명하기 전에 계약 내용을 잘 확인하여야 한다.
이처럼 계약서는 계약의 권리와 의무의 발생, 변경, 소멸 등을 도모하는 중요한 문서로 계약서를 작성할 때에는 신중하고 냉철하게 판단한 후, 권리자와 의무자의 관계, 목적물이나 권리의 행사 방법 등을 명확하게 전달할 수 있도록 육하원칙에 따라 간결하고 명료하게 그리고 정확하고 평이하게 작성해야 한다.

① 계약 체결 이후 관련 분쟁이 발생할 경우 계약서가 중요한 증빙 자료가 될 수 있다.
② 주택 또는 상가의 임대차계약은 민법상의 임대차 규정의 적용을 받는다.
③ 근로계약을 통해 근로자와 사용자가 동등한 지위의 근로관계를 성립한다.
④ 부동산 매매계약서는 획일적인 계약 내용 외에 별도 사항을 기재하기도 한다.
⑤ 계약서를 작성할 때는 간결・명료하고 정확한 표현을 사용하여야 한다.

03 다음 글에서 〈보기〉의 문장이 들어갈 위치로 가장 적절한 곳은?

자본주의 경제 체제는 이익을 추구하려는 인간의 욕구를 최대한 보장해 주고 있다. 기업 또한 이익 추구라는 목적에서 탄생하여 생산의 주체로서 자본주의 체제의 핵심적 역할을 수행하고 있다. 즉, 이익은 기업가로 하여금 사업을 시작하게 하는 동기가 된다. (가) 이익에는 단기적으로 실현되는 이익과 장기간에 걸쳐 지속적으로 실현되는 이익이 있다. 기업이 장기적으로 존속, 성장하기 위해서는 단기 이익보다 장기 이익을 추구하는 것이 더 중요하다. 실제로 기업은 단기 이익의 극대화가 장기 이익의 극대화와 상충할 때에는 단기 이익을 과감히 포기하기도 한다. (나) 자본주의 초기에는 기업이 단기 이익과 장기 이익을 구별하여 추구할 필요가 없었다. 소자본끼리의 자유 경쟁 상태에서는 단기든 장기든 이익을 포기하는 순간에 경쟁에서 탈락하기 때문이다. 그에 따라 기업은 치열한 경쟁에서 살아남기 위해 주어진 자원을 최대한 효율적으로 활용하여 가장 저렴한 가격으로 좋은 품질의 상품을 소비자에게 공급하게 되었다. (다) 이 단계에서는 기업의 소유자가 곧 경영자였기 때문에 기업의 목적은 자본가의 이익을 추구하는 것으로 집중되었다.

그러나 기업의 규모가 점차 커지고 경영 활동이 복잡해지면서 전문적인 경영 능력을 갖춘 경영자가 필요하게 되었다. (라) 이에 따라 소유와 경영이 분리되어 경영의 효율성이 높아졌지만, 동시에 기업이 단기 이익과 장기 이익 사이에서 갈등을 겪게 되는 일도 발생하였다. 주주의 대리인으로 경영을 위임받은 전문 경영인은 기업의 장기적 전망보다 단기 이익에 치중하여 경영 능력을 과시하려는 경향이 있기 때문이다. 주주는 경영자의 이러한 비효율적 경영 활동을 감시함으로써 자신의 이익은 물론 기업의 장기 이익을 극대화하고자 하였다. (마)

보기

이는 기업의 이익 추구가 결과적으로 사회 전체의 이익도 증진시켰다는 의미이다.

① (가)
② (나)
③ (다)
④ (라)
⑤ (마)

04 **한국부동산원의 신입사원인 A ~ E는 문서 작성 시 주의해야 할 사항에 대한 교육을 받은 뒤 이에 대해 서로 이야기를 나누었다. 다음 중 잘못된 내용을 말하고 있는 사람을 모두 고르면?**

> A사원 : 문서를 작성할 때는 주로 '누가, 언제, 어디서, 무엇을, 어떻게, 왜'의 육하원칙에 따라 작성해야 해.
> B사원 : 물론 육하원칙에 따라 글을 작성하는 것도 중요하지만, 되도록 글이 한눈에 들어올 수 있도록 하나의 사안은 한 장의 용지에 작성해야 해.
> C사원 : 글은 한 장의 용지에 작성하되, 자료는 최대한 많이 첨부하여 문서를 이해하는 데 어려움이 없도록 하는 것이 좋아.
> D사원 : 문서를 작성한 후에는 내용을 다시 한 번 검토해 보면서 높임말로 쓰인 부분은 없는지 살펴보고, 있다면 이를 낮춤말인 '해라체'로 고쳐 써야 해.
> E사원 : 특히 문서나 첨부 자료에 금액이나 수량, 일자 등이 사용되었다면 정확하게 쓰였는지 다시 한 번 꼼꼼하게 검토하는 것이 좋겠지.

① A사원, B사원
② A사원, C사원
③ B사원, D사원
④ C사원, D사원
⑤ D사원, E사원

05 **다음 중 문서를 이해하는 과정에 대한 설명으로 적절하지 않은 것은?**

① 문서를 이해하기 위해서는 우선 문서의 목적을 이해하는 것이 첫 번째로 수행되어야 한다.
② 상대방의 의도를 도표, 그림 등으로 요약해 보는 것은 문서의 이해에 큰 도움이 되는 과정이다.
③ 문서에 제시된 현안 문제를 파악한 후에 작성자의 의도를 분석한다.
④ 정확한 문서 이해를 위해서는 문서의 내용을 분석하기 이전에 문서 작성의 배경과 주체를 파악하여야 한다.
⑤ 문서의 핵심 내용만 아는 것으로는 문서를 이해하는 데에 한계가 있으므로, 모든 내용을 파악하는 것이 필수적이다.

※ 다음 글을 읽고 이어지는 질문에 답하시오. [6~8]

(가) 날마다 언론에서는 주식 시장이나 부동산 시장의 움직임을 설명하면서 투자 심리에 대해 이야기하지만, 정작 경제학에서는 '심리'에 대해 그다지 가르쳐 주지 않는다. 이 때문에 2002년에 심리학자인 다니엘 카네만에게 노벨 경제학상이 수여되었을 때 많은 이들이 의아해했던 것이 사실이다. 경제학과 심리학이 무슨 상관이란 말인가?

(나) 물론, 1930년대 세계 대공황의 시기에 등장하여 자유방임의 철학에 수정을 가했던 케인스의 경제학이 인간의 심리적 측면에 대한 성찰에 근거하고 있음은 잘 알려진 사실이다. 그러나 케인스는 인간의 심리 그 자체를 과학적으로 파고들었다기보다, 우리의 의사 결정은 늘 미래가 불확실한 상황에서 이루어진다는 점과 우리가 직면하는 불확실성은 확률적으로도 파악하기 힘든 것이 대부분이라는 점을 강조하였다. 앞으로 어떻게 될지 모르는 상황에서도 무엇인가를 선택할 수밖에 없는 것이 인간의 운명이기에 인간의 행동은 경제학에서 가정하는 합리성을 갖추기보다는 때로는 직관에 의존하기도 하고 때로는 충동에 좌우되기도 한다는 것이다. ______㉠______ 그의 생각은 경제학도들 사이에서 인간 심리의 중요성을 강조하는 경구로 회자되었을지언정 합리성을 전제로 한 경제학의 접근 방법을 바꾸어 놓는 데까지 나아가지는 못했다.

(다) 그런데 카네만과 같은 확률 인지 심리학자들의 연구는 경제학의 방법론을 바꾸는 계기를 마련하였다. 그들은 사람들이 확률에 대해 판단할 때에 '주관적 추론'에 의존하는 경향이 매우 크다는 사실을 알아냈다. 예를 들어, A가 B에 속할 확률을 판단할 때 실제 확률에 영향을 미치는 정보보다 A가 B를 얼마나 닮았는지에 더 영향을 받는다거나, ㉡ <u>A의 구체적인 예를 떠올리기 쉬울수록 A가 발생할 확률이 더 크다고 판단한다거나</u>, 또한 새로운 정보가 추가됨에 따라 자신의 평가를 조정하지만 최종적인 추정 결과는 처음의 평가 쪽으로 기울기 쉬운 경향이 있다는 것 등이다. 이러한 주관적 추론은 편리한 인지 방법이지만, 체계적인 편향이나 심각한 오류를 낳기 쉽다.

(라) 이러한 성과에 기초하여 이들은 합리적인 인간 행동에 대한 기존의 인식을 비판하는 연구로 나아갔다. 그 가운데 하나가 이득에 관한 의사 결정과 손실에 관한 의사 결정 사이의 비일관성에 대한 연구이다. 이들은 매우 다양한 실험을 통해 이득이 생기는 경우에는 사람들이 '위험(Risk)'을 기피하지만, 손실을 보는 경우에는 위험을 선호하는 비일관성이 나타난다는 사실을 발견하였다. 이러한 행동은 이해할 만한 것이기는 해도 불확실한 상황에서의 합리적인 행동에 대한 가장 핵심적인 가정, 즉 위험에 대한 태도의 일관성과는 모순된다. 카네만 등은 이러한 실험 결과가 사람들이 위험을 싫어하는 것이 아니라 손실을 싫어하는 것임을 보여 준다고 해석하였다. 손실은 언제나 이득보다 더 크게 보인다는 것이다.

(마) 이러한 연구는 합리성에 대한 일정한 가정에 기초하여 사회 현상을 다루어 온 경제학으로 하여금 인간의 행동에 대한 가정보다는 그에 대한 관찰에서 출발할 것을 요구하는 것이라 하겠다. 과연 심리학이 경제학을 얼마나, 그리고 어떻게 바꾸어 놓을지 그 귀추가 기대된다.

06 **다음 중 빈칸 ㉠에 들어갈 내용으로 가장 적절한 것은?**

① 투자 관리는 예술도 과학도 아니고 공학이라는
② 직관은 많은 것을 하지만, 모든 것을 하지는 않는다는
③ 시장에만 맡겨둔다면 비참한 결과를 낳을 수 있을 것이라는
④ 기업 투자는 이자율보다 기업가의 동물적 본능에 더 크게 영향을 받는다는
⑤ 과학의 장점은 우리 인간을 미혹으로 이끄는 감정을 배제한다는 것이라는

07 **다음 중 밑줄 친 ㉡의 구체적 사례로 가장 적절한 것은?**

① 동전 던지기를 하는데 앞면이 다섯 번 연이어 나왔을 때, 다음에는 뒷면이 나올 가능성이 더 크다고 생각한다.
② 교통사고 소식이 위암으로 인한 사망 소식보다 대중 매체에 더 자주 언급되기 때문에, 교통사고로 사망할 가능성이 위암으로 사망할 가능성보다 더 크다고 생각한다.
③ 50달러와 25달러로 나누어 받는 것보다 75달러를 한꺼번에 받는 것을 선호하였고, 150달러를 한꺼번에 지불하는 것보다는 100달러를 내고 다음에 50달러를 지불하는 것을 선호하였다.
④ '1×2×3×4×5×6×7×8'이라고 칠판에 쓰면서 5초 이내에 답하라고 하였을 때 응답자들이 낸 답의 중앙값은 512였으나, '8×7×6×5×4×3×2×1'이라고 쓴 경우에는 2,250이었다. 정답은 40,320이다.
⑤ 값이 15달러인 계산기를 구입하는 상황에서 5달러를 절약하기 위해 20분 더 운전을 하겠느냐는 질문에 대해 68%가 그렇게 하겠다고 답한 것에 반해, 125달러인 계산기를 구입하는 상황에서는 29%만이 그렇게 하겠다고 대답했다.

08 **다음 중 윗글의 내용으로 가장 적절한 것은?**

① 카네만은 경제학에서 인간 심리의 중요성을 처음으로 강조하였다.
② 케인스는 심리학의 성과를 바탕으로 경제학의 접근 방법을 변화시켰다.
③ 확률 인지 심리학은 주관적 추론의 체계적인 편향이나 오류를 시정하였다.
④ 확률 인지 심리학의 성과는 경제학의 접근 방법에 중요한 변화를 요구한다.
⑤ 기존의 경제학에서는 인간 행동에 대한 가정보다 관찰에 기초하여 합리성을 논한다.

09 세탁기는 세제 용액의 농도를 0.9%로 유지해야 가장 세탁이 잘 된다. 농도가 0.5%인 세제 용액 2kg에 세제를 4스푼 넣었더니 농도가 0.9%인 세제 용액이 됐다. 물 3kg에 세제를 몇 스푼 넣으면 농도가 0.9%인 세제 용액이 되는가?

① 12스푼
② 12.5스푼
③ 13스푼
④ 13.5스푼
⑤ 14스푼

※ 다음은 주택 유형별 멸실 현황에 대한 자료이다. 이어지는 질문에 답하시오. **[10~11]**

〈주택 유형별 멸실 현황〉

(단위 : 호)

구분	2022년			2023년			2024년		
	단독	연립	아파트	단독	연립	아파트	단독	연립	아파트
전국	44,981	1,704	7,124	48,885	2,660	7,299	47,298	2,495	7,321
수도권	15,214	1,421	1,126	16,062	2,324	5,688	15,878	2,307	2,881
지방	29,767	283	5,998	32,823	336	1,611	31,420	188	4,440
서울	6,970	932	906	8,151	1,746	4,140	8,235	1,468	2,243
부산	3,540	113	2,019	3,155	54	936	3,491	41	640
대구	1,720	24	910	1,967	0	255	2,037	29	0
인천	1,148	205	180	12	110	105	1,312	375	585
광주	1,406	0	0	1,204	4	0	1,055	22	2,331
대전	1,777	65	246	964	2	0	665	40	0
울산	575	3	940	1,234	40	0	1,160	9	0
경기	7,096	284	40	6,229	468	1,443	6,331	464	53
강원	1,896	19	0	2,045	126	0	2,166	0	0
충북	2,460	6	40	2,228	0	174	2,390	12	50
충남	2,686	12	84	3,131	0	77	2,874	0	0
전북	2,217	29	1,759	3,740	21	0	2,530	16	500
전남	2,900	0	0	3,678	2	83	3,068	0	150
경북	3,888	6	0	4,063	10	24	4,579	19	0
경남	4,029	6	0	4,693	77	62	4,726	0	769
제주	673	0	0	721	0	0	679	0	0

※ 멸실 주택 : 건축법상 주택의 용도에 해당하는 건축물이 철거 또는 멸실되어 더 이상 존재하지 않게 될 경우로서 건축물대장 말소가 이루어진 주택

10 다음 〈보기〉의 설명 중 옳지 않은 것을 모두 고르면?

보기

ㄱ. 2023년과 2024년에 서울의 단독 멸실 수는 전년 대비 매년 5% 이상 증가하였다.
ㄴ. 2022년에 아파트 멸실 수가 네 번째로 많았던 지역은 2024년에도 아파트 멸실 수가 네 번째로 많다.
ㄷ. 2023년 서울의 연립 멸실 수는 같은 해 경기의 연립 멸실 수의 4배 미만이다.
ㄹ. 제시된 기간 동안 전국의 단독 멸실 수와 충남의 단독 멸실 수는 매년 증감 추이가 같다.

① ㄱ, ㄴ
② ㄱ, ㄷ
③ ㄴ, ㄷ
④ ㄴ, ㄹ
⑤ ㄷ, ㄹ

11 다음은 통계청에서 발표한 주택 멸실 현황에 대해 작성한 보고서의 일부이다. 옳지 않은 것은?

〈보고서〉

주택 멸실 현황은 멸실 주택 수 파악을 통해 지역별 주택재고 현황 파악 및 지역별 주택수급 상황 판단의 기초 자료로 활용된다. 통계청은 건축물대장을 기초로 시·도 검증 자료를 활용하여 2022년부터 2024년까지의 주택 멸실 현황 통계를 작성하였다.

① 조사기간 동안 전국의 아파트 멸실 주택 수가 증가하는 추세에 있다. 하지만 지역별 차이는 큰 것으로 나타났다. 수도권의 경우, 2023년 아파트 멸실 주택 수는 전년 대비 5배 이상 증가하였지만, 지방의 경우 30% 미만으로 감소하였다. 또한 ② 단독 주택의 멸실 주택은 서울의 경우, 2024년에 2022년 대비 18% 이상 증가하였으나, 대전의 경우 2분의 1 이하로 감소하여 큰 차이를 보였다.

멸실 주택이 없는 지역과 1,000호 이상으로 많았던 지역의 수는 연도에 따라 차이를 보였다. ③ 멸실된 연립 주택의 경우, 2022년에 1,000호 이상 멸실된 지역은 총 2곳이었으며, 2024년에는 3곳으로 증가하였다. 한편 ④ 2024년에 멸실된 아파트가 없는 지역은 총 7곳이었으며, 또한 ⑤ 연립 주택은 2024년에 멸실된 주택이 전년 대비 약 6% 감소한 것으로 나타났다.

공공주택본부는 이와 같은 자료를 바탕으로 안정적인 주택을 확보하고, 소모적인 멸실을 막기 위해 건축물 대상 말소 전 갱신 고지 방안과, 재건축 및 보수공사 등 건축물 수명 연장을 위한 방안을 논의 중이다.

※ 다음은 아파트 지역별 매매 실거래 가격지수에 대한 자료이다. 이어지는 질문에 답하시오. **[12~13]**

〈아파트 지역별 매매 실거래 가격지수〉

행정구역별		2025.05	2025.04	2025.03	2025.02	2025.01	2024.12	2024.11	2024.10
전국		131.7	129.4	127.7	125.8	123.3	120.1	117.1	114.4
수도권		152.6	148.9	146.4	143.4	139.6	134.9	131.9	129.4
지방		114.3	113.0	112.0	111.0	109.7	107.8	104.7	101.9
광역시		126.1	124.0	122.5	120.9	119.2	116.7	113.1	109.4
서울	서울 소계	167.7	164.6	163.6	163.1	160.4	155.6	152.8	150.2
	도심권	161.6	156.4	154.1	154.7	152.9	150.5	147.1	144.8
	동북권	179.1	175.9	174.4	173.0	169.1	163.9	160.7	157.5
	동남권	162.2	159.7	158.9	159.2	157.5	152.4	149.4	147.0
	서북권	163.9	162.5	159.8	162.5	158.9	154.6	152.6	149.7
	서남권	165.5	161.9	161.4	160.3	158.0	153.4	150.6	148.2
부산		119.0	116.3	115.2	114.3	113.2	112.1	106.7	101.0
인천		132.2	127.5	123.6	119.6	117.1	113.8	111.8	110.7
경기		149.2	145.4	142.2	137.8	133.0	127.8	124.3	121.5

12 **다음 중 아파트 지역별 매매 실거래 가격지수에 대한 설명으로 옳지 않은 것은?[단, 1분기(1 ~ 3월), 2분기(4 ~ 6월)이다]**

① 2025년도 2분기 수도권의 전분기 대비 평균 상승 지수가 7이라면, 2025년 6월의 지수는 148.9이다.

② 2024년 10월 대비 2025년 5월의 경기 지역의 상승폭은 부산보다 크다.

③ 서울에서 2025년 1월에 전달 대비 상승폭이 가장 낮은 지역은 도심권이다.

④ 조사 기간 동안 부산에서 전달 대비 지수 상승폭이 가장 큰 달은 2024년 11월이다.

⑤ 광역시는 매달 지수가 2 이상씩 상승하였다.

13 **다음 중 아파트 지역별 매매 실거래 가격지수에 대한 설명으로 옳지 않은 것을 〈보기〉에서 모두 고르면?**

보기

ㄱ. 2024년 10월 대비 2025년 5월 서울에서 가격지수가 가장 높이 상승한 지역은 동북권이다.
ㄴ. 조사 기간 동안 서울 도심권은 지속 상승 중이다.
ㄷ. 전국적으로 가장 높은 가격 상승이 있었던 달은 2025년 1월이다.
ㄹ. 2025년도 광역시의 실거래 가격지수는 인천보다 항상 높다.

① ㄱ, ㄴ
② ㄱ, ㄷ
③ ㄴ, ㄷ
④ ㄴ, ㄹ
⑤ ㄷ, ㄹ

14 다음은 2024년 H시 5개 구 주민의 돼지고기 소비량에 대한 자료이다. 〈조건〉을 토대로 할 때 변동계수가 세 번째로 큰 구는?

〈H시 5개 구 주민의 돼지고기 소비량 통계〉

(단위 : kg)

구분	평균(1인당 소비량)	표준편차
A구	( )	5.0
B구	( )	4.0
C구	30.0	6.0
D구	12.0	4.0
E구	( )	8.0

※ $(\text{변동계수})=\frac{(\text{표준편차})}{(\text{평균})}\times 100$

조건

- A구의 1인당 소비량과 B구의 1인당 소비량을 합하면 C구의 1인당 소비량과 같다.
- A구의 1인당 소비량과 D구의 1인당 소비량을 합하면 E구 1인당 소비량의 2배와 같다.
- E구의 1인당 소비량은 B구의 1인당 소비량보다 6.0kg 더 많다.

① A구
② B구
③ C구
④ D구
⑤ E구

15 다음은 가계 금융자산을 나타낸 자료이다. 이를 나타낸 그래프로 옳지 않은 것은?

〈각국의 연도별 가계 금융자산 비율〉

구분	2019년	2020년	2021년	2022년	2023년	2024년
A	0.24	0.22	0.21	0.19	0.17	0.16
B	0.44	0.45	0.48	0.41	0.40	0.45
C	0.39	0.36	0.34	0.29	0.28	0.25
D	0.25	0.28	0.26	0.25	0.22	0.21

※ 가계 총자산은 가계 금융자산과 가계 비금융자산으로 이루어지며, 가계 금융자산 비율은 가계 총자산 대비 가계 금융자산이 차지하는 비율임

〈2024년 각국의 가계 금융자산 구성비〉

구분	예금	보험	채권	주식	투자 신탁	기타
A	0.62	0.18	0.10	0.07	0.02	0.01
B	0.15	0.30	0.10	0.31	0.12	0.02
C	0.35	0.27	0.11	0.09	0.14	0.04
D	0.56	0.29	0.03	0.06	0.02	0.04

① 연도별 B국과 C국 가계 비금융자산 비율

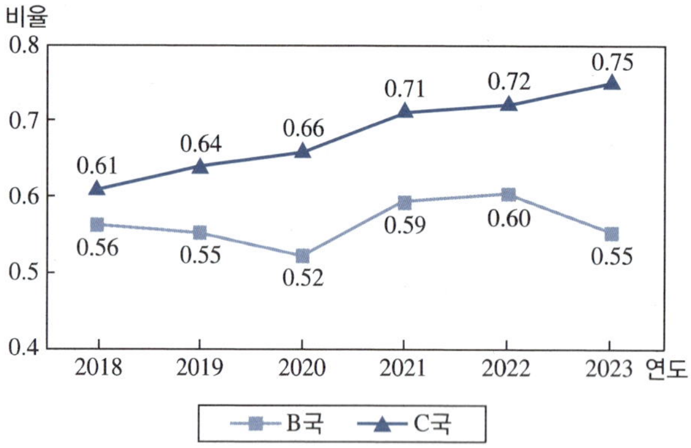

② 2021년 각국의 가계 총자산 구성비

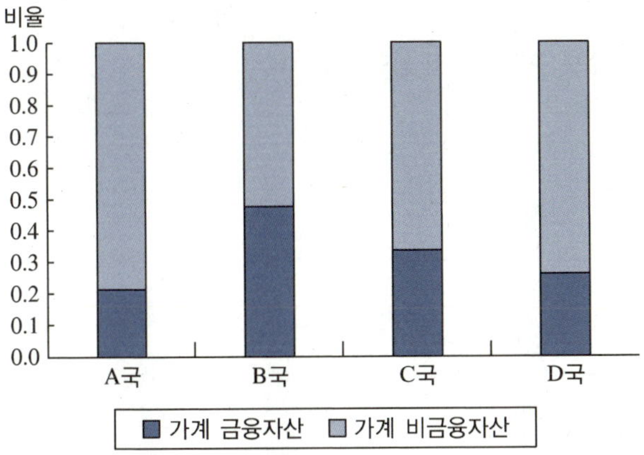

③ 2024년 C국의 가계 금융자산 구성비

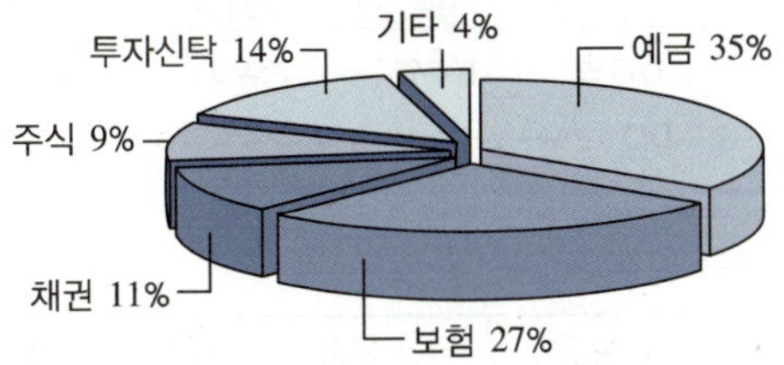

④ 2024년 A국과 D국의 가계 금융자산 대비 보험, 채권, 주식 구성비

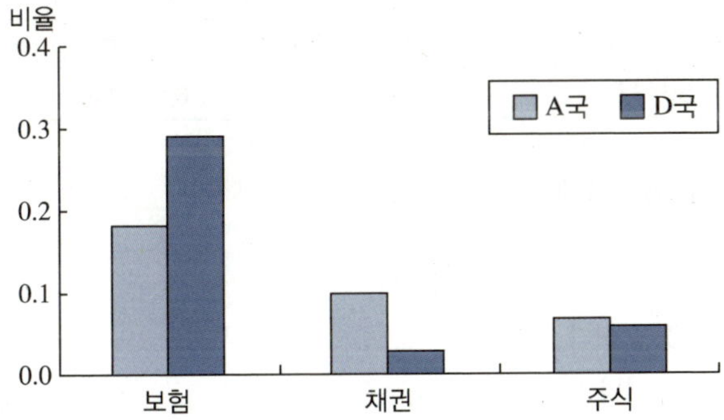

⑤ 2024년 각국의 가계 총자산 대비 예금 구성비

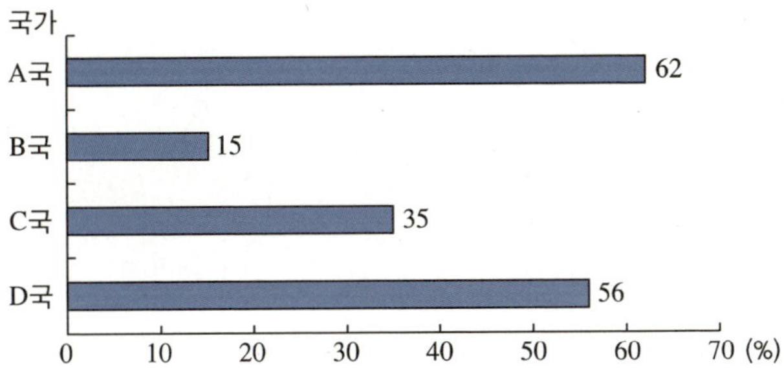

16 다음은 상수도 구역에 따라 수질 오염 정도를 나타낸 자료이다. 이에 대한 설명으로 옳은 것은?

〈상수도 구역별 수질 농도 현황〉

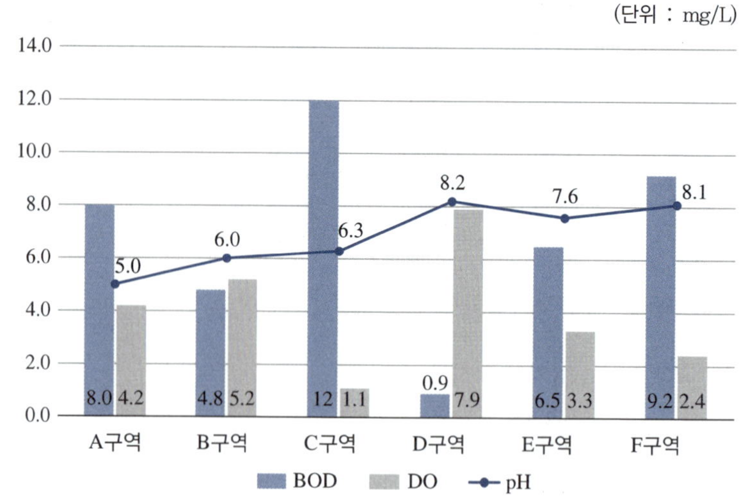

〈수질 등급 기준〉

등급	매우 좋음	좋음	약간 좋음	보통	약간 나쁨	나쁨	매우 나쁨
	1a	1b	2	3	4	5	6
DO(mg/L)	7.5 이상	5.0 이상			2.0 이상		2.0 미만
BOD(mg/L)	1 이하	2 이하	3 이하	5 이하	8 이하	10 이하	10 초과
pH	6.5 ~ 8.5				6.0 ~ 8.5		

※ DO, BOD, pH의 수치를 모두 충족하는 등급으로 결정됨
※ DO는 용존산소량, BOD는 생화학적 산소요구량을 말함

① BOD 농도가 5mg/L 이하인 상수도 구역 중 3등급은 하나이다.
② pH가 가장 높은 구역의 등급은 '매우 좋음'이다.
③ 상수도 구역에서 등급이 '약간 나쁨' 또는 '나쁨'인 구역은 두 곳이다.
④ 수질 기준은 DO와 BOD의 농도가 높을수록 좋은 등급을 받는다.
⑤ pH 수치가 낮을수록 수질 등급은 '매우 좋음'에 가까워진다.

17 **A~E 5명이 순서대로 퀴즈게임을 해서 벌칙 받을 사람 1명을 선정하고자 한다. 게임 규칙과 결과에 근거할 때, 항상 옳은 것을 〈보기〉에서 모두 고르면?**

> • 규칙
> - A→B→C→D→E 순서대로 퀴즈를 1개씩 풀고, 모두 한 번씩 퀴즈를 풀고 나면 한 라운드가 끝난다.
> - 퀴즈 2개를 맞힌 사람은 벌칙에서 제외되고, 다음 라운드부터는 게임에 참여하지 않는다.
> - 라운드를 반복하여 맨 마지막까지 남는 한 사람이 벌칙을 받는다.
> - 벌칙에서 제외되는 4명이 확정되면 라운드 중이라도 더 이상 퀴즈를 출제하지 않는다. 이 외에는 라운드 끝까지 퀴즈를 출제한다.
> - 게임 중 동일한 문제는 출제하지 않는다.
>
> • 결과
>
> 3라운드에서 A는 참가자 중 처음으로 벌칙에서 제외되었고, 4라운드에서는 오직 B만 벌칙에서 제외되었으며, 벌칙을 받을 사람은 5라운드에서 결정되었다.

보기

ㄱ. 5라운드까지 참가자들이 정답을 맞힌 퀴즈는 총 9개이다.

ㄴ. 게임이 종료될 때까지 총 22개의 퀴즈가 출제되었다면, E는 5라운드에서 퀴즈의 정답을 맞혔다.

ㄷ. 게임이 종료될 때까지 총 21개의 퀴즈가 출제되었다면, 퀴즈를 푸는 순서가 벌칙을 받을 사람 선정에 영향을 미친 것으로 볼 수 있다.

① ㄱ
② ㄴ
③ ㄱ, ㄷ
④ ㄴ, ㄷ
⑤ ㄱ, ㄴ, ㄷ

18 다음 설명에 해당하는 문제해결 방법은?

> 깊이 있는 커뮤니케이션을 통해 서로의 문제점을 이해하고 공감함으로써 창조적인 문제해결을 도모하며, 구성원의 동기가 강화되고 팀워크도 한층 강화된다는 특징을 보인다. 이 방법을 이용한 문제해결은 구성원이 자율적으로 실행하는 것으로, 예정된 결론이 도출되어 가도록 해서는 안 된다.

① 소프트 어프로치
② 명목집단법
③ 하드 어프로치
④ 델파이법
⑤ 퍼실리테이션

19 다음은 김주임의 7월 월급내역서이다. 8월에는 기존 지급내역 합계에서 3.3%가 공제되던 건강보험료의 보험료율이 5%로 증가하였다. 또한 기본급과 직무수당이 전월인 7월에 비해 각각 15만 원, 연장근로수당이 20만 원 더 지급되었을 때, 김주임의 8월 월급내역서에서 공제 후 실수령액은?(단, 주어진 내역 외에는 7월과 8월이 같다)

〈7월 월급내역서〉

(단위 : 원)

지급내역	기본급	1,200,000	공제내역	갑근세	900,000
	직책수당	400,000		주민세	9,000
	직무수당	300,000		건강보험	99,000
	연장근로	150,000		국민연금	135,000
	심야근로	250,000		고용보험	24,000
	휴일근로	300,000		근태공제	–
	월차수당	400,000		기타	–
	합계	3,000,000		합계	1,167,000

① 1,580,000원
② 1,890,500원
③ 2,045,000원
④ 2,257,000원
⑤ 2,340,000원

20 H공사는 직원들의 체력증진 및 건강개선을 위해 점심시간을 이용해 운동 프로그램을 운영하고자 한다. 해당 프로그램을 운영할 업체는 직원들을 대상으로 한 사전조사 결과를 바탕으로 정한 선정 점수에 따라 결정된다. 다음 〈조건〉에 따라 업체를 선정할 때, 최종적으로 선정될 업체는?

〈후보 업체 사전조사 결과〉

업체명	프로그램	흥미 점수	건강증진 점수
A업체	집중GX	5점	7점
B업체	필라테스	7점	6점
C업체	자율 웨이트	5점	5점
D업체	근력운동	6점	4점
E업체	스피닝	4점	8점

조건

- H공사는 전 직원들을 대상으로 후보 업체들에 대한 사전조사를 하였다. 각 후보 업체에 대한 흥미 점수와 건강증진 점수는 전 직원들이 10점 만점으로 부여한 점수의 평균값이다.
- 흥미 점수와 건강증진 점수를 2 : 3의 가중치로 합산하여 1차 점수를 산정하고, 1차 점수가 높은 후보 업체 3개를 1차 선정한다.
- 1차 선정된 후보 업체 중 흥미점수와 건강증진 점수에 3 : 3의 가중치로 합산하여 2차 점수를 산정한다.
- 2차 점수가 가장 높은 1개의 업체를 최종적으로 선정한다. 만일 1차 선정된 후보 업체들의 2차 점수가 모두 동일한 경우, 건강증진 점수가 가장 높은 후보업체를 선정한다.

① A업체
② B업체
③ C업체
④ D업체
⑤ E업체

21 한국부동산원의 ICT센터는 정보보안을 위해 직원의 컴퓨터 암호를 아래와 같은 규칙으로 지정해 두었다. 청약운영부 김사원의 비밀번호는 '자전거'이다. 이를 암호로 바르게 치환한 것은?

〈규칙〉

1. 자음과 모음의 배열은 국어사전의 배열 순서에 따른다.
   - 자음
     - 국어사전 배열 순서에 따라 알파벳 소문자(a, b, c, …)로 치환하여 사용한다.
     - 받침으로 사용되는 자음의 경우 대문자로 구분한다.
     - 겹받침일 경우, 먼저 쓰인 순서대로 알파벳을 나열한다.
   - 모음
     - 국어사전 배열 순서에 따라 숫자(1, 2, 3, …)로 치환하여 사용한다.
2. 비밀번호는 임의의 세 글자로 구성하되 마지막 한 자리 숫자는 다음의 규칙에 따라 지정한다.
   - 음절에 사용된 각 모음의 해당하는 숫자의 합으로 구성한다.
   - 모음의 합이 두 자리 이상일 경우엔 각 자릿수를 다시 합하여 한 자리 수가 나올 때까지 더한다.
   - '–'을 사용하여 단어와 구별한다.

① m1m3ca5–9
② m1m5Ca5–2
③ m1n5ca3–9
④ n1m3Ca3–7
⑤ n1m3Ca3–2

※ 다음은 이번 달 H공사의 업무일정에 대한 자료이다. 이어지는 질문에 답하시오. **[22~23]**

〈업무일정 기간 및 순서〉

구분	업무별 소요 기간	선결업무
A업무	3일	-
B업무	1일	A업무
C업무	6일	-
D업무	7일	B업무
E업무	5일	A업무
F업무	3일	B, C업무

22 다음 중 모든 업무를 끝마치는 데 걸리는 최소 소요 기간은?

① 8일
② 9일
③ 10일
④ 11일
⑤ 12일

23 다음 〈보기〉 중 옳지 않은 것을 모두 고르면?

보기

㉠ B업무의 소요 기간이 4일로 연장된다면 D업무를 마칠 때까지 11일이 소요된다.
㉡ D업무의 선결업무가 없다면 모든 업무를 마치는 데 최소 8일이 소요된다.
㉢ E업무의 선결업무에 C업무가 추가된다면 최소 소요 기간은 11일이 된다.
㉣ C업무의 소요 기간이 2일 연장되더라도 최소 소요 기간은 변하지 않는다.

① ㉠, ㉡
② ㉠, ㉢
③ ㉡, ㉢
④ ㉡, ㉣
⑤ ㉢, ㉣

24 H공사는 최근 새로운 건물로 이사하면서 팀별 층 배치를 변경하기로 하였다. 층 배치 변경 사항과 현재 층 배치가 다음과 같을 때 이사 후 층 배치에 대한 설명으로 적절하지 않은 것은?

〈층 배치 변경 사항〉

- 인사팀과 생산팀이 위치한 층 사이에 한 팀을 배치합니다.
- 연구팀과 영업팀은 기존 층보다 아래층으로 배치합니다.
- 총무팀은 6층에 배치합니다.
- 탕비실은 4층에 배치합니다.
- 생산팀은 연구팀보다 높은 층에 배치합니다.
- 전산팀은 2층에 배치합니다.

〈현재 층 배치도〉

층수	부서
7층	전산팀
6층	영업팀
5층	연구팀
4층	탕비실
3층	생산팀
2층	인사팀
1층	총무팀

① 생산팀은 7층에 배치될 수 있다.
② 인사팀은 5층에 배치될 수 있다.
③ 영업팀은 3층에 배치될 수 있다.
④ 생산팀은 3층에 배치될 수 있다.
⑤ 연구팀은 1층에 배치될 수 있다.

25 **다음 사례에 나타난 H대학교의 문제해결을 위한 대안으로 가장 적절한 것은?**

> H대학교는 현재 학생 관리 프로그램, 교수 관리 프로그램, 성적 관리 프로그램의 3개의 응용 프로그램을 갖추고 있다. 학생 관리 프로그램은 학생 정보를 저장하고 있는 파일을 이용하고, 교수 관리 프로그램은 교수 정보 파일을 이용하고, 성적 관리 프로그램은 성적 정보 파일을 이용한다. 그러므로 각각의 응용 프로그램들은 개별적인 파일을 이용한다.
> 이런 경우의 파일에는 많은 정보가 중복 저장되어 있다. 그렇기 때문에 중복된 정보가 수정되면 관련된 모든 파일을 수정해야 하는 불편함이 있다. 예를 들어, 한 학생이 자퇴하게 되면 학생 정보 파일뿐만 아니라 교수 정보 파일, 성적 정보 파일도 수정해야 하는 것이다.

① 데이터베이스 구축
② 유비쿼터스 구축
③ RFID 구축
④ NFC 구축
⑤ 와이파이 구축

26 **영업팀에 근무하는 A사원은 작년 한 해 동안 판매된 아이스크림의 수량과 총액을 간략하게 그래프로 나타내었다. 이를 본 B대리가 시각적인 효과가 더 좋도록 그래프를 수정해 주었다. 다음 중 B대리가 수정해 준 그래프를 보고 A사원이 할 수 있는 생각이 아닌 것은?**

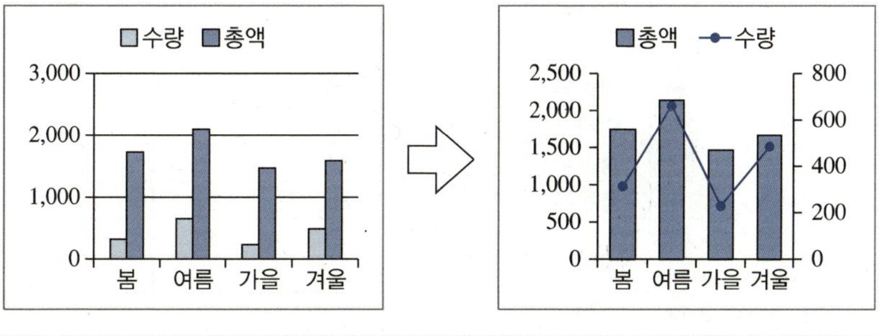

① ‘수량’ 계열의 차트 종류를 변경하셨구나.
② 기본 세로 축의 주 눈금선을 없애셨네.
③ 보조 축으로 총액 계열을 사용하셨어.
④ 기본 세로 축의 주 단위를 500으로 설정하셨어.
⑤ 수치를 더 세분화해서 알아보기 쉽게 만드셨네.

27 다음은 조직심리학 수업을 수강한 학생들의 성적이다. 최종점수는 중간시험과 기말시험의 평균점수에서 90%, 출석점수에서 10%가 반영된다. 최종점수를 높은 순으로 나열했을 때, 1 ~ 2등은 A, 3 ~ 5등은 B, 나머지는 C를 받는다. 최종점수, 등수, 등급을 엑셀의 함수 기능을 이용하여 작성하려고 할 때, 필요가 없는 함수는?(단, 최종점수는 소수점 둘째 자리에서 반올림한다)

	A	B	C	D	E	F	G
1	이름	중간시험	기말시험	출석	최종점수	등수	등급
2	강하나	97	95	10	87.4	1	A
3	김지수	92	89	10	82.5	3	B
4	이지운	65	96	9	73.4	5	B
5	전이지	77	88	8	75.1	4	B
6	송지나	78	75	8	69.7	6	C
7	최진수	65	70	7	61.5	7	C
8	유민호	89	95	10	83.8	2	A

① IFS
② AVERAGE
③ RANK
④ ROUND
⑤ AVERAGEIFS

28 다음 스프레드시트의 [E2] 셀에 「=DCOUNT(A1:C9,2,A12:B14)」 함수를 입력했을 때 결괏값으로 옳은 것은?

	A	B	C	D	E
1	부서	성명	나이		결괏값
2	영업부	이합격	28		
3	인사부	최시대	29		
4	총무부	한행복	33		
5	영업부	김사랑	42		
6	영업부	오지현	36		
7	인사부	이수미	38		
8	총무부	이지선	37		
9	총무부	한기수	25		
10					
11					
12	부서	나이			
13	영업부				
14		>30			

① 0
② 2
③ 3
④ 6
⑤ 7

29 다음 중첩 반복문을 실행할 때, "Do all one can"이 출력되는 횟수는 총 몇 번인가?

```
for ( i = 0; I < 4; i++)
{
for ( j = 0; j < 6; j++)
{
printf("Do all one can₩n");
}
}
```

① 4번
② 6번
③ 12번
④ 18번
⑤ 24번

30 다음 코드를 참고할 때, 〈보기〉 중 변수를 나타낸 것을 모두 고르면?

```
int a = 10;
int *p = &a;
*p = 20;
```

보기

(가) a
(나) 10
(다) p
(라) *p
(마) &a

① (가), (나), (마)
② (가), (다), (라)
③ (나), (다), (라)
④ (나), (다), (마)
⑤ (다), (라), (마)

31 지호는 영어학원에서 반배정 시험을 봤다. 시험 결과 듣기 55점, 쓰기 67점, 말하기 68점, 읽기 79점을 받았다. 다음과 같은 순서도에 지호의 시험 결과를 넣었을 때 배정받을 반으로 옳은 것은?

〈순서도 기호〉

기호	설명	기호	설명
(타원)	시작과 끝을 나타낸다.	(마름모)	어느 것을 택할 것인지를 판단한다.
(직사각형)	데이터를 입력하거나 계산하는 등의 처리를 한다.	(물결 모양 사각형)	선택한 값을 출력한다.

〈순서도〉

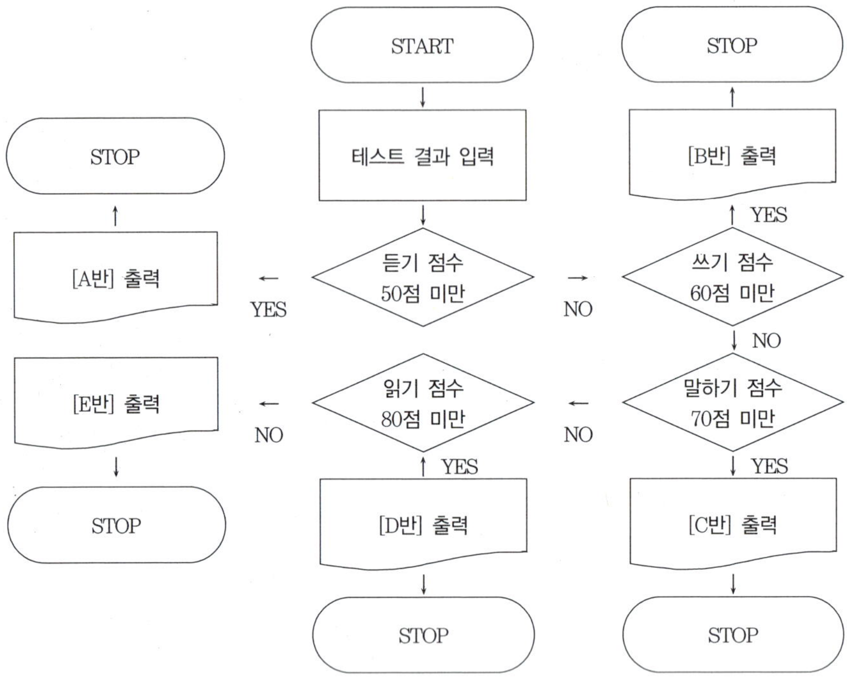

① A반
② B반
③ C반
④ D반
⑤ E반

32 **다음 대화를 보고 빈칸에 들어갈 용어로 가장 적절한 것은?**

> 수인 : 요즘은 금융기업이 아닌데도 H페이 형식으로 결제서비스를 제공하는 곳이 많더라.
> 희재 : 맞아! 나도 얼마 전에 온라인 구매를 위해 결제창으로 넘어갔는데, 페이에 가입해서 결제하면 혜택을 제공한다고 하여 가입해서 페이를 통해 결제했어.
> 수인 : 이렇게 모바일 기술이나 IT에 결제, 송금과 같은 금융서비스를 결합한 새로운 서비스를 ________ 라고 부른대. 들어본 적 있니?

① P2P
② O2O
③ 핀테크
④ IoT
⑤ 클라우드

33 **토지통계부의 A부장은 직원들의 업무 효율성이 많이 떨어졌다는 생각이 들어 각자의 의견을 들어 보고자 회의를 열었다. 다음 회의에서 나온 의견 중 적절하지 않은 것은?**

① B대리 : 요즘 업무 외적인 통화에 시간을 낭비하는 경우가 많은 것 같습니다. 확실한 목표 업무량을 세우고 목표량 달성 후 퇴근을 하는 시스템을 운영하면 개인 활동으로 낭비되는 시간이 줄어 생산성이 높아지지 않을까요?
② C주임 : 여유로운 일정이 주원인이라고 생각합니다. 1인당 최대 작업량을 잡아 업무를 진행하면 업무 효율성이 극대화될 것입니다.
③ D대리 : 계획을 짜면 업무를 체계적으로 진행할 수 있다는 의미에서 C주임의 말에 동의하지만, 갑자기 발생할 수 있는 일에 대해 대비해야 한다고 생각합니다. 어느 정도 여유 있게 계획을 짜는 게 좋지 않을까요?
④ E사원 : 목표량 설정 이외에도 업무 진행 과정에서 체크리스트를 사용해 기록하고 전체적인 상황을 파악할 수 있게 하면 효율이 높아질 것입니다.
⑤ F사원 : 업무시간 내에 끝내지 못한 일이 있다면 무리해서 하는 것보다 다음날 예정 사항에 적어놓고 차후에 적절히 시간을 분배해 마무리하면 작업 능률이 더 오를 것입니다.

※ P직원은 회사 내 직원복지제도 중 하나인 온라인 강의 및 도서 제공 서비스를 담당하고 있다. P직원이 제작한 다음 자료를 보고 이어지는 질문에 답하시오. [34~35]

〈FAQ〉

Q1. 도서 환불 규정
Q2. 동영상 프로그램 재설치 방법
Q3. 스트리밍서버에 접근 오류 대처 방법
Q4. 플레이어 업데이트를 실패하였을 때 대처 방법
Q5. 동영상 강좌 수강신청 방법
Q6. 수강 중인 강의의 수강 잔여일 또는 수강 종료일은 어디서 확인하나요?
Q7. 수강기간은 어떻게 되나요?
Q8. 동영상 환불 규정
Q9. 강좌의 수강 횟수가 정해져 있나요?
Q10. 동영상 플레이어 끊김 또는 화면이 안 나올 때 대처 방법

34 P직원은 인트라넷 개편에 따라 기존 정보를 분류하여 정리하려고 한다. 다음 중 ㉠, ㉡에 들어갈 수 있는 질문이 바르게 짝지어진 것은?

Best FAQ		
환불	수강 방법	동영상 오류
㉠	㉡	Q2, Q3, Q4

① ㉠ : Q1, Q5
② ㉠ : Q6, Q8
③ ㉡ : Q5, Q10
④ ㉡ : Q6, Q9
⑤ ㉡ : Q1, Q9

35 총무팀에 근무하는 B씨는 지난달 중국어 강의를 신청했지만, 새로운 프로젝트를 진행하게 되면서 강의를 거의 듣지 못했다. 프로젝트가 마무리 단계에 접어들자 저번에 신청했던 중국어 강의가 생각이 난 B씨는 직원복지팀의 P직원에게 아직 남은 수강일이 며칠인지, 수강기간이 얼마 남지 않았다면 강의를 취소하고 도서와 함께 환불받을 수 있는지 문의했다. P직원이 B씨에게 참고하라고 알려줄 수 있는 경로로 가장 적절한 것은?

① [인트라넷] – [직원복지제도] – [온라인 강의] – [FAQ] – [Q1, Q6, Q8]
② [인트라넷] – [직원복지제도] – [온라인 강의] – [FAQ] – [Q2, Q4, Q5]
③ [인트라넷] – [직원복지제도] – [온라인 강의] – [FAQ] – [Q3, Q7, Q8]
④ [인트라넷] – [직원복지제도] – [온라인 강의] – [FAQ] – [Q6, Q8, Q10]
⑤ [인트라넷] – [직원복지제도] – [온라인 강의] – [FAQ] – [Q2, Q7, Q10]

36 **다음은 H사의 주력상품인 돌침대에 대한 시장 조사 결과 보고서이다. 이를 토대로 H사가 마련해야 할 마케팅 전략으로 적절한 것을 〈보기〉에서 모두 고르면?**

- 조사 기간 : 2025. 05. 11. ~ 2024. 05. 21.
- 조사 품목 : 돌침대
- 조사 대상 : 주부 1,000명
- 조사 결과
  - 소비자의 건강에 대한 관심 증대
  - 소비자는 가격보다 제품의 기능을 우선적으로 고려
  - 취급 점포가 너무 많아서 점포관리가 체계적이지 못함
  - 자사 제품의 가격이 낮아서 품질도 떨어지는 것으로 인식됨

보기

ㄱ. 유통 경로를 늘린다.
ㄴ. 고급화 전략을 추진한다.
ㄷ. 박리다매 전략을 이용한다.
ㄹ. 전속적 또는 선택적 유통 전략을 도입한다.

① ㄱ, ㄴ
② ㄱ, ㄷ
③ ㄴ, ㄷ
④ ㄴ, ㄹ
⑤ ㄷ, ㄹ

37 다음은 H사에서 근무하는 K사원의 업무일지이다. K사원이 출근 후 두 번째로 해야 할 일은 무엇인가?

날짜	2025년 4월 17일 목요일
내용	**오늘 할 일** • 팀 회의 준비 – 회의실 예약 후 마이크 및 프로젝터 체크 • 외주업체로부터 판촉 행사 브로슈어 샘플 디자인 받기 • 지난주 외근 지출결의서 총무부 제출(늦어도 퇴근 전까지) • 회사 홈페이지, 관리자 페이지 및 업무용 메일 확인(출근하자마자 확인) • 14시 브로슈어 샘플 디자인 피드백 팀 회의 **주요 행사 확인** • 5월 2일 금요일 – 5월 데이행사(오이데이) • 5월 12일 월요일 – 또 하나의 마을(충북 제천 흑선동 본동마을) • 5월 19일 월요일 – 성년의 날(장미꽃 소비촉진 행사)

① 회의실 예약 후 마이크 및 프로젝터 체크
② 외주업체로부터 브로슈어 샘플 디자인 받기
③ 외근 관련 지출결의서 총무부 제출
④ 회사 홈페이지, 관리자 페이지 및 업무용 메일 확인
⑤ 브로슈어 샘플 디자인 피드백 팀 회의 참석

38 다음의 대화를 읽고 조직목표의 기능과 특징으로 적절하지 않은 것은?

이대리 : 박부장님께서 우리 회사의 목표가 무엇인지 생각해 본 적 있냐고 하셨을 때 당황했어. 평소에 딱히 생각하고 지내지 않았던 것 같아.
김대리 : 응, 그러기 쉽지. 개인에게 목표가 있어야 그것을 위해서 무언가를 하는 것처럼 당연히 조직에도 목표가 있어야 하는데, 조직에 속해 있으면 당연히 알아두어야 한다고 생각해.

① 조직이 존재하는 정당성을 제공한다.
② 의사 결정을 할 때뿐만 아니라 하고 나서의 기준으로도 작용한다.
③ 공식적 목표와 실제적 목표는 다를 수 있다.
④ 동시에 여러 개를 추구하는 것보다 하나씩 순차적으로 처리해야 한다.
⑤ 목표 간에는 위계 관계와 상호 관계가 공존한다.

39 **다음 중 대학생인 지수의 일과를 통해 알 수 있는 사실로 옳은 것은?**

> 지수는 화요일에 학교 수업, 아르바이트, 스터디, 봉사활동 등을 한다.
> 다음은 지수의 화요일 일과이다.
> • 지수는 오전 11시부터 오후 4시까지 수업이 있다.
> • 수업이 끝나고 학교 앞 프랜차이즈 카페에서 아르바이트를 3시간 동안 한다.
> • 아르바이트를 마친 후, NCS 공부를 하기 위해 스터디를 2시간 동안 한다.

① 비공식적이면서 소규모조직에서 3시간 있었다.
② 공식조직에서 9시간 있었다.
③ 비영리조직이면서 대규모조직에서 5시간 있었다.
④ 영리조직에서 2시간 있었다.
⑤ 비공식적이면서 비영리조직에서 3시간 있었다.

40 **다음 설명에 해당하는 의사결정 방법은?**

> 조직에서 의사결정을 하는 대표적인 방법으로, 여러 명이 한 가지 문제를 놓고 아이디어를 비판 없이 제시하여 그중에서 최선책을 찾아내는 방법이다. 다른 사람이 아이디어를 제시할 때 비판하지 않고, 아이디어를 최대한 많이 공유하고 이를 결합하여 해결책을 마련하게 된다.

① 만장일치
② 다수결
③ 브레인스토밍
④ 의사결정나무
⑤ 델파이 기법

MEMO

3일 차
기출응용 모의고사

〈문항 및 시험시간〉

영역	문항 수	시험시간	모바일 OMR 답안채점 / 성적분석 서비스
경영 / 경제 / 법	각 50문항	50분	경영 경제 법

한국부동산원 전공

3일 차 기출응용 모의고사

문항 수 : 각 50문항
시험시간 : 50분

| 01 | 경영

01 민츠버그(Mintzberg)는 여러 형태의 경영자를 조사하여 공통적으로 수행하는 경영자의 역할을 10가지로 정리하였다. 다음 설명에 해당하는 역할은?

> 경영자는 기업의 존속과 발전을 위해 조직과 환경을 탐색하고, 발전과 성장을 위한 의사결정을 담당하는 역할을 맡는다.

① 대표자 역할
② 연락자 역할
③ 정보수집자 역할
④ 대변자 역할
⑤ 기업가 역할

02 다음 중 선입선출법에 대한 설명으로 옳은 것은?

① 원가법이나 시가법에 의하여 평가한 가액 중 낮은 쪽의 가액을 재고상품가액으로 계산한다.
② 인플레이션 때에 이익이 과대계상되지 않는다.
③ 먼저 구입한 상품이 먼저 사용되거나 판매된 것으로 가정한다.
④ 가장 최근에 입고한 재고부터 판매 또는 제조에 사용된다고 가정한다.
⑤ 일정 기간의 매입합계액을 동일 기간의 매입수량의 합계로 나누어 단가를 계산한다.

03 다음 중 원가를 추정할 때 원가 자료 분석을 통한 방법이 아닌 것은?

① 계정분석법
② 고저점법
③ 공학법
④ 산포도법
⑤ 회귀분석법

04 **다음은 마이클 포터(Michael Porter)의 산업구조 분석 모델(Five Forces Model)이다. 빈칸 (A)에 들어갈 용어는?**

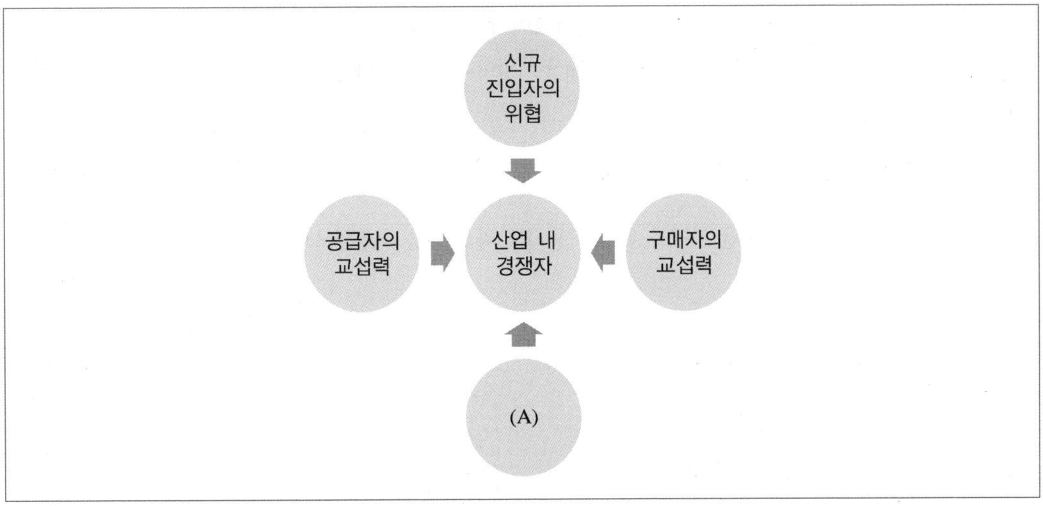

① 정부의 규제 완화
② 고객의 충성도
③ 공급업체의 규모
④ 가격의 탄력성
⑤ 대체재의 위협

05 **다음 중 BCG 매트릭스와 GE 매트릭스의 차이점으로 옳지 않은 것은?**

① BCG 매트릭스는 총 4칸으로 구성되며, GE 매트릭스는 총 9칸으로 구성된다.
② GE 매트릭스는 투자수익률(ROI)를 강조한다.
③ BCG 매트릭스에서 현금의 흐름이 가장 많은 것은 캐시카우(Cash Cow) 사업부이다.
④ BCG 매트릭스에서 상대적 시장점유율이 1보다 크다는 것은 시장점유율이 50% 이상이라는 것을 의미한다.
⑤ BCG 매트릭스는 시장을 시장점유율과 상대적 시장점유율로 분석하고, GE 매트릭스는 시장을 장기 산업 매력도와 사업단위 경쟁력으로 분석한다.

06 다음 중 ESG경영에 대한 설명으로 옳지 않은 것은?

① ESG는 기업의 비재무적 요소인 '환경(Environment), 사회(Social), 지배구조(Governance)'의 약자이다.

② ESG 평가가 높을수록 단순히 사회적 평판이 좋은 기업이라기보다 리스크에 강한 기업이라 할 수 있다.

③ ESG는 기업의 행동이 미치는 영향 등을 구체화하고 그 노력을 측정 가능하도록 지표화하여 투자를 이끌어 낸다.

④ ESG는 기업 재무제표에는 드러나지 않지만, 중장기적 기업 가치에 막대한 영향을 미치는 지속 가능성 평가 지표이다.

⑤ ESG경영의 핵심은 이윤 추구를 위한 비용 절감과 효율을 최우선으로 착한 기업을 키워나가는 것을 목적으로 한다.

07 다음 중 유럽형 옵션(European Option)에 대한 설명으로 옳은 것은?

① 미국형 옵션보다 비싼 경향이 있다.

② 언제든지 권리를 행사할 수 있다.

③ 만기일 이전에는 반대매매로 청산이 불가하다.

④ 매수자에게 불리하다.

⑤ 만기일에만 권리를 행사할 수 있다.

08 다음 중 경영의 핵심인 경영관리에 대한 설명으로 옳지 않은 것은?

① 기업이 이윤극대화를 위해서만 활동하는 것이다.

② 기업의 목표를 달성하기 위하여 경영활동을 계획하는 것이다.

③ 계획된 경영활동을 달성하기 위하여 자원을 효과적으로 배분하는 것이다.

④ 기업조직의 구성원이 그들의 능력을 최대한으로 발휘하도록 환경을 조성하는 것이다.

⑤ 경영규모의 확대, 경영내용의 복잡화 등으로 과학화가 필연적으로 필요하게 되었다.

09 **다음 중 투자안에 대한 설명으로 옳은 것은?**

① 기하평균수익률은 매기마다의 수익률로 재투자하여 투자가치가 감소되는 효과를 낸다.

② 기하평균수익률은 보유기간 동안의 총수익률을 계산하여 기하평균을 계산한 후 1을 더한 값이다.

③ 내부수익률은 향후 발생하는 투자수익의 현재가치와 투자비용의 현재가치를 일치시키는 할인율로 금액가중수익률이라고도 불린다.

④ 내부수익률은 어떤 새로운 투자안에서 발생하는 비용과 편익의 흐름이 있을 때 해당 투자안의 현재가치를 '1'로 만드는 할인율이다.

⑤ 산술평균수익률과 기하평균수익률은 매기의 수익률에 주어지는 가중치가 동일하기 때문에 두 연평균수익률 모두 시간가중수익률이라고 한다.

10 **다음 중 우선주의 종류에 대한 설명으로 옳지 않은 것은?**

① 참가적 우선주 : 소정 비율의 우선배당을 받고도 이익이 남는 경우 우선주주가 다시 보통주주와 함께 배당에 참가할 수 있다.

② 비참가적 우선주 : 배당에 참가할 수 있는 자격이 없으므로 보통주주만이 배당에 참가한다.

③ 누적적 우선주 : 당해 영업연도에 소정 비율의 우선배당을 받지 못한 경우, 그 미지급배당액을 다음 영업연도 이후에 우선하여 보충 배당받는다.

④ 비누적적 우선주 : 당해 영업연도에 우선배당을 받지 못하고 그 미지급배당액을 다음 영업연도에도 보충 배당받지 못한다.

⑤ 상환우선주 : 특정 기간 동안 우선주의 성격을 가지고 있다가 기간이 만료되면 발행회사에서 이를 되사도록 한다.

11 **다음 중 자기자본비용에 대한 설명으로 옳은 것은?**

① 자기자본비용은 기업이 조달한 자기자본의 가치를 유지하기 위해 최대한 벌어들어야 하는 수익률이다.

② 새로운 투자안의 선택에 있어서도 투자수익률이 자기자본비용을 넘어서는 안 된다.

③ 위험프리미엄을 포함한 자기자본비용 계산 시 보통 자본자산가격결정 모형(CAPM)을 이용한다.

④ 기업이 주식발행을 통해 자금조달을 할 경우 자본이용의 대가로 얼마의 이용 지급료를 산정해야 하는지는 명확하다.

⑤ CAPM을 사용하는 경우 베타와 증권시장선을 계산해서 미래의 증권시장선으로 사용하는데, 이는 과거와는 다른 현상들이 미래에 발생하더라도 타당한 방법이다.

12 **다음 중 목표설정 이론 및 목표관리(MBO)에 대한 설명으로 옳지 않은 것은?**

① 목표는 구체적이고 도전적으로 설정하는 것이 바람직하다.

② 목표는 지시적 목표, 자기설정 목표, 참여적 목표로 구분된다.

③ 목표를 설정하는 과정에 부하 직원이 함께 참여한다.

④ 조직의 목표를 구체적인 부서별 목표로 전환하게 된다.

⑤ 성과는 경영진이 평가하여 부하 직원 개개인에게 통보한다.

13 **다음 중 기계적 조직과 유기적 조직에 대한 설명으로 옳지 않은 것은?**

① 기계적 조직은 공식화 정도가 낮고, 유기적 조직은 공식화 정도가 높다.

② 기계적 조직은 경영관리 위계가 수직적이고, 유기적 조직은 경영관리 위계가 수평적이다.

③ 기계적 조직은 직무 전문화가 높고, 유기적 조직은 직무 전문화가 낮다.

④ 기계적 조직은 의사결정 권한이 집중화되어 있고, 유기적 조직은 의사결정 권한이 분권화되어 있다.

⑤ 기계적 조직은 수직적 의사소통이고, 유기적 조직은 수평적 의사소통이다.

14 **다음 중 토빈의 Q-비율(Tobin's Q-ratio)에 대한 설명으로 옳지 않은 것은?(단, 다른 조건이 일정하다고 가정한다)**

① 이자율이 상승하면 Q-비율은 하락한다.

② 한 기업의 Q-비율이 1보다 클 경우 투자를 증가하는 것이 바람직하다.

③ 한 기업의 Q-비율이 1보다 작을 경우 투자를 감소하는 것이 바람직하다.

④ 토빈의 Q-비율은 실물자본의 대체비용을 주식시장에서 평가된 기업의 시장가치로 나눠서 구한다.

⑤ 특정 기업이 주식 시장에서 어떤 평가를 받고 있는지 판단할 때 토빈의 Q-비율을 활용한다.

15 **주당 액면금액이 5,000원인 보통주 100주를 주당 8,000원에 현금 발행한 경우 재무제표에 미치는 영향으로 옳지 않은 것은?**

① 자산 증가
② 자본 증가
③ 수익 불변
④ 부채 불변
⑤ 이익잉여금 증가

16 **다음 중 마이클 포터의 5 Forces 모델에 대한 설명으로 옳지 않은 것은?**

① 정태적 모형이므로 동태적(Dynamic) 변화를 반영하지 못하고 있다.
② 진입장벽이 높을수록 잠재적 경쟁자의 진입위협이 낮아지게 됨으로써 산업의 매력성은 높다.
③ 대체재의 위협이 낮고 공급자의 교섭력이 높을수록 해당 산업의 매력성은 높다.
④ 기존 기업 간의 경쟁이 낮을수록 해당 산업의 매력성은 높다.
⑤ 현실적으로 정부 규제 또는 제도적 진입장벽으로 인해 처음부터 시장에 진입 자체가 불가능한 경우 현실 적용이 어려울 수 있다.

17 **다음 자료를 토대로 경제적 주문량(EOQ)을 고려한 연간 총재고비용을 구하면?[단, 기준은 (총재고비용)=(주문비)+(재고유지비)이다]**

- 연간 부품 수요량 : 1,000개
- 1회 주문비 : 200원
- 단위당 재고 유지비 : 40원

① 500원
② 1,000원
③ 2,000원
④ 3,000원
⑤ 4,000원

18 다음 중 재무제표에 대한 설명으로 옳지 않은 것은?

① 재무제표는 재무상태표, 포괄손익계산서, 자본변동표, 현금흐름표, 그리고 주석으로 구성된다.
② 재무제표는 적어도 1년에 한 번은 작성한다.
③ 현금흐름에 대한 정보를 제외하고는 발생기준의 가정하에 작성한다.
④ 기업이 경영활동을 청산 또는 중단할 의도가 있더라도, 재무제표는 계속기업의 가정하에 작성한다.
⑤ 재무제표 요소의 측정기준은 역사적 원가와 현행가치 등으로 구분된다.

19 A회사는 B회사와 다음과 같은 기계장치를 상호 교환하였다. 교환 과정에서 A회사는 B회사에게 현금을 지급하고, 기계장치 취득원가 470,000원, 처분손실 10,000원을 인식하였다. 교환 과정에서 A회사가 지급한 현금은?(단, 교환거래에 상업적 실질이 있고 각 기계장치의 공정가치는 신뢰성 있게 측정된다)

구분	A회사	B회사
취득원가	800,000원	600,000원
감가상각누계액	340,000원	100,000원
공정가치	450,000원	480,000원

① 10,000원
② 20,000원
③ 30,000원
④ 40,000원
⑤ 50,000원

20 다음 중 투자부동산에 해당하지 않는 것은?

① 장래 용도를 정하지 못한 상태로 보유하고 있는 토지
② 직접 소유하고 운용리스로 제공하는 건물
③ 장기적인 시세차익을 위해 보유하고 있는 토지
④ 통상적인 영업 과정에서 단기간에 판매하기 위해 보유하고 있는 토지
⑤ 미래에 투자부동산으로 사용하기 위하여 건설 중인 건물

21 **다음 자료를 토대로 계산한 회사의 주식가치는 얼마인가?**

- (사내유보율)=30%
- [자기자본이익률(ROE)]=10%
- (자기자본비용)=20%
- (당기의 주당순이익)=3,000원

① 12,723원
② 13,250원
③ 14,500원
④ 15,670원
⑤ 16,500원

22 **다음 중 재무레버리지에 대한 설명으로 옳은 것은?**

① 재무고정비에는 부채뿐만 아니라 보통주배당도 포함된다.
② 재무고정비로 인한 영업이익의 변동률에 따른 주당순자산(BPS)의 변동폭은 확대되어 나타난다.
③ 재무레버리지란 자산을 획득하기 위해 조달한 자금 중 재무고정비를 수반하는 자기자본이 차지하는 비율이다.
④ 재무레버리지도(DFL; Degree of Financial Leverage)는 영업이익의 변동에 따른 주당이익(EPS)에 미치는 영향을 분석한 것이다.
⑤ 다른 조건이 동일하다면 재무고정비가 클수록 영업이익의 변동에 따른 주당이익의 변동폭은 그만큼 더 작게 된다.

23 **다음 중 거래비용 이론에 대한 설명으로 옳지 않은 것은?**

① 거래비용 이론은 기업과 시장 사이의 효율적인 경계를 설명하는 이론이다.
② 기업의 생산 활동은 경제적인 거래의 연속으로 정의될 수 있다.
③ 자산의 고정성이 높을 경우, 거래에 소요되는 비용이 상대적으로 감소한다.
④ 거래 당사자들은 자기중심적인 이기적 성향을 가지므로 거래의 당사자들이 거래를 성실하게 수행할 수 있도록 하는 감독비용이 발생한다.
⑤ 거래비용 이론이 설명하는 조직 내부적 거래란 곧 조직의 관료적 체계를 통해 이루어지는 거래의 조정과 관리를 의미한다.

24 **다음 중 마이클 포터(M. Porter)의 가치사슬 모델에서 본원적 활동에 해당하지 않는 것은?**

① 운영 · 생산
② 입고 · 출고
③ 고객서비스
④ 영업 · 마케팅
⑤ 인적자원관리

25 **다음 중 과학적 경영 전략에 대한 설명으로 옳지 않은 것은?**

① 호손 실험은 생산성에 비공식적 조직이 영향을 미친다는 사실을 밝혀낸 연구이다.
② 포드 시스템은 노동자의 이동경로를 최소화하며 물품을 생산하거나, 고정된 생산라인에서 노동자가 계속해서 생산하는 방식을 통하여 불필요한 절차와 행동 요소들을 없애 생산성을 향상하였다.
③ 테일러의 과학적 관리법은 시간 연구와 동작 연구를 통해 노동자의 심리 상태와 보상심리를 적용한 효과적인 과학적 경영 전략을 제시하였다.
④ 목표설정 이론은 인간이 합리적으로 행동한다는 기본적인 가정에 기초하여, 개인이 의식적으로 얻으려고 설정한 목표가 동기와 행동에 영향을 미친다는 이론이다.
⑤ 직무특성 이론은 기술된 핵심 직무 특성이 종업원의 주요 심리 상태에 영향을 미치며, 이것이 다시 종업원의 직무 성과에 영향을 미친다고 주장한다.

26 **다음 중 기업합병에 대한 설명으로 옳지 않은 것은?**

① 기업합병이란 두 독립된 기업이 법률적 · 실질적으로 하나의 기업실체로 통합되는 것이다.
② 기업매각은 사업 부문 중의 일부를 분할한 후 매각하는 것으로, 기업의 구조를 재편성하는 것이다.
③ 기업인수는 한 기업이 다른 기업의 지배권을 획득하기 위하여 주식이나 자산을 취득하는 것이다.
④ 기업합병에는 흡수합병과 신설합병이 있으며, 흡수합병의 경우 한 회사는 존속하고 다른 회사의 주식은 소멸한다.
⑤ 수평적 합병은 기업의 생산이나 판매 과정 전후에 있는 기업 간의 합병으로, 주로 원자재 공급의 안정성 등을 목적으로 한다.

27 **다음 설명에 해당하는 5가지 성격 특성 요소 중 하나는 무엇인가?**

> 과제 및 목적 지향성을 촉진하는 속성과 관련된 것으로, 심사숙고, 규준이나 규칙의 준수, 계획 세우기, 조직화, 과제의 준비 등과 같은 특질을 포함한다.

① 개방성(Openness to Experience)
② 성실성(Conscientiousness)
③ 외향성(Extraversion)
④ 수용성(Agreeableness)
⑤ 안정성(Emotional Stability)

28 **다음 중 회계상 거래에 해당하지 않는 것은?**

① 20억 원 상당의 비업무용 토지를 매입한다.
② 5,000만 원 상당의 기계장치를 기증받는다.
③ 100억 원 상당의 매출계약을 체결한다.
④ 1년분 보험료 60만 원을 미리 지급한다.
⑤ 3억 원 상당의 채무를 면제받는다.

29 **다음 중 B2B에 대한 설명으로 옳지 않은 것은?**

① B2B는 타깃시장이 비교적 작으므로 시장에 진출하기 위해 전문성이 강조된다.
② B2B는 기업이 고객이기 때문에 고객별 전략 수립, 실행이 중요하다.
③ B2B는 고객사와 공급사 간의 지속적인 관계유지가 중요하다.
④ B2B는 판매 사이클이 비교적 길기 때문에 사후관리가 중요하다.
⑤ B2B는 전자상거래의 수단, 관리 및 TV광고나 홍보활동이 중요하다.

30 다음 설명에 해당하는 용어는 무엇인가?

> '이것'은 기업의 업무 프로세스를 혁명적으로 고치는 것을 의미한다. 쉽게 말해, 회사에서 벌어지는 모든 일들의 처리 과정을 A에서 Z까지 한꺼번에 고쳐서 그 개선 효과를 극대화하자는 의미이다.
> '할 수 있는 것'에서 '해야 하는 것'으로의 혁신적인 사고 전환을 통해 회사 업무 처리 프로세스를 목적추구형, 병렬처리형 등으로 혁신시킴은 물론 이와 관련된 Infrastructure 및 Technology, Organization을 동시에 혁신시켜 기업의 경쟁력을 세계 초일류 수준으로 끌어올리는 기법이다.

① VE(Value Engineering)

② M&A(Mergers and Acquisitions)

③ MOU(Memorandum of Understanding)

④ FTA(Free Trade Agreement)

⑤ BPR(Business Process Reengineering)

31 다음 사례에서 나타나는 마케팅 기법은?

> 프랑스 맥도날드에서는 "어린이들은 일주일에 한 번만 오세요!"라는 어린이들의 방문을 줄이기 위한 광고 카피를 선보였다. 맥도날드는 시민들에게 '맥도날드는 소비자의 건강을 생각하는 회사'라는 긍정적인 이미지를 심어주기 위해 이러한 광고를 내보낸 것으로 밝혔다. 결과는 어땠을까? 놀랍게도 성공적이었다. 광고 카피와는 반대로 소비자들의 맥도날드 방문 횟수가 더욱 늘어났고, 광고가 방영된 그해 유럽 지사 중 가장 높은 실적을 이루는 놀라운 결과를 얻었다.

① PPL 마케팅

② 노이즈 마케팅

③ 퍼포먼스 마케팅

④ 집중적 마케팅

⑤ 디마케팅

32 **지식경영 사회에서 지식근로자(Knowledge Worker)의 역할은 점점 중요해져 간다. 이러한 지식근로자를 얼마나 잘 활용하는가에 따라 기업의 경쟁우위를 결정하기 때문이다. 다음 중 지식근로자에 대한 특징으로 옳지 않은 것은?**

① 일상 업무수행에서 IT를 사용하며 직접적으로 직무작업 프로세스의 효율성과 효과성에 영향을 미치는 사람으로, 지식을 창출하고 가공・분배하며 지식을 적용하여 기업의 제품과 서비스를 추가한다.

② 지식근로자는 독특한 가치를 가지고 있으며 조직의 문화를 이해하고 받아들이고, 개인 및 전문적 성장을 기업의 비전 및 전략 목표의 달성과 일치시킨다. 협업하고 공유하는 태도를 기본으로 혁신적인 능력을 소유하고 있으며 지식마인드를 창출할 줄 안다.

③ 지식근로자는 업무수행에 있어 객관적 사실과 자신이 경험한 것을 바탕으로 논리적으로 판단하여 사고할 줄 아는 능력을 지녔으며, 새로운 지식에 대해 스스로 능동적으로 학습을 한다.

④ 지식근로자는 정보를 활용하고 사고하며 부가가치를 변화시킬 것을 권유하는 업무를 맡는데, 주로 평가하고 감독하며 의사결정하고 일정을 수립하는 활동을 한다.

⑤ 지식근로자는 주로 반복적인 작업으로 인해 쉽게 피로감을 느낄 수 있으며, 이러한 업무 특성을 고려하여 순환근무와 같은 제도의 도입을 통해 생산성을 향상시킬 수 있다.

33 **다음 중 BCG 연구에서 성장률이 낮고 시장점유율이 높은 상태의 사업을 지칭하는 것은?**

① 수익주종사업
② 문제사업
③ 사양사업
④ 개발사업
⑤ 유치사업

34 **다음 중 공급사슬관리(SCM)의 목적으로 옳은 것은?**

① 제품 생산에 필요한 자재의 소요량과 소요시기를 결정한다.
② 기업 내 모든 자원의 흐름을 정확히 파악하여 자원을 효율적으로 배치한다.
③ 자재를 필요한 시각에 필요한 수량만큼 조달하여 낭비 요소를 근본적으로 제거한다.
④ 자재의 흐름을 효과적으로 관리하여 불필요한 시간과 비용을 절감한다.
⑤ 조직의 인적 자원이 축적하고 있는 개별적인 지식을 체계화하고 공유한다.

35 **다음 중 품질비용에 대한 설명으로 옳지 않은 것은?**

① 품질비용은 100% 완전하지 못한 제품 생산으로 인한 비용이다.
② 평가비용은 검사, 측정, 시험 등에 대한 비용이다.
③ 통제비용은 생산 흐름으로부터 불량을 제거하기 위한 활동에 대한 비용이다.
④ 실패비용은 완성된 제품의 품질이 일정한 수준에 미달함으로써 발생하는 비용이다.
⑤ 외부실패비용은 폐기, 재작업, 등급저하에 대한 비용이다.

36 **다음 중 자금, 인력, 시설 등 모든 제조자원을 통합하여 계획 및 통제하는 관리 시스템은?**

① MRP
② MRP Ⅱ
③ JIT
④ FMS
⑤ BPR

37 **다음 중 재고자산에 대한 설명으로 옳은 것은?(단, 재고자산감모손실 및 재고자산평가손실은 없다)**

① 재고자산 매입 시 부담한 매입운임은 운반비로 구분하여 비용처리한다.
② 선입선출법 적용 시 물가가 지속적으로 상승한다면, 계속기록법에 의한 기말재고자산금액이 실지재고조사법에 의한 기말재고자산 금액보다 크다.
③ 선입선출법 적용 시 물가가 지속적으로 상승한다면, 계속기록법에 의한 기말재고자산금액이 실지재고조사법에 의한 기말재고자산 금액보다 작다.
④ 부동산 매매기업이 정상적인 영업 과정에서 판매를 목적으로 보유하는 건물은 재고자산으로 구분한다.
⑤ 재고자산을 순실현가능가치로 감액한 평가손실과 모든 감모손실은 감액이나 감모가 발생한 다음 기간에 매출원가로 인식한다.

38 다음은 H회사의 2024년 세무조정사항 등 법인세 계산 자료이다. H회사의 2024년도 법인세비용은?

- 접대비 한도초과액은 24,000원이다.
- 감가상각비 한도초과액은 10,000원이다.
- 2024년 초 전기이월 이연법인세자산은 7,500원이고, 이연법인세부채는 없다.
- 2024년도 법인세비용차감전순이익은 150,000원이고, 이후에도 매년 이 수준으로 실현될 가능성이 높다.
- 과세소득에 적용될 세율은 25%이고, 향후에도 변동이 없다.

① 37,500원
② 40,500원
③ 43,500원
④ 45,500원
⑤ 48,500원

39 다음은 적대적 M&A의 방어법에 대한 설명이다. 이에 해당하는 용어는?

상장기업의 주식을 대량매입한 뒤 경영진을 위협하여 적대적인 인수·합병을 포기하는 대가로 자신들이 확보한 주식을 시가보다 높은 값에 되사도록 강요한다. 만약 요구에 불응하면 경영권을 탈취하기도 한다. 그러나 간혹 대주주에게 협박하면서 주식을 매입하라고 강요하는 경우가 있는데, 이런 경우는 블랙메일에 해당된다.

① 그린메일(Green Mail)
② 황금주(Golden Share) 제도
③ 황금 낙하산(Golden Parachute)
④ 백기사(White Knight) 전략
⑤ 고주가 전략

40 다음 표를 토대로 결합레버리지도를 구한 값은?

매출액	100	영업이익	40
변동비	30	이자비용	30
고정비	30	법인세차감전이익	10

① 3
② 7
③ 9
④ 10
⑤ 12

41 A회사는 판매한 제품에 대해 품질보증을 실시하고 있다. 20X1년도 말 현재 품질보증과 관련하여 미래에 지출될 충당부채의 최선의 추정치는 ₩1,700이고, 수정전시산표의 제품보증충당부채 계정잔액은 ₩1,000이다. 20X1년도 중에 품질보증과 관련되어 ₩100의 지출이 있었다. 20X1년도 재무제표에 보고될 제품보증충당부채와 제품보증비용은?

	제품보증충당부채	제품보증비용
①	₩1,000	₩700
②	₩1,600	₩800
③	₩1,700	₩700
④	₩1,700	₩800
⑤	₩1,800	₩800

42 다음은 20X1년 설립된 B회사의 재고자산(상품) 관련 자료이다. B회사의 20X1년 재고자산감모손실은?(단, 재고자산평가손실과 재고자산감모손실은 매출원가에 포함한다)

• 당기매입액	₩2,000,000
• 취득원가로 파악한 장부상 기말재고액	₩250,000

상품	실지재고	단위당 원가	단위당 순실현가능가치
A	800개	₩100	₩120
B	250개	₩180	₩150
C	400개	₩250	₩200

① ₩0
② ₩9,000
③ ₩25,000
④ ₩27,500
⑤ ₩52,500

43 **C회사는 보험료를 1년 단위로 납부한다. 보험료 납부 시에 일괄적으로 보험료로 비용처리한 후, 기말 결산 시에 미경과분에 대하여 선급비용으로 수정분개 처리를 하지 않았다면 당기에 기업에 미치는 영향은?**

① 자산, 순이익, 자본의 과대계상

② 자산, 순이익, 자본의 과소계상

③ 부채의 과대계상, 순이익과 자본의 과소계상

④ 부채의 과소계상, 순이익과 자본의 과대계상

⑤ 당기에 아무런 영향 없음

44 **D회사는 20X1년 1월 1일 기계장치를 취득(취득원가 ₩620,000, 내용연수 5년, 잔존가치 ₩20,000)하고, 이를 정액법으로 감가상각하였다. 20X3년 1월 1일 감가상각 방법을 정액법에서 연수합계법으로 변경하였으나, 내용연수와 잔존가치는 변함이 없다. 20X3년 감가상각비는?**

① ₩176,000

② ₩180,000

③ ₩186,000

④ ₩190,000

⑤ ₩196,000

45 **다음 중 재무상태표에 대한 설명으로 옳지 않은 것은?**

① 기업의 정상영업주기 내에 실현될 것으로 예상하거나, 정상영업주기 내에 판매하거나 소비할 의도가 있는 자산은 유동자산으로 분류한다.

② 보고기간 후 12개월 이내에 실현될 것으로 예상되는 자산은 유동자산으로 분류한다.

③ 보고기간 후 12개월 이상 부채의 결제를 연기할 수 있는 무조건의 권리를 가지고 있지 않은 부채는 유동부채로 분류한다.

④ 매입채무와 같이 기업의 정상영업주기 내에 사용되는 운전자본의 일부 항목이라도 보고기간 후 12개월 후에 결제일이 도래할 경우 비유동부채로 분류한다.

⑤ 정상영업주기를 명확히 식별할 수 없는 경우에는 그 기간이 12개월인 것으로 가정한다.

46 E회사의 외부감사인은 E회사가 제시한 20X1년도 포괄손익계산서에서 다음과 같은 오류가 있음을 발견하였다. 오류를 수정한 후의 당기순이익은?(단, 오류 수정 전 당기순이익은 ₩10,000,000이다)

• 임차료 과대계상액	₩900,000	• 이자수익 과소계상액	₩600,000
• 감가상각비 과소계상액	₩500,000	• 기말상품 과대계상액	₩300,000

① ₩9,300,000
② ₩9,500,000
③ ₩9,800,000
④ ₩10,700,000
⑤ ₩12,000,000

47 F회사는 20X1년 2월에 자기주식 200주를 주당 ₩4,000에 취득하였고, 4월에 자기주식 50주를 주당 ₩5,000에 매도하였다. 20X1년 9월에는 보유하고 있던 자기주식 중 50주를 주당 ₩3,500에 매도하였다. 20X1년 말 F회사 주식의 주당 공정가치는 ₩5,000이다. 주어진 거래만 고려할 경우 F회사의 20X1년 자본총액 변동은?(단, 자기주식은 원가법으로 회계처리하며, 20X1년 초 자기주식과 자기주식처분손익은 없다고 가정한다)

① ₩325,000 감소
② ₩375,000 감소
③ ₩375,000 증가
④ ₩425,000 감소
⑤ ₩425,000 증가

48 G회사는 12월 결산법인이다. G회사는 20X1년 4월 1일 H회사의 주식 20주를 주당 ₩5,000에 취득하였다. 20X1년 12월 31일 H회사의 주식 1주당 공정가액은 ₩6,000이다. 20X2년 1월 1일 G회사는 보유 중인 H회사 주식의 절반인 10주를 1주당 ₩7,000에 처분하였다. 20X2년 H회사 주식의 처분에 따른 금융자산처분손익에 대하여 G회사가 H회사 주식을 당기손익－공정가치측정금융자산으로 분류한 경우와 기타포괄손익－공정가치측정금융자산으로 분류한 경우, 각각의 처분이익으로 옳은 것은?

	당기손익	기타포괄손익
①	₩10,000	₩0
②	₩10,000	₩20,000
③	₩20,000	₩0
④	₩20,000	₩10,000
⑤	₩20,000	₩20,000

49 **다음은 상품매매 기업인 H회사의 재무비율을 산정하기 위한 자료이다. H회사는 매출이 전액 외상으로 이루어지며, 재고자산회전율 계산 시 매출원가를 사용할 경우, 매출채권회전율과 재고자산평균처리기간은?(단, 1년은 360일, 회전율 계산 시 기초와 기말의 평균값을 이용한다)**

• 매출	₩4,500,000	• 매출원가	₩4,000,000
• 기초매출채권	₩150,000	• 기말매출채권	₩450,000
• 기초재고자산	₩240,000	• 기말재고자산	₩160,000

	매출채권회전율	재고자산평균처리기간
①	15회	18일
②	15회	36일
③	30회	18일
④	30회	36일
⑤	35회	36일

50 **다음 중 재무제표에 대한 설명으로 옳지 않은 것은?**

① 보고기업은 단일의 실체이거나 어떤 실체의 일부일 수 있으며, 둘 이상의 실체로 구성될 수도 있으므로 보고기업이 반드시 법적 실체일 필요는 없다.

② 보고기업이 지배기업 단독인 경우 그 보고기업의 재무제표를 '비연결재무제표'라고 부른다.

③ 보고기업이 지배－종속관계로 모두 연결되어 있지는 않은 둘 이상 실체들로 구성된다면, 그 보고기업의 재무제표를 '결합재무제표'라고 부른다.

④ 연결재무제표는 특정 종속기업의 자산, 부채, 자본, 수익 및 비용에 대한 별도의 정보를 제공하기 위해 만들어졌다.

⑤ 목적적합한 재무정보는 이용자들의 의사결정에 차이가 나도록 할 수 있다.

| 02 | 경제

01 **다음은 IS－LM 곡선에 대한 설명이다. 빈칸 ㉠～㉢에 들어갈 단어를 순서대로 바르게 나열한 것은?**

> • IS－LM 곡선은 거시경제에서의 이자율과 ___㉠___을 분석하는 모형이다.
> • 경제가 IS 곡선의 왼쪽에 있는 경우, 저축보다 투자가 많아지게 되어 ___㉡___이/가 발생한다.
> • LM 곡선은 ___㉢___의 균형이 달성되는 점들의 조합이다.

	㉠	㉡	㉢
①	총생산량	초과공급	상품시장
②	총생산량	초과수요	상품시장
③	국민소득	초과수요	화폐시장
④	국민소득	초과공급	화폐시장
⑤	국민소득	초과수요	상품시장

02 **다음 중 소비함수 이론과 투자함수 이론에 대한 설명으로 옳지 않은 것은?**

① 케인스의 절대소득 가설에서 소비는 그 당시 소득의 절대적인 크기에 따라 결정된다.
② 상대소득 가설에서 소비는 이중적 성격에 따라 장기소비성향과 단기소비성향이 다르다.
③ 국민소득계정상의 투자는 그 나라가 만든 재화 중 기업이 구입한 재화의 가치이다.
④ 딕싯의 투자옵션 이론은 미래에 대한 불확실성이 커질수록 기업의 투자는 늘어난다고 주장한다.
⑤ 케인스의 내부수익률법에서 기대 투자수익률은 순현재가치를 0으로 만들어 주는 이자율을 뜻한다.

03 **H기업의 생산함수가 $Q=4L+8K$ 이다. 노동가격은 3이고 자본가격은 5일 때, 재화 120을 생산하기 위해 비용을 최소화하는 생산요소 묶음은?(단, Q는 생산량, L은 노동, K는 자본이다)**

① $L=0$, $K=15$
② $L=0$, $K=25$
③ $L=10$, $K=10$
④ $L=25$, $K=0$
⑤ $L=30$, $K=0$

04 한 경제의 취업자 수는 120만 명이라고 한다. 이 경제의 실업률은 20%이고 노동가능인구(생산가능인구)는 200만 명이라고 할 때, 경제활동참가율은 얼마인가?

① 33.3%
② 50%
③ 66.7%
④ 75%
⑤ 85%

05 다음 글의 상황을 나타내는 경제 용어는?

> 일본의 장기 불황과 미국의 금융위기 사례에서와 같이 금리를 충분히 낮추는 확장적 통화정책을 실시해도 가계와 기업이 시중에 돈을 풀어놓지 않는 상황을 말한다. 특히 일본의 경우 1990년대 제로금리를 고수했음에도 불구하고 소위 '잃어버린 10년'이라고 불리는 장기 불황을 겪었다. 불황 탈출을 위해 확장적 통화정책을 실시했지만 경제성장률은 계속 낮았다. 이후 경기 비관론이 팽배해지고 디플레이션이 심화되면서 모든 경제 주체가 투자보다는 현금을 보유하려는 유동성 선호 경향이 강해졌다.

① 유동성 함정
② 공개시장조작
③ 용의자의 딜레마
④ 동태적 비일관성
⑤ 구축 효과

06 다음 중 설문을 어떻게 구성하느냐에 따라 다른 응답이 나오는 효과는?

① 틀짜기 효과(Framing Effect)
② 닻내림 효과(Anchoring Effect)
③ 현상유지 편향(Status quo Bias)
④ 기정 편향(Default Bias)
⑤ 부존 효과(Endowment Effect)

07 다음 〈보기〉 중 피셔(Fisher)의 2기간 최적소비선택 모형에서 제1기에 소득이 소비보다 큰 소비자에 대한 설명으로 옳은 것을 모두 고르면?(단, 기간별 소비는 모두 정상재이며, 저축과 차입이 자유롭고 저축이자율과 차입이자율이 동일한 완전자본시장을 가정한다)

보기

ㄱ. 제1기의 소득 증가는 제1기의 소비를 증가시킨다.
ㄴ. 제2기의 소득 증가는 제2기의 소비를 감소시킨다.
ㄷ. 실질이자율이 증가하면 제2기의 소비는 증가한다.

① ㄱ
② ㄱ, ㄴ
③ ㄱ, ㄷ
④ ㄴ, ㄷ
⑤ ㄱ, ㄴ, ㄷ

08 효용을 극대화하는 A의 효용함수는 $U(x, y) = \min[x, y]$이다. 소득이 1,800, X재와 Y재의 가격이 각각 10이다. X재의 가격만 8로 하락할 때, 〈보기〉에서 옳은 것을 모두 고르면?(단, x는 X재의 소비량이고, y는 Y재의 소비량이다)

보기

ㄱ. X재의 소비량 변화 중 대체효과는 0이다.
ㄴ. X재의 소비량 변화 중 소득효과는 10이다.
ㄷ. 한계대체율은 하락한다.
ㄹ. X재 소비는 증가하고, Y재 소비는 감소한다.

① ㄱ, ㄴ
② ㄱ, ㄷ
③ ㄴ, ㄷ
④ ㄴ, ㄹ
⑤ ㄷ, ㄹ

09 시장에서 어떤 상품의 가격이 상승하면서 동시에 거래량이 증가하였다. 다음 중 이러한 변화를 가져올 수 있는 요인은?(단, 이 재화는 정상재이다)

① 이 상품의 생산과 관련된 기술의 진보
② 이 상품과 보완관계에 있는 상품의 가격 하락
③ 이 상품과 대체관계에 있는 상품의 가격 하락
④ 이 상품을 주로 구매하는 소비자들의 소득 감소
⑤ 이 상품의 생산에 투입되는 노동자들의 임금 하락

10 **다음은 불평등지수에 대한 설명이다. (가) ~ (다)에 들어갈 내용이 바르게 연결된 것은?**

- 지니계수가 (가) 수록 소득불평등 정도가 크다.
- 십분위분배율이 (나) 수록 소득불평등 정도가 크다.
- 앳킨슨지수가 (다) 수록 소득불평등 정도가 크다.

	(가)	(나)	(다)
①	클	클	클
②	클	클	작을
③	클	작을	클
④	작을	클	클
⑤	작을	클	작을

11 **다음 중 탄력성에 대한 설명으로 옳은 것은?**

① 가격이 1% 상승할 때 수요량이 2% 감소했다면 수요의 가격탄력성은 0.5이다.

② 소득이 5% 상승할 때 수요량이 1%밖에 증가하지 않았다면 이 상품은 기펜재(Giffen Goods)이다.

③ 잉크젯 프린터와 잉크 카트리지 간의 수요의 교차탄력성은 0보다 크다.

④ 수요의 소득탄력성은 항상 0보다 크다.

⑤ 수요의 가격탄력성이 0보다 크고 1보다 작으면 가격이 상승함에 따라 소비자의 총지출은 증가한다.

12 **다음 글의 빈칸에 들어갈 말을 순서대로 바르게 나열한 것은?**

재화를 ______과 경합성을 기준으로 사적 재화, ______, 공유자원, ______로 유형화할 수 있는데, ______을/를 통해 공유자원을 사적재화로 조정할 수 있다.

① 비경합성 – 자유재 – 클럽재 – 재산권 강화

② 배제성 – 경제재 – 열등재 – 외부성

③ 비경합성 – 자유재 – 클럽재 – 외부성

④ 배제성 – 클럽재 – 공공재 – 재산권 강화

⑤ 비배제성 – 클럽재 – 정상재 – 재산권 강화

13 다음은 A국과 B국의 2016년과 2024년의 자동차와 TV 생산에 대한 생산가능곡선을 나타낸 그래프이다. 이에 대한 설명으로 옳은 것은?

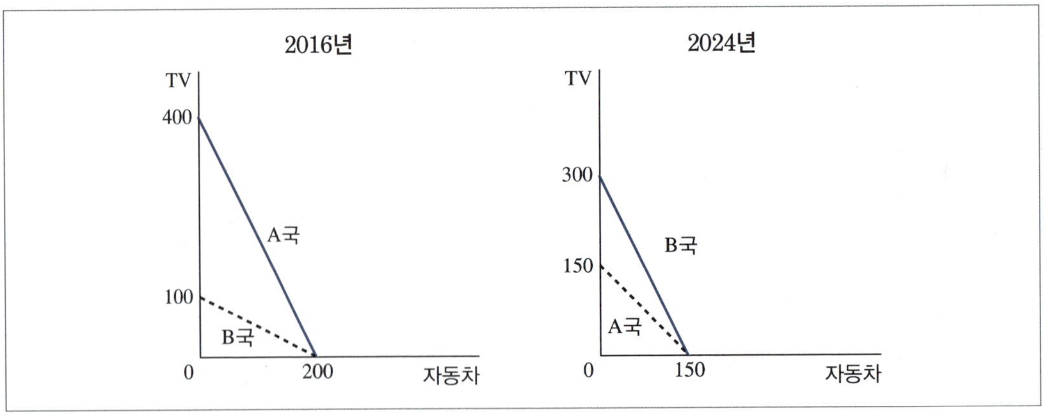

① 2016년도 자동차 수출국은 A국이다.
② B국의 자동차 1대 생산 기회비용은 감소하였다.
③ 두 시점의 생산가능곡선 변화 원인은 생산성 향상 때문이다.
④ 2024년도에 자동차 1대가 TV 2대와 교환된다면 무역의 이익은 B국만 갖게 된다.
⑤ 2016년도 A국이 생산 가능한 총생산량은 TV 400대와 자동차 200대이다.

14 다음 〈보기〉 중 내생적 성장 이론에서 주장하는 내용으로 옳지 않은 것을 모두 고르면?

보기

가. 금융시장이 발달하면 투자의 효율성이 개선되어 경제성장이 촉진된다.
나. 연구 부문의 고용 비율이 높아지면 성장률이 장기적으로 높아질 수 있다.
다. 외부 효과를 갖는 지식의 경우에는 수확체감의 법칙이 적용되지 않는다.
라. 자본의 한계생산이 체감하지 않으므로 국가 간 소득 수준의 수렴이 빠르게 발생한다.

① 다
② 라
③ 가, 나
④ 나, 다
⑤ 가, 다, 라

15 **다음 중 IS 곡선에 대한 설명으로 옳지 않은 것은?**

① IS 곡선 하방의 한 점은 생산물시장이 초과수요 상태임을 나타낸다.
② 한계저축성향(s)이 클수록 IS 곡선은 급경사이다.
③ 정부지출과 조세가 동액만큼 증가하더라도 IS 곡선은 우측으로 이동한다.
④ 피구(Pigou) 효과를 고려하게 되면 IS 곡선의 기울기는 보다 가팔라진다.
⑤ 수입은 소득의 증가함수이므로 개방경제하의 IS 곡선은 폐쇄경제하의 IS 곡선보다 가파르다.

16 **다음 중 항상소득 가설에 의해 소비에 미치는 영향이 가장 큰 소득의 변화는?**

① 직장에서 과장으로 승진해 월급이 올랐다.
② 로또에서 3등으로 당첨돼 당청금을 받았다.
③ 감기로 인한 결근으로 급여가 일시적으로 감소했다.
④ 휴가를 최대한 사용해 미사용 연차휴가수당이 줄었다.
⑤ 일시적인 수요 증가로 초과 근무가 늘어나고 초과 수당이 증가했다.

17 **다음 글의 의미를 설명한 내용으로 옳은 것은?**

조세 부과로 인해 발생하는 조세의 비효율성인 자중손실의 크기는 수요 및 공급의 가격탄력성에 의존한다.

① 수요자 및 공급자가 가격의 변화에 민감하게 반응할수록 시장 왜곡이 더 커진다.
② 수요자 및 공급자가 가격의 변화에 적절히 반응하지 않을수록 시장 왜곡이 더 커진다.
③ 수요곡선 및 공급곡선의 이동이 클수록 시장 균형이 더 크게 영향을 받는다.
④ 수요곡선 및 공급곡선의 이동이 적절히 발생하지 않을수록 시장 균형이 더 크게 영향을 받는다.
⑤ 수요곡선 및 공급곡선의 이동이 작을수록 시장 균형이 더 크게 영향을 받는다.

18 다음 〈보기〉 중 단기총공급곡선이 우상향하는 이유, 즉 물가 상승 시 생산이 증가하는 경우를 모두 고르면?

보기
ㄱ. 물가 상승 시 기업들은 자사 제품의 상대가격이 상승했다고 오인하여 생산을 늘린다. ㄴ. 노동자가 기업에 비해 물가 상승을 과소 예측하면 노동 공급은 증가한다. ㄷ. 물가 상승에도 불구하고 메뉴 비용이 커서 가격을 올리지 않는 기업의 상품 판매량이 증가한다. ㄹ. 명목임금이 경직적이면 물가 상승에 따라 고용이 증가한다.

① ㄴ, ㄷ
② ㄱ, ㄴ, ㄷ
③ ㄱ, ㄷ, ㄹ
④ ㄴ, ㄷ, ㄹ
⑤ ㄱ, ㄴ, ㄷ, ㄹ

19 다음 〈보기〉 중 주어진 상황에 대한 설명으로 옳은 것을 모두 고르면?

인천공항에 막 도착한 A씨는 미국에서 사먹던 빅맥 1개의 가격인 5달러를 원화로 환전한 5,500원을 들고 햄버거 가게로 갔다. 여기서 A씨는 미국과 똑같은 빅맥 1개를 구입하고도 1,100원이 남았다.

보기
ㄱ. 한국의 빅맥 가격을 달러로 환산하면 4달러이다. ㄴ. 구매력평가설에 의하면 원화의 대미 달러 환율은 1,100원이다. ㄷ. 빅맥 가격을 기준으로 한 대미 실질환율은 880원이다. ㄹ. 빅맥 가격을 기준으로 볼 때, 현재의 명목환율은 원화의 구매력을 과소평가하고 있다.

① ㄱ, ㄴ
② ㄱ, ㄷ
③ ㄱ, ㄹ
④ ㄴ, ㄷ
⑤ ㄴ, ㄹ

20 다음 중 일반적인 필립스곡선에 나타나는 실업률과 인플레이션의 관계에 대한 설명으로 옳지 않은 것은?

① 장기적으로 인플레이션과 실업률 사이에 특별한 관계가 없다.
② 실업률을 낮추기 위하여 확장적인 통화정책을 사용하는 경우 인플레이션이 일어난다.
③ 단기적으로는 인플레이션율과 실업률이 반대 방향으로 움직이는 경우가 대부분이다.
④ 인플레이션에 대한 높은 기대 때문에 인플레이션이 나타난 경우에도 실업률은 하락한다.
⑤ 원자재 가격이 상승하는 경우 실업률이 감소하지 않더라도 인플레이션이 심화된다.

21 **다음 중 소비자 잉여와 생산자 잉여에 대한 설명으로 옳지 않은 것은?**

① 소비자 잉여는 소비자의 선호 체계에 의존한다.
② 완전경쟁일 때보다 기업이 가격차별을 실시할 경우 소비자 잉여가 줄어든다.
③ 완전경쟁시장에서는 소비자 잉여와 생산자 잉여의 합인 사회적 잉여가 극대화된다.
④ 독점시장의 시장가격은 완전경쟁시장의 가격보다 높게 형성되지만 소비자 잉여는 줄어들지 않는다.
⑤ 소비자 잉여는 어떤 상품에 소비자가 최대한으로 지급할 용의가 있는 가격에서 실제 지급한 가격을 차감한 차액이다.

22 **다음 중 효율적 자원배분 및 후생에 대한 설명으로 옳은 것은?**

① 후생경제학 제1정리는 효율적 자원배분이 독점시장인 경우에도 달성될 수 있음을 보여준다.
② 후생경제학 제2정리는 소비와 생산에 있어 규모의 경제가 있으면 완전경쟁을 통해 효율적 자원배분을 달성할 수 있음을 보여준다.
③ 차선의 이론에 따르면 효율적인 자원배분을 위해 필요한 조건을 모두 충족하지 못한 경우, 더 많은 조건을 충족하면 할수록 더 효율적인 자원배분이다.
④ 롤스의 주장에 따르면 사회가 2인(A와 B)으로 구성되고 각각의 효용을 U_A, U_B라 할 경우, 사회후생함수(SW)는 $SW=\min[U_A, U_B]$로 표현된다.
⑤ 공리주의의 주장에 따르면 사회가 2인(A와 B)으로 구성되고 각각의 효용을 U_A, U_B라 할 경우, 사회후생함수(SW)는 $SW=U_A \cdot U_B$로 표현된다.

23 **다음 중 화폐에 대한 설명으로 옳은 것은?**

① 상품화폐의 내재적 가치는 변동하지 않는다.
② 광의의 통화(M2)는 준화폐(Near Money)를 포함하지 않는다.
③ 불태환화폐(Flat Money)는 내재적 가치를 갖는 화폐이다.
④ 가치 저장 수단의 역할로 소득과 지출의 발생 시점을 분리시켜 준다.
⑤ 다른 용도로 사용될 수 있는 재화는 교환의 매개 수단으로 활용될 수 없다.

24 다음 〈보기〉 중 통화정책의 단기적 효과를 높이는 요인으로 옳은 것을 모두 고르면?

> **보기**
> ㄱ. 화폐수요의 이자율 탄력성이 높은 경우
> ㄴ. 투자의 이자율 탄력성이 높은 경우
> ㄷ. 한계소비성향이 높은 경우

① ㄱ
② ㄴ
③ ㄱ, ㄴ
④ ㄴ, ㄷ
⑤ ㄱ, ㄴ, ㄷ

25 기업의 생산함수가 $Y=200N-N^2$이고, 근로자의 여가 1시간당 가치가 40이다. 상품시장과 생산요소시장이 완전경쟁시장이고, 생산물의 가격이 1일 때, 균형노동시간은?(단, Y는 생산량, N은 노동시간이다)

① 25시간
② 75시간
③ 80시간
④ 95시간
⑤ 125시간

26 국민소득, 소비, 투자, 정부지출, 순수출, 조세를 각각 Y, C, I, G, NX, T로 표현하고, 국민경제의 균형이 다음과 같이 결정될 때, 균형재정승수(Balanced Budget Multiplier)는?

> • $C=100+0.8(Y-T)$
> • $Y=C+I+G+NX$

① 0.8
② 1
③ 4
④ 5
⑤ 7

27 한 국가의 명목GDP는 1,650조 원이고, 통화량은 2,500조 원이다. 이 국가의 물가수준이 2% 상승하고, 실질GDP는 3% 증가할 경우에 적정 통화공급 증가율은 얼마인가?(단, 유통속도 변화 ΔV=0.0033이다)

① 2.5%
② 3.0%
③ 3.5%
④ 4.0%
⑤ 4.5%

28 다음 〈보기〉 중 가격차별 행위로 보기 어려운 것을 모두 고르면?

보기
가. 전월세 상한제
나. 학생과 노인에게 영화 티켓 할인
다. 수출품 가격과 내수품 가격을 다르게 책정
라. 전력 사용량에 따라 단계적으로 다른 가격 적용
마. 대출 최고 이자율 제한

① 가, 마
② 다, 라
③ 나, 다, 라
④ 나, 다, 마
⑤ 다, 라, 마

29 다음 중 인플레이션에 의해 나타날 수 있는 현상으로 보기 어려운 것은?

① 구두창 비용의 발생
② 메뉴 비용의 발생
③ 통화가치 하락
④ 총요소생산성의 상승
⑤ 단기적인 실업률 하락

30 다음 〈보기〉 중 도덕적 해이(Moral Hazard)를 해결하는 방안에 해당하는 것을 모두 고르면?

보기

가. 스톡옵션(Stock Option)
나. 은행담보대출
다. 자격증 취득
라. 전자제품 다년간 무상수리
마. 사고 건수에 따른 보험료 할증

① 가, 나
② 가, 라
③ 다, 마
④ 가, 나, 마
⑤ 나, 라, 마

31 다음 중 어떤 산업이 자연독점화되는 이유로 옳은 것은?

① 고정비용의 크기가 작은 경우
② 최소효율규모의 수준이 매우 큰 경우
③ 다른 산업에 비해 규모의 경제가 작게 나타나는 경우
④ 생산량이 증가함에 따라 평균비용이 계속 늘어나는 경우
⑤ 기업 수가 증가할수록 산업의 평균 생산비용이 감소하는 경우

32 甲국과 乙국 두 나라만 존재하며 재화는 TV와 쇠고기, 생산요소는 노동뿐이며, 두 나라에서 재화 1단위 생산에 필요한 노동량은 다음과 같다. 이때 리카도(D. Ricardo)의 비교우위론을 토대로 한 설명으로 옳은 것은?

구분	甲국	乙국
TV	3	2
쇠고기	10	4

① 乙국이 두 재화 모두 甲국에 수출한다.
② 甲국은 쇠고기를, 乙국은 TV를 상대국에 수출한다.
③ 국제거래가격이 TV 1단위당 쇠고기 0.2단위면, 甲국은 TV를 수출한다.
④ 국제거래가격은 쇠고기 1단위당 TV 0.3단위와 0.5단위 사이에서 결정된다.
⑤ 자유무역이 이루어질 경우, 甲국은 TV만 생산할 때 이익이 가장 크다.

33 **다음 중 상품 A의 가격을 10% 인상하였을 때 판매량이 5% 감소하였다면 이에 대한 설명으로 옳은 것은?**

① 공급의 가격탄력성은 1이다.
② 공급의 가격탄력성은 1보다 크다.
③ 공급의 가격탄력성이 1보다 작다.
④ 수요의 가격탄력성이 1보다 크다.
⑤ 수요의 가격탄력성이 1보다 작다.

34 **다음 중 생산자의 단기 생산 활동에 대한 설명으로 옳지 않은 것은?**

① 가변요소의 투입량이 증가할 때 평균생산성은 증가하다가 감소한다.
② 가변요소의 투입량이 증가할 때 한계생산성은 증가하다가 감소한다.
③ 수확체감의 법칙은 한계생산성이 지속적으로 감소하는 구간에서 발생한다.
④ 평균생산성이 증가하는 구간에서 한계생산성은 평균생산성보다 크다.
⑤ 한계생산물곡선은 평균생산물곡선의 극대점을 통과하므로 한계생산물과 평균생산물이 같은 점에서는 총생산물이 극대가 된다.

35 **다음 〈보기〉 중 국내총생산(GDP) 통계에 대한 설명으로 옳은 것을 모두 고르면?**

보기
가. 여가가 주는 만족은 삶의 질에 매우 중요한 영향을 미치므로 GDP에 반영된다.
나. 환경오염으로 파괴된 자연을 치유하기 위해 소요된 지출은 GDP에 포함된다.
다. 우리나라의 지하경제 규모는 엄청나므로 한국은행은 이를 포함하여 GDP를 측정한다.
라. 가정주부의 가사노동은 GDP에 불포함되지만 가사도우미의 가사노동은 GDP에 포함된다.

① 가, 다
② 가, 라
③ 나, 다
④ 나, 라
⑤ 다, 라

36 다음 〈보기〉 중 내생적 성장 이론에 대한 설명으로 옳은 것을 모두 고르면?

> 보기
> 가. 인적자본의 축적이나 연구개발은 경제성장을 결정하는 중요한 요인이다.
> 나. 정부의 개입이 경제성장에 중요한 역할을 한다.
> 다. 자본의 한계생산은 체감한다고 가정한다.
> 라. 선진국과 후진국 사이의 소득격차가 줄어든다.

① 가, 나
② 가, 다
③ 나, 다
④ 나, 라
⑤ 다, 라

37 두 개의 지역 A와 B로 나누어진 H시는 도심공원을 건설할 계획이다. 두 지역에 거주하는 지역주민의 공원에 대한 수요곡선과 공원 건설의 한계비용곡선이 다음과 같을 때 사회적으로 최적인(Socially Optimal) 도심공원의 면적은?(단, P_A는 A지역 주민이 지불하고자 하는 가격, P_B는 B지역 주민이 지불하고자 하는 가격, Q는 공원면적, MC는 한계비용이다)

> • A지역 주민의 수요곡선 : $P_A=10-Q$
> • B지역 주민의 수요곡선 : $P_B=10-\frac{1}{2}Q$
> • 한계비용곡선 : $MC=5$

① 4
② 5
③ 6
④ 10
⑤ 15

38 **다음 〈보기〉 중 소비의 항상소득 가설과 생애주기 가설에 대한 설명으로 옳은 것을 모두 고르면?**

> **보기**
> 가. 소비자들은 가능한 한 소비수준을 일정하게 유지하려는 성향이 있다.
> 나. 생애주기 가설에 의하면 고령 인구의 비율이 높아질수록 민간 부문의 저축률이 하락할 것이다.
> 다. 프리드먼의 항상소득 가설에 의하면 높은 소득의 가계가 평균적으로 낮은 평균소비성향을 갖는다.
> 라. 케인스는 항상소득 가설을 이용하여 승수 효과를 설명하였다.

① 가, 나
② 가, 라
③ 나, 다
④ 가, 나, 다
⑤ 나, 다, 라

39 **다음 중 자국의 실물시장 균형을 나타내는 IS 곡선에 대한 설명으로 옳지 않은 것은?(단, IS 곡선의 기울기는 세로축을 이자율, 가로축을 소득으로 하는 그래프상의 기울기를 말한다)**

① 자국의 한계소비성향이 커지면 IS 곡선의 기울기가 완만해진다.
② 자국의 정부지출이 증가하면 IS 곡선은 오른쪽으로 이동한다.
③ 자국의 한계수입성향이 커질수록 IS 곡선의 기울기는 가팔라진다.
④ 해외 교역국의 한계수입성향이 커질수록 IS 곡선의 기울기는 완만해진다.
⑤ 자국의 소득 증가로 인한 한계유발투자율이 증가하면 IS 곡선의 기울기가 완만해진다.

40 **다음 〈보기〉 중 고전학파의 관점에 따른 정부지출의 효과에 대한 설명으로 옳지 않은 것을 모두 고르면?**

> **보기**
> ㉠ 정부지출이 증가하면 경제 전체의 총저축이 증가한다.
> ㉡ 정부지출이 증가하면 대부자금의 공급곡선이 좌측으로 이동한다.
> ㉢ 정부지출이 증가하면 실질이자율이 상승하여 민간투자가 감소한다.
> ㉣ 정부지출로 인해 구축 효과가 발생하여 민간소비가 증가한다.

① ㉠, ㉡
② ㉠, ㉣
③ ㉡, ㉢
④ ㉡, ㉣
⑤ ㉢, ㉣

41 다음 중 디지털 카메라의 등장으로 기존의 필름산업이 쇠퇴하여 필름산업 종사자들이 일자리를 잃을 때 발생하는 실업은?

① 마찰적 실업
② 구조적 실업
③ 계절적 실업
④ 경기적 실업
⑤ 만성적 실업

42 다음 글의 '이것'이 의미하는 한계점과 관련이 있는 것은?

> • 이전에 발생된 손해에 대한 경험을 기반으로 '이것'에 계상한 손해 복구 자금이 실제적인 소요 자금과 눈에 띄게 다른 경우에는 문제 발생의 소지가 될 수 있다.
> • 작은 규모의 손해라 하더라도 짧은 기간 동안 동시에 손해의 발생 및 일련의 손해가 지속적으로 이어질 때 '이것'으로 처리하기가 힘들 수도 있다.
> • 영업의 부진 등으로 인해 기업에서의 현금흐름이 좋지 못할 경우 '이것'으로 자금을 충당하는 것이 힘들 수 있다.

① 위험기금 적립
② 경상비 활용
③ 감가상각비 활용
④ 캡티브 활용
⑤ 매출채권의 증가

43 다음 중 국민경제 전체의 물가 압력을 측정하는 지수로 사용되며, 통화량 목표 설정에 있어서도 기준 물가상승률로 사용되는 것은?

① 소비자물가지수(CPI)
② 생산자물가지수(PPI)
③ 기업경기실사지수(BSI)
④ GDP 디플레이터(Deflator)
⑤ 구매력평가지수(Purchasing Power Parities)

44 **다음 중 조세 정책에 대한 설명으로 옳지 않은 것은?**

① 조세 정책을 시행하는 곳은 한국은행이다.
② 조세정의 실현을 위해 지하경제 양성화, 역외탈세 근절 등이 매우 중요하다.
③ 조세 정책은 정부가 경제 영역 중 분배 영역에 개입할 수 있는 중요한 수단 중 하나이다.
④ 정부는 기업의 고용 및 투자를 촉진하기 위한 수단으로 소득세, 법인세 감면 등을 시행한다.
⑤ 세율을 높이면 세수입이 늘어나지만 일정 수준 이상의 세율에서는 오히려 세금이 줄어드는 현상이 나타난다.

45 **다음 중 빈칸 ㉠~㉢에 들어갈 단어가 바르게 연결된 것은?**

- 환율이 ___㉠___하면, 순수출이 증가한다.
- 국내 이자율이 높아지면 환율은 ___㉡___한다.
- 국내 물가가 오르면 환율은 ___㉢___한다.

	㉠	㉡	㉢
①	하락	상승	하락
②	하락	상승	상승
③	하락	하락	하락
④	상승	하락	상승
⑤	상승	하락	하락

46 **다음 내용을 참고할 때, 한계소비성향(MPC) 변화에 따른 현재 소비자들의 소비 변화폭을 구하면?**

- 기존 소비자들의 연간 소득은 3,000만 원이며, 한계소비성향은 0.6을 나타내었다.
- 현재 소비자들의 연간 소득은 4,000만 원이며, 한계소비성향은 0.7을 나타내었다.

① 700만 원
② 1,100만 원
③ 1,800만 원
④ 2,500만 원
⑤ 3,700만 원

47 **다음 중 수요의 가격탄력성에 대한 설명으로 옳지 않은 것은?**

① 수요의 가격탄력성은 가격의 변화에 따른 수요의 변화를 의미한다.

② 분모는 상품가격의 변화량을 상품가격으로 나눈 값이다.

③ 대체재가 많을수록 수요의 가격탄력성은 탄력적이 된다.

④ 가격이 1% 상승할 때 수요가 2% 감소하였으면 수요의 가격탄력성은 2이다.

⑤ 가격탄력성이 0보다 크면 탄력적이라고 할 수 있다.

48 **다음 중 환율(원 · 미국 달러) 변동에 따른 결과로 적절하지 않은 것은 무엇인가?(단, 환율 이외의 변수는 고려하지 않는다)**

① 환율이 상승하여 경상수지가 개선되었다.

② 환율이 상승하여 미국인들의 국내 여행이 감소한다.

③ 환율이 상승하여 미국에 물건을 수출하는 국내 기업들이 호황이다.

④ 환율이 하락하여 미국으로 송금 거래가 비교적 많아졌다.

⑤ 환율이 하락하여 국내의 대미 수출 기업들이 수출량을 감소하였다.

49 다음 〈보기〉 중에서 거시경제의 총공급곡선에 대한 설명으로 옳은 것을 모두 고르면?

보기

가. 장기 총공급곡선은 수직이다.
나. 기술 혁신은 단기 총공급곡선을 우측으로 이동시킨다.
다. 임금 경직성은 단기 총공급곡선을 우상향하게 만든다.
라. 국제유가의 상승은 총공급곡선을 우측으로 이동시킨다.
마. 상대가격 변화에 관한 일시적 착각은 단기 총공급곡선을 우측으로 이동시킨다.

① 가, 나
② 다, 라
③ 가, 나, 다
④ 나, 다, 마
⑤ 다, 라, 마

50 다음 〈보기〉 중에서 현재가치법에 사용되는 할인율에 대한 설명으로 옳지 않은 것은?

보기

가. 할인율은 미래의 현금흐름(Cash Flow)을 현재가치로 전환할 때 적용한다.
나. 할인율이 10%라면 1년 후 1,000원은 현재가치로 '1,000원/1.1'로 계산하여 909.09원이 된다.
다. 공공사업의 경우 민간사업보다 긍정적 외부 효과가 크기 때문에 높은 할인율을 책정하여야 한다.
라. 할인율이 높아지면 총비용의 현재가치가 낮아진다.
마. 위험도가 높을수록 낮은 할인율을 통해 위험의 정도를 반영하여야 한다.

① 가, 나
② 가, 다
③ 나, 라
④ 다, 마
⑤ 라, 마

| 03 | 법

01 다음 중 우리 헌법에 있어서 제도적 보장의 성질을 띠고 있다고 볼 수 없는 것은?

① 복수정당제도
② 재산권의 보장
③ 교육의 자주성과 전문성
④ 재판청구권
⑤ 근로자의 근로3권

02 다음 중 민법과 상법에 대한 설명으로 옳지 않은 것은?

① 상법은 민법에 대하여 특별법이다.
② 채권의 소멸시효의 경우 민법의 경우 10년간 행사하지 않으면 소멸시효가 완성된다.
③ 상인과 비상인 간의 상거래에 있어서 상인인 당사자와 비상인인 당사자에게 모두 상법이 적용된다.
④ 금전거래의 원인이 상행위로 인한 경우에 채권의 소멸시효는 상법의 경우 5년간 행사하지 않으면 소멸시효가 완성된다.
⑤ 당사자 간에 채권의 이자율을 약정하지 않았을 경우, 민법의 경우 연 6%의 이율이 적용되지만, 상법의 경우 연 5%의 이율을 적용한다.

03 다음 중 권리의 객체에 대한 설명으로 옳지 않은 것은?(단, 다툼이 있는 경우 판례에 의한다)

① 주물 자체의 효용과 직접 관계없는 물건은 종물이 아니다.
② 주물에 설정된 저당권의 효력은 특별한 사정이 없으면 종물에 미친다.
③ 입목에 관한 법률에 의하여 입목등기를 한 수목의 집단은 토지와 별개의 부동산이다.
④ 종물은 주물의 처분에 따르므로, 당사자의 특약에 의하여 종물만을 별도로 처분할 수 없다.
⑤ 법정과실은 수취할 권리의 존속기간일수의 비율로 취득한다.

04 다음은 행정쟁송 절차이다. 빈칸에 해당하는 대상의 순서로 옳은 것은?

시정 ↰			
위법・부당한 행정처분 → ( )	→ ( )	→ ( )	→ ( )
취소, 변경 청구	소의 제기	항소	상고

① 지방법원 → 고등법원 → 대법원 → 헌법재판소
② 고등법원 → 대법원 → 행정기관 → 헌법재판소
③ 당해 행정관청 → 행정법원 → 고등법원 → 대법원
④ 상급감독관청 → 지방법원 → 대법원 → 헌법재판소
⑤ 행정기관 → 고등법원 → 행정법원 → 대법원

05 다음 중 ㉠, ㉡이 의미하는 행정구제제도의 명칭이 바르게 연결된 것은?

> ㉠ 지방자치단체가 건설한 교량이 시공자의 잘못으로 붕괴되어 지역주민들에게 상해를 입혔을 때, 지방자치단체가 상해를 입은 주민들의 피해를 구제해 주었다.
> ㉡ 도로확장사업으로 인하여 토지를 수용당한 주민들의 피해를 국가가 변상하여 주었다.

① ㉠ : 손실보상, ㉡ : 행정소송
② ㉠ : 손해배상, ㉡ : 행정심판
③ ㉠ : 행정소송, ㉡ : 손실보상
④ ㉠ : 손해배상, ㉡ : 손실보상
⑤ ㉠ : 행정소송, ㉡ : 손해배상

06 **다음 중 권력분립론에 대한 설명으로 옳지 않은 것은?**

① 권력분립론은 모든 제도를 정당화시키는 최고의 헌법원리이다.

② 몽테스키외(Montesquieu)의 권력분립론은 자의적인 권력 혹은 권력의 남용으로부터 개인의 자유와 권리를 보장하는 데 그 목적이 있다.

③ 로크(Locke)는 최고 권력은 국민에게 있고, 그 아래에 입법권, 입법권 아래에 집행권과 동맹권이 있어야 한다고 주장하였다.

④ 뢰벤슈타인(Lowenstein)은 권력분립에 대한 비판에서 국가작용을 정책결정, 정책집행, 정책통제로 구분하였다.

⑤ 적극적으로 능률을 증진시키기 위한 원리가 아니라, 권력의 남용 또는 권력의 자의적인 행사를 방지하려는 소극적인 권리이다.

07 **다음 중 부재자의 재산관리에 대한 설명으로 옳은 것은?(단, 다툼이 있는 경우 판례에 의한다)**

① 부재자가 스스로 선임한 재산관리인은 일종의 법정대리인이다.

② 법원이 선임한 부재자의 재산관리인은 부재자의 재산을 자기 재산과 동일한 주의의무로 관리하여야 한다.

③ 법원이 선임한 부재자의 재산관리인은 그 부재자의 사망이 확인되면 즉시 관리인으로서의 권한을 잃는다.

④ 부재자 재산관리인에 의한 부재자 소유의 부동산 매매행위에 대한 법원의 허가결정은 그 허가를 받은 재산에 대한 장래의 처분행위뿐만 아니라 기왕의 매매를 추인하는 방법으로도 할 수 있다.

⑤ 법원의 처분허가를 얻은 경우, 부재자와 관계없는 타인의 채무를 위하여 부재자 재산에 저당권을 설정하는 행위도 원칙적으로 부재자를 위한 처분행위로서 유효하다.

08 **다음 중 헌법재판소의 역할로 옳지 않은 것은?**

① 행정청의 처분의 효력 유무 또는 존재 여부 심판

② 탄핵의 심판

③ 법원의 제청에 의한 법률의 위헌 여부 심판

④ 정당의 해산 심판

⑤ 국가기관 상호 간, 국가기간과 지방자치단체 간 및 지방자치단체 상호 간의 권한쟁의에 관한 심판

09 다음 〈보기〉 중 행정규칙에 대한 설명으로 옳은 것을 모두 고르면?

보기

㉠ 헌법재판소 판례에 의하면 재량준칙인 행정규칙은 행정의 자기구속의 법리에 의거하여 헌법소원심판의 대상이 될 수 없다.

㉡ 대법원 판례에 의하면 법령보충적 행정규칙은 행정기관에 법령의 구체적 사항을 정할 수 있는 권한을 부여한 상위법령과 결합하여 대외적 효력을 갖게 된다.

㉢ 대법원 판례에 의하면 법령보충적 행정규칙은 상위 법령에서 위임한 범위 내에서 대외적 효력을 갖는다.

㉣ 헌법재판소 판례에 의하면 헌법상 위임입법의 형식은 열거적이기 때문에 국민의 권리·의무에 관한 사항을 고시 등 행정 규칙으로 정하도록 위임한 법률 조항은 위헌이다.

① ㉠, ㉡
② ㉠, ㉣
③ ㉡, ㉢
④ ㉡, ㉣
⑤ ㉢, ㉣

10 다음 중 주식회사의 감사에 대한 설명으로 옳지 않은 것은?(단, 다툼이 있는 경우 판례에 의한다)

① 감사는 주주총회에서 선임한다.
② 감사의 선임과 종임에 관한 사항은 등기사항이다.
③ 자본금의 총액이 10억 원 미만인 회사의 경우에는 감사를 선임하지 아니할 수 있다.
④ 감사는 언제든지 주주총회의 특별결의로 이를 해임할 수 있다.
⑤ 감사의 임기는 취임 후 5년 내의 최종의 결산기에 관한 정기총회의 종결시까지로 할 수 있다.

11 다음 중 법의 해석에 대한 설명으로 옳지 않은 것은?

① 법해석의 방법은 해석의 구속력 여부에 따라 유권해석과 학리해석으로 나눌 수 있다.
② 법해석의 목표는 법적 안정성을 저해하지 않는 범위 내에서 구체적 타당성을 찾는 데 두어야 한다.
③ 법의 해석에 있어 법률의 입법취지도 고려의 대상이 된다.
④ 민법, 형법, 행정법에서는 유추해석이 원칙적으로 허용된다.
⑤ 법에 내재해 있는 법의 이념과 목적, 그리고 사회적인 가치합리성에 기초한 입법의 정신 등을 객관화해야 한다.

12 **다음 중 소멸시효에 대한 설명으로 옳지 않은 것은?(단, 다툼이 있는 경우 판례에 의한다)**

① 주채무자가 소멸시효 이익을 포기하면, 보증인에게도 그 효력이 미친다.

② 시효중단의 효력 있는 승인에는 상대방의 권리에 대한 처분의 능력이나 권한 있음을 요하지 않는다.

③ 소멸시효의 기간만료 전 6개월 내에 제한능력자에게 법정대리인이 없는 경우에는 그가 능력자가 되거나 법정대리인이 취임한 때부터 6개월 내에는 시효가 완성되지 않는다.

④ 채무자가 제기한 소에 채권자인 피고가 응소하여 권리를 주장하였으나, 그 소가 각하된 경우에 6개월 이내에 재판상 청구를 하면 응소시에 소급하여 시효중단의 효력이 있다.

⑤ 당사자가 주장하는 소멸시효 기산일이 본래의 기산일보다 뒤의 날짜인 경우에는 당사자가 주장하는 기산일을 기준으로 소멸시효를 계산해야 한다.

13 **다음 중 민법상의 제한능력자가 아닌 자는?**

① 상습도박자

② 19세 미만인 자

③ 의사능력이 없는 자

④ 정신병자로서 성년후견이 개시된 자

⑤ 장애 및 노령으로 한정후견이 개시된 자

14 **다음 중 법인에 대한 설명으로 옳지 않은 것은?**

① 사원총회는 법인사무 전반에 관하여 결의권을 가진다.

② 법인의 이사가 수인인 경우에 사무집행은 정관의 규정에 따른다.

③ 재단법인은 법률, 정관, 목적, 성질, 그 외에 주무관청의 감독, 허가조건 등에 의하여 권리능력이 제한된다.

④ 사단법인의 정관의 필요적 기재사항으로는 목적, 명칭, 사무소 소재지, 자산에 대한 규정, 이사의 임면, 사원의 자격, 존립시기나 해산사유를 정할 때의 그 시기 또는 사유 등이 있다.

⑤ 법인의 해산이유로는 존립기간의 만료, 정관에 정한 해산사유의 발생, 목적인 사업의 성취나 불능 등을 볼 수 있다.

15 **다음 중 미성년자가 법정대리인의 동의 없이 유효한 법률행위를 할 수 있는 경우가 아닌 것은?**

① 혼인과 같은 신분행위
② 권리만을 얻거나 의무만을 면하는 행위
③ 범위를 정하여 처분을 허락한 재산의 처분
④ 영업이 허락된 미성년자가 그 영업에 관하여 하는 행위
⑤ 취직을 했을 때 임금을 청구하는 행위

16 **다음 중 민법상 과실(果實)에 해당하지 않는 것은?**

① 지상권의 지료
② 임대차에서의 차임
③ 특허권의 사용료
④ 젖소로부터 짜낸 우유
⑤ 과수원에서 재배한 사과

17 **다음 중 민법상 용익물권인 것은?**

① 질권
② 지역권
③ 유치권
④ 저당권
⑤ 상사질권

18 **다음 중 우리 민법이 의사표시의 효력발생시기에 대하여 채택하고 있는 원칙적인 입장은?**

① 발신주의(發信主義)
② 도달주의(到達主義)
③ 요지주의(了知主義)
④ 공시주의(公示主義)
⑤ 속지주의(屬地主義)

19 **다음 중 의사표시의 효력발생에 대한 설명으로 옳지 않은 것은?**

① 격지자 간의 계약은 승낙의 통지를 발한 때에 성립한다.
② 우리 민법은 도달주의를 원칙으로 하고 예외적으로 발신주의를 택하고 있다.
③ 의사표시의 부도착(不到着)의 불이익은 표의자가 입는다.
④ 표의자가 그 통지를 발한 후 도달하기 전에 사망하면 그 의사표시는 무효이다.
⑤ 상대방과 통정한 허위의 의사표시는 무효로 한다.

20 **다음 중 대리가 허용될 수 있는 행위는 어느 것인가?**

① 사실행위
② 유언
③ 불법행위
④ 매매계약
⑤ 신분법상 행위

21 **다음 중 법률행위의 취소와 추인에 대한 설명으로 옳지 않은 것은?**

① 취소할 수 있는 법률행위의 추인은 무권대리행위의 추인과는 달리 추인의 소급효는 문제되지 않는다.
② 취소할 수 있는 법률행위를 취소할 수 있는 자는 제한능력자, 하자 있는 의사표시를 한 자, 그 대리인 또는 승계인이며, 추인할 수 있는 자도 같다.
③ 추인은 취소의 원인이 종료한 후에 하여야 효력이 있는데, 다만 법정대리인이 추인하는 경우에는 그렇지 않다.
④ 취소권자가 전부나 일부의 이행, 이행의 청구, 담보의 제공 등을 한 경우에는 취소의 원인이 종료되기 전에 한 것이라도 추인한 것으로 보아야 한다.
⑤ 취소된 법률행위는 처음부터 무효인 것으로 본다. 다만, 제한능력자는 그 행위로 인하여 받은 이익이 현존하는 한도에서 상환할 책임이 있다.

22 **다음 중 법률효과가 처음부터 발생하지 않는 것은 무엇인가?**

① 착오
② 취소
③ 무효
④ 사기
⑤ 강박

23 **다음 중 주식회사에 대한 설명으로 옳지 않은 것은?**

① 자본금은 특정 시점에서 회사가 보유하고 있는 재산의 현재가치로서 주식으로 균등하게 분할되어 있다.
② 무액면주식의 발행도 허용되며, 액면주식이 발행되는 경우 1주의 금액은 100원 이상 균일하여야 한다.
③ 주주는 주식의 인수가액을 한도로 출자의무를 부담할 뿐, 회사의 채무에 대하여 책임을 지지 않는다.
④ 주권 발행 이후 주주는 자신의 주식을 자유롭게 양도 및 처분을 할 수 있다.
⑤ 주식이 수인의 공유에 속하는 때에 공유자는 주주의 권리를 행사할 자 1인을 정하여야 한다.

24 **다음 중 회사의 해산사유로 옳지 않은 것은?**

① 사장단의 동의 또는 결의
② 존립기간의 만료
③ 정관으로 정한 사유의 발생
④ 법원의 해산명령・해산판결
⑤ 회사의 합병・파산

25 **다음 중 회사의 종류에 따른 지배인의 선임 방법으로 옳지 않은 것은?**

① 합명회사 : 총사원 과반수의 결의
② 합자회사 : 무한책임사원 과반수의 결의
③ 주식회사 : 사원총회의 결의
④ 유한회사 : 이사 과반수 결의 또는 사원총회의 보통결의
⑤ 유한책임회사 : 정관 또는 총사원의 동의

26 **법무부장관이 외국인 A에게 귀화를 허가한 경우, 선거관리위원장은 귀화 허가가 무효가 아닌 한 귀화 허가에 하자가 있더라도 A가 한국인이 아니라는 이유로 선거권을 거부할 수 없다. 이처럼 법무부장관의 귀화 허가에 구속되는 행정행위의 효력은?**

① 공정력
② 구속력
③ 형식적 존속력
④ 구성요건적 효력
⑤ 실질적 존속력

27 **다음 중 헌법의 의의와 특질에 대한 설명으로 옳지 않은 것은?(단, 다툼이 있는 경우 판례에 의한다)**

① 헌법규범 상호 간에는 이념적・논리적으로뿐만 아니라 효력상으로도 특정 규정이 다른 규정의 효력을 부인할 수 있는 정도의 가치의 우열을 인정할 수 있다.

② 헌법재판소의 결정에 따르면 관습헌법도 성문헌법과 마찬가지로 주권자인 국민의 헌법적 결단의 의사의 표현이며 성문헌법과 동등한 효력을 가진다.

③ 헌법에 헌법 제37조 제2항과 같은 일반적 법률유보조항을 두는 것은 헌법의 최고 규범성을 약화시킬 수 있다.

④ 현대 민주국가의 헌법은 일반적으로 국가긴급권의 발동의 조건, 내용 그리고 그 한계 등에 관하여 상세히 규정함으로써 그 오용과 남용의 소지를 줄이고 있다.

⑤ 헌법은 그 조문 등이 갖는 구조적 특성으로 인하여 하위의 법규범에 비해 해석에 의한 보충의 필요성이 큰 편이다.

28 **다음 중 행정기관에 대한 설명으로 옳은 것은?**

① 집행기관은 채권자의 신청에 의하여 강제집행을 실시할 직무를 갖지 못한다.

② 감사기관은 다른 행정기관의 사무나 회계처리를 검사하고 그 적부에 관해 감사하는 기관이다.

③ 자문기관은 행정청의 내부 실・국의 기관으로 행정청의 권한 행사를 보좌한다.

④ 의결기관은 행정청의 의사결정에 참여하는 권한을 가진 기관이지만 행정청의 의사를 법적으로 구속하지는 못한다.

⑤ 다수 구성원으로 이루어진 합의제 행정청이 대표적인 행정청의 형태이며, 지방자치단체의 경우 지방의회가 행정청이다.

29 **다음 중 국회에 대한 설명으로 옳은 것은?**

① 국회의 임시회는 대통령 또는 국회재적의원 5분의 1 이상의 요구에 의하여 집회된다.

② 국회의원은 현행범인인 경우를 포함하여 회기 중 국회의 동의 없이도 체포 또는 구금이 가능하다.

③ 국회는 의원의 자격을 심사할 수 있으나, 징계할 수는 없다.

④ 국채를 모집하거나 예산외에 국가의 부담이 될 계약을 체결하려 할 때에는 정부는 미리 국회의 의결을 얻어야 한다.

⑤ 정부는 회계연도마다 예산안을 편성하여 회계연도 개시 60일 전까지 국회에 제출하고, 국회는 회계연도 개시 30일 전까지 이를 의결하여야 한다.

30 **다음 중 현행 헌법상 정당설립과 활동의 자유에 대한 설명으로 옳지 않은 것은?**

① 정당의 설립은 자유이며, 복수정당제는 보장된다.
② 정당은 그 목적, 조직과 활동이 민주적이어야 한다.
③ 정당의 목적과 활동이 민주적 기본질서에 위배될 때에는 국회는 헌법재판소에 그 해산을 제소할 수 있다.
④ 국가는 법률이 정하는 바에 의하여 정당의 운영에 필요한 자금을 보조할 수 있다.
⑤ 정당은 국민의 정치적 의사형성에 참여하는 데 필요한 조직을 가져야 한다.

31 **다음 중 상법상 사채의 발행에 대한 설명으로 옳은 것은?**

① 사채의 상환청구권은 5년간 행사하지 아니하면 소멸시효가 완성한다.
② 사채관리회사는 사채를 발행한 회사의 동의를 받아 사임할 수 있다.
③ 채권은 사채일부의 납입이 완료한 후가 아니면 이를 발행하지 못한다.
④ 사채의 모집에 응하고자 하는 자는 사채청약서 2통에 그 인수할 사채의 수와 주소를 기재하고 기명날인 또는 서명하여야 한다.
⑤ 사채의 모집이 완료한 때에는 이사는 30일 내로 인수인에 대하여 각 사채의 전액 또는 제1회의 납입을 시켜야 한다.

32 **다음 중 비례대표제에 대한 설명으로 옳지 않은 것은?**

① 사표를 방지하여 소수자의 대표를 보장한다.
② 군소정당의 난립이 방지되어 정국의 안정을 가져온다.
③ 득표수와 정당별 당선의원의 비례관계를 합리화시킨다.
④ 그 국가의 정당 사정을 고려하여 채택하여야 한다.
⑤ 명부의 형태에 따라 고정명부식, 가변명부식, 자유명부식으로 구분할 수 있다.

33 다음 〈보기〉 중 상법상 명의대여자의 책임에 대한 설명으로 옳지 않은 것을 모두 고르면?

> **보기**
>
> ㉠ 상법이 명의대여자의 책임을 인정한 것은 영업의 외관을 믿고 거래한 제3자를 보호하기 위한 것이다.
> ㉡ 판례에 따르면 타인에게 자기의 성명을 영업에 사용할 것을 묵시적으로 허락한 경우에도 명의대여자의 책임이 발생한다.
> ㉢ 다수설에 의하면 교통사고와 같은 순수한 불법행위에 대하여도 명의대여자의 책임이 인정된다.
> ㉣ 명의대여자의 책임발생요건으로 대여하는 명의는 반드시 성명 또는 상호에 국한된다.
> ㉤ 명의대여자의 책임이 인정되면 명의차용자는 그 책임을 면한다.

① ㉠, ㉡, ㉢
② ㉠, ㉡, ㉤
③ ㉡, ㉢, ㉣
④ ㉡, ㉢, ㉤
⑤ ㉢, ㉣, ㉤

34 다음 중 우리 헌법재판소가 목적의 정당성, 방법의 적절성, 피해의 최소성, 법익의 균형성 등으로 기본권의 침해 여부를 심사하는 위헌판단원칙은?

① 과잉금지원칙
② 헌법유보원칙
③ 의회유보원칙
④ 포괄위임입법금지원칙
⑤ 법률불소급원칙

35 다음 중 헌법 제37조 제2항에 의한 기본권의 제한에 대한 설명으로 옳지 않은 것은?

① 국회의 형식적 법률에 의해서만 제한할 수 있다.
② 처분적 법률에 의한 제한은 원칙적으로 금지된다.
③ 국가의 안전보장과 질서유지를 위해서만 제한할 수 있다.
④ 기본권의 본질적 내용은 침해할 수 없다.
⑤ 노동기본권의 제한에 대한 법적 근거를 밝히고 있다.

36 **다음 중 법 앞의 평등에 대한 설명으로 옳지 않은 것은?**

① 법 앞의 평등은 절대적인 것이 아니고 상대적인 것이다.
② 법의 적용뿐만 아니라 법 내용의 평등까지 요구한다.
③ 독일에서는 자의의 금지를, 미국에서는 합리성을 그 기준으로 들고 있다.
④ 차별금지 사유인 성별, 종교, 사회적 신분 등은 열거적 규정이다.
⑤ 모든 사람은 보통법 아래에서 평등하다는 것이다.

37 **다음 〈보기〉 중 상법상 상인과 상인자격에 대한 설명으로 옳은 것을 모두 고르면?(단, 다툼이 있는 경우 판례에 의한다)**

보기

㉠ 영업을 위한 준비행위를 하는 자연인은 영업으로 상행위를 할 의사를 실현하는 것이므로 그 준비행위를 한 때 상인자격을 취득한다.
㉡ 판례에 따르면 농업협동조합법에 의하여 설립된 조합이 사업의 일환으로 조합원이 생산하는 물자의 판매사업을 하는 경우 상법상의 상인으로 볼 수 있다.
㉢ 자기명의로 신용카드, 전자화폐 등을 이용한 지급결제 업무의 인수를 영업으로 하는 자는 상법상의 당연상인이다.
㉣ 판례에 의하면 새마을금고가 상인인 회원에게 영업자금을 대출한 경우 그 대출금채권의 소멸시효에 관해서는 상법이 적용된다.

① ㉠
② ㉠, ㉡
③ ㉠, ㉡, ㉣
④ ㉠, ㉢, ㉣
⑤ ㉠, ㉡, ㉢, ㉣

38 **다음 중 상법상 이사에 대한 설명으로 옳은 것은?**

① 이사는 법령과 정관의 규정에 따라 회사를 위하여 그 직무를 충실하게 수행하여야 한다.
② 이사는 이사회에서 선임한다.
③ 이사의 임기는 5년을 초과하지 못한다.
④ 이사는 5명 이상이어야 한다. 다만, 자본금 총액이 10억 원 미만인 회사는 2명 또는 3명으로 할 수 있다.
⑤ 이사는 재임 중에 직무상 알게된 회사의 영업상 비밀을 누설하여서는 아니 되며, 퇴임 후에는 그러하지 아니하다.

39 **다음 〈보기〉 중 소송의 종류와 내용이 옳은 것을 모두 고르면?**

> **보기**
>
> ㉠ 항고소송 : 국가 또는 공공단체의 기관이 법률에 위반되는 행위를 한 때에 직접 자기의 법률상 이익과 관계없이 그 시정을 구하기 위하여 제기하는 소송이다.
>
> ㉡ 취소소송 : 행정청의 위법한 처분 등을 취소 또는 변경하는 소송이다.
>
> ㉢ 무효 등 확인소송 : 행정청의 처분 등의 효력 유무 또는 존재여부를 확인하는 소송이다.
>
> ㉣ 기관소송 : 행정청의 처분 등을 원인으로 하는 법률관계에 관한 소송 그 밖에 공법상의 법률관계에 관한 소송으로, 그 법률관계의 한쪽 당사자를 피고로 하는 소송이다.

① ㉠, ㉡
② ㉠, ㉢
③ ㉡, ㉢
④ ㉡, ㉣
⑤ ㉢, ㉣

40 **다음 중 상법상 주식회사의 합병에 대한 설명으로 옳은 것은?(단, 소규모합병이나 간이합병은 고려하지 않는다)**

① 채권자가 이의제출 기간 내에 이의를 제출하지 아니한 때에는 합병을 거절한 것으로 본다.
② 회사가 합병을 함에는 합병계약서를 작성하여 이사회의 승인을 얻어야 한다.
③ 이사는 합병계약서의 승인에 관한 주주총회 회일의 2주 전부터 합병등기일 이후 6개월이 경과하는 날까지 합병계약서 등의 서류를 본점에 비치하여야 한다.
④ 주주는 영업시간 내에는 언제든지 이사가 본점에 비치한 합병계약서 등의 서류의 열람을 청구할 수 있으나, 회사채권자는 그러하지 아니하다.
⑤ 회사가 종류주식을 발행한 경우에 합병을 함으로써 어느 종류주식의 주주에게 손해를 미치게 될 때에는 합병계약서의 승인에 관한 주주총회의 결의 외에는 그 종류주식의 주주의 총회의 결의가 있어야 한다.

41 **다음 중 변제에 대한 설명으로 옳은 것은?(단, 다툼이 있는 경우 판례에 의한다)**

① 변제할 정당한 이익이 없는 자가 변제를 한 경우, 그 변제자는 채권자의 승낙이 없더라도 변제와 동시에 법률상 당연히 채권자를 대위한다.
② 채권의 준점유자에 대한 변제는 변제자가 선의・무과실인 경우에 한하여 변제로서의 효력이 인정된다.
③ 법정변제충당을 위한 변제이익은 특별한 사정이 없는 한, 채권자를 기준으로 판단하여야 한다.
④ 채권자의 대리인이라고 하면서 채권을 행사하는 자는 특별한 사정이 없는 한, 채권의 준점유자에 해당하지 않는다.
⑤ 채무자가 채무변제를 위하여 타인의 물건을 채권자에게 인도하였다면 이는 유효한 변제이므로 특별한 사정이 없는 한, 더 이상 누구도 채권자에게 그 물건의 반환을 청구할 수 없다.

42 **다음 중 행정상 강제집행이 아닌 것은?**

① 즉시강제
② 강제징수
③ 직접강제
④ 이행강제금
⑤ 대집행

43 **다음 중 재산상 법률행위의 취소에 대한 설명으로 옳지 않은 것은?(단, 다툼이 있는 경우 판례에 의한다)**

① 취소한 법률행위는 처음부터 무효인 것으로 본다.
② 취소권은 추인할 수 있는 날로부터 3년 내에, 법률행위를 한 날로부터 10년 내에 행사하여야 한다.
③ 취소할 수 있는 법률행위를 법정대리인이 추인하는 경우에는 취소의 원인이 소멸한 후에만 할 수 있다.
④ 미성년을 이유로 법률행위가 취소된 경우에 미성년자는 그 행위로 인하여 받은 이익이 현존하는 한도에서 상환할 책임이 있다.
⑤ 법정대리인의 동의 없이 한 법률행위를 미성년자가 취소하는 것은 신의성실의 원칙에 반하지 않는다.

44 **다음 중 표현대리에 대한 설명으로 옳지 않은 것은?(단, 다툼이 있는 경우 판례에 의한다)**

① 기본대리권이 표현대리행위와 동종·유사한 것이 아니면 권한을 넘은 표현대리가 성립할 수 없다.
② 유권대리에 대한 주장 속에는 무권대리에 속하는 표현대리의 주장이 포함되어 있다고 볼 수 없다.
③ 상대방이 계약체결 당시 대리권 없음을 안 때에는 대리권 수여의 표시에 의한 표현대리가 성립할 수 없다.
④ 본인을 위한 것임을 표시하지 않은 경우, 특별한 사정이 없는 한 대리 또는 표현대리의 법리가 적용될 수 없다.
⑤ 대리인이 대리권 소멸 후 복대리인을 선임하여 그로 하여금 상대방과 법률행위를 하도록 한 경우에도 대리권 소멸 후의 표현대리가 성립할 수 있다.

45 **다음 중 착오에 대한 설명으로 옳지 않은 것은?(단, 다툼이 있는 경우 판례에 의한다)**

① 농지로 알고 매수하였으나 그 상당부분이 하천부지인 경우, 매매계약의 중요부분에 대한 착오이다.
② 부동산매매에서 시가에 대한 착오는 특별한 사정이 없는 한 법률행위 내용의 중요부분에 대한 착오이다.
③ 착오로 인하여 표의자가 경제적 불이익을 입지 아니한 경우는 법률행위 내용의 중요부분의 착오라고 할 수 없다.
④ 법률행위 내용의 중요부분에 착오가 있더라도 표의자에게 중대한 과실이 있으면 의사표시를 취소할 수 없다.
⑤ 재건축조합이 재건축아파트 설계용역계약을 체결함에 있어서 상대방의 건축사 자격 유무에 대한 착오는 법률행위의 중요부분에 대한 착오이다.

46 **다음 중에서 정관에 특별한 규정이 없는 경우에 신주발행사항을 결정하는 기관에 해당하는 것은?**

① 이사회
② 주주총회
③ 대표이사
④ 감사위원회
⑤ 사원총회

47 **다음 중 상법상 주식회사 설립 시 정관의 절대적 기재사항이 아닌 것은?**

① 목적
② 상호
③ 청산인
④ 본점의 소재지
⑤ 회사가 발행할 주식의 총수

48 **다음 중 헌법재판에 대한 설명으로 옳은 것은?**

① 헌법은 헌법재판소장의 임기를 5년으로 규정한다.
② 헌법재판의 전심절차로서 행정심판을 거쳐야 한다.
③ 헌법재판소는 지방자치단체 상호간의 권한쟁의심판을 관장한다.
④ 탄핵 인용결정을 할 때에는 재판관 5인 이상의 찬성이 있어야 한다.
⑤ 헌법재판소 재판관은 연임할 수 없다.

49 **다음 중 관할행정청 甲이 乙의 임대사업 허가신청에 대해 거부처분을 한 경우, 이에 불복하는 乙이 제기할 수 있는 행정심판은 무엇인가?**

① 당사자심판
② 부작위위법확인심판
③ 거부처분부당확인심판
④ 의무이행심판
⑤ 무효 등 확인심판

50 **다음 〈보기〉 중 유치권, 질권에 대한 설명으로 옳은 것을 모두 고르면?(단, 다툼이 있는 경우 판례에 의한다)**

보기

ㄱ. 유치권에는 언제나 우선변제적 효력이 인정된다.
ㄴ. 유치권에는 원칙적으로 물상대위가 인정된다.
ㄷ. 유치권과 동시이행의 항변권은 동시에 함께 존재할 수 있다.
ㄹ. 양도할 수 없는 채권은 질권의 목적이 될 수 없다.
ㅁ. 물상보증인은 질권설정계약의 당사자가 될 수 없다.

① ㄱ, ㄴ
② ㄱ, ㅁ
③ ㄴ, ㄷ
④ ㄷ, ㄹ
⑤ ㄹ, ㅁ

시대에듀

M E M O

4일 차
기출응용 모의고사

www.sdedu.co.kr

〈문항 및 시험시간〉

영역	문항 수	시험시간	모바일 OMR 답안채점 / 성적분석 서비스
경영 / 경제 / 법	각 50문항	50분	경영 경제 법

한국부동산원 전공	
4일 차 기출응용 모의고사	문항 수 : 각 50문항 시험시간 : 50분

| 01 | 경영

01 **민츠버그(Mintzberg)는 조직의 구조가 조직의 전략 수행, 조직 주변의 환경, 조직의 구조 그 자체의 역할에 의해 좌우된다는 조직구성론을 제시하였다. 다음 중 다섯 가지 조직 형태에 해당하지 않는 것은?**

① 단순구조 조직
② 기계적 관료제 조직
③ 전문적 관료제 조직
④ 매트릭스 조직
⑤ 사업부제 조직

02 **다음 중 투자부동산에 대한 설명으로 옳지 않은 것은?**

① 투자부동산은 임대수익이나 시세차익을 얻기 위하여 보유하는 부동산을 말한다.
② 본사 사옥으로 사용하고 있는 건물은 투자부동산이 아니다.
③ 운용리스로 제공하기 위하여 보유하는 미사용건물은 투자부동산이다.
④ 투자부동산에 대해 공정가치 모형을 적용할 경우 공정가치 변동으로 발생하는 손익은 발생한 기간의 기타 포괄손익에 반영한다.
⑤ 최초 인식 후 예외적인 경우를 제외하고 원가 모형과 공정가치 모형 중 하나를 선택하여 모든 투자부동산에 적용한다.

03 **다음 〈보기〉 중 마이클 포터(Michael Porter)의 가치사슬 모형에서 지원적 활동(Support Activities)에 해당하는 것을 모두 고르면?**

보기		
가. 기업 하부구조	나. 내부 물류	다. 제조 및 생산
라. 인적자원관리	마. 기술 개발	바. 외부 물류
사. 마케팅 및 영업	아. 서비스	자. 조달 활동

① 가, 나, 다, 라
② 가, 다, 라, 자
③ 가, 라, 마, 자
④ 다, 바, 사, 아
⑤ 나, 다, 바, 사, 아

04 **다음 중 최고경영자, 중간경영자, 하위경영자 모두가 공통적으로 가져야 할 능력은?**

① 타인에 대한 이해력과 동기부여 능력
② 지식과 경험을 해당 분야에 적용시키는 능력
③ 복잡한 상황 등 여러 상황을 분석하여 조직 전체에 적용하는 능력
④ 담당 업무를 수행하기 위한 육체적·지능적 능력
⑤ 한 부서의 변화가 다른 부서에 미치는 영향을 파악하는 능력

05 **다음 중 개인형 퇴직연금제도(IRP; Individual Retirement Pension)에 대한 설명으로 옳지 않은 것은?**

① 계좌관리 수수료로 연평균 0.3 ~ 0.4%가 부과된다.
② IRP계좌는 MMA계좌와 같이 입출금이 자유롭다는 장점이 있다.
③ 운용기간 중 발생한 수익에 대해서는 퇴직급여 수급 시까지 과세가 면제된다.
④ 연간 1,800만 원까지 납입할 수 있으며, 최대 700만 원까지 세액공제 대상이 된다.
⑤ 근로자가 재직 중 자율로 가입하거나 퇴직 시 받은 퇴직급여를 계속해서 적립·운용할 수 있는 퇴직연금제도이다.

06 **다음 중 지식경영 시스템(KMS)에 대한 설명으로 옳지 않은 것은?**

① KMS는 Knowledge Management System의 약자로, 지식경영 시스템 또는 지식관리 시스템을 나타낸다.
② 지식관리 시스템은 지식베이스, 지식스키마, 지식맵의 3가지 요소로 구성되어 있다.
③ 지식베이스가 데이터베이스에 비유된다면 지식스키마는 원시데이터에 대한 메타데이터를 담고 있는 데이터사전 또는 데이터베이스에 비유될 수 있다.
④ 지식스키마 내에는 개별 지식의 유형, 중요도, 동의어, 주요 인덱스, 보안 단계, 생성 – 조회 – 갱신 – 관리 부서 정보 등과 전사적인 지식분류 체계 등이 들어 있다.
⑤ 조직에서 필요한 지식과 정보를 창출하는 연구자, 설계자, 건축가, 과학자, 기술자는 필수적으로 포함되어야 한다.

07 **H회사는 철물 관련 사업을 하는 중소기업이다. 이 회사는 수요가 어느 정도 안정된 소모품을 다양한 거래처에 납품하고 있으며, 내부적으로는 부서별 효율성을 추구하고 있다. 이러한 회사의 조직구조로 가장 적합한 유형은?**

① 기능별 조직
② 사업부제 조직
③ 프로젝트 조직
④ 매트릭스 조직
⑤ 다국적 조직

08 **다음 글에서 설명하는 현상으로 옳은 것은?**

• 응집력이 높은 집단에서 나타나기 쉽다.
• 집단구성원들이 의견의 일치를 추구하려다가 잘못된 의사결정을 하게 된다.
• 이에 대처하기 위해서는 자유로운 비판이 가능한 분위기 조성이 필요하다.

① 집단사고(Groupthink)
② 조직시민행동(Organizational Citizenship Behavior)
③ 임파워먼트(Empowerment)
④ 몰입상승(Escalation of Commitment)
⑤ 악마의 옹호자(Devil's Advocacy)

09 **다음 중 해외시장 진출 방법에 대한 설명으로 옳지 않은 것은?**

① 라이선싱 : 특허, 상표, 디자인 등의 사용권을 해외에 판매하여 진출하는 방식이다.
② 생산계약 : 현지 기업이 일정한 수준의 품질과 가격으로 제품을 납품하게 하는 방식이다.
③ 프랜차이징 : 표준화된 제품·시스템 등을 제공하고, 현지에서는 인력·자본 등을 제공하는 방식이다.
④ 컨소시엄 : 대규모 프로젝트 등에 참여를 위해 자원, 금액 등을 공동으로 마련하는 방식이다.
⑤ 합작투자 : 2개 이상의 기업이 공동의 목표를 달성하기 위해 공동사업체를 설립하여 진출하는 간접투자 방식이다.

10 **다음 중 SWOT 분석 방법에서 관점이 다른 하나는?**

① 시장에서의 기술 우위
② 기업상표의 명성 증가
③ 해외시장의 성장
④ 기업이 보유한 자원 증가
⑤ 고품질 제품 보유

11 **다음 중 수요예측 기법의 시계열 분석법(Time Series Analysis)에 대한 설명으로 옳지 않은 것은?**

① 주로 중단기 예측에 이용되며, 비교적 적은 자료로도 정확한 예측이 가능하다.
② 과거의 수요 흐름으로부터 미래의 수요를 투영하는 방법으로, 과거의 수요 패턴이 미래에도 지속된다는 시장의 안정성이 기본적인 가정이다.
③ 목측법, 이동평균법, 지수평활법, 최소자승법, 박스 – 젠킨스(Box – Jenkins)법, 계절지수법, 시계열 회귀분석법 등이 있다.
④ 시계열 자료 수집이 용이하고 변화하는 경향이 뚜렷하여 안정적일 때 이를 기초로 미래의 예측치를 구할 수 있다.
⑤ 과거 수요를 분석하여 시간에 따른 수요의 패턴을 파악하고 이의 연장선상에서 미래 수요를 예측하는 방법이다.

12 **다음 중 소비자에게 제품의 가격이 낮게 책정되었다는 인식을 심어주기 위해 이용하는 가격설정 방법은?**

① 단수가격(Odd Pricing)
② 준거가격(Reference Pricing)
③ 명성가격(Prestige Pricing)
④ 관습가격(Customary Pricing)
⑤ 기점가격(Basing – Point Pricing)

13 **다음 중 제품수명주기(Product Life Cycle)에 대한 설명으로 옳지 않은 것은?**

① 도입기, 성장기, 성숙기, 쇠퇴기의 4단계로 나누어진다.
② 성장기에는 제품선호형 광고에서 정보제공형 광고로 전환한다.
③ 도입기에는 제품인지도를 높이기 위해 광고비가 많이 소요된다.
④ 성숙기에는 제품의 매출성장률이 점차적으로 둔화되기 시작한다.
⑤ 쇠퇴기에는 매출이 떨어지고 순이익이 감소하기 시작한다.

14 **다음 중 식스 시그마(6 – sigma)에 대한 설명으로 옳지 않은 것은?**

① 프로세스에서 불량과 변동성을 최소화하면서 기업의 성과를 최대화하려는 종합적이고 유연한 시스템이다.
② 프로그램의 최고 단계 훈련을 마치고, 프로젝트 팀 지도를 전담하는 직원은 마스터 블랙벨트이다.
③ 제조프로세스에서 기원하여 판매, 인적자원, 고객서비스, 재무서비스 부문까지 확대되고 있다.
④ 통계적 프로세스 관리에 크게 의존하며, '정의 – 측정 – 분석 – 개선 – 통제(DMAIC)'의 단계를 걸쳐 추진된다.
⑤ 사무 부분을 포함한 모든 프로세스의 질을 높이고 업무 비용을 획기적으로 절감하여 경쟁력 향상을 목표로 한다.

15 다음은 H기업의 균형성과평가제도를 적용한 평가기준표이다. (A) ~ (D)에 들어갈 용어를 순서대로 나열한 것은?

구분	전략목표	주요 성공요인	주요 평가지표	목표	실행계획
(A) 관점	매출 확대	경쟁사 대비 가격 및 납기 우위	평균 분기별 총매출, 전년 대비 총매출	평균 분기 10억 원 이상, 전년 대비 20% 이상	영업 인원 증원
(B) 관점	부담 없는 가격, 충실한 A/S	생산성 향상, 높은 서비스 품질	전년 대비 재구매 비율, 고객 만족도	전년 대비 10포인트 향상, 만족도 80% 이상	작업 순서 준수, 서비스 품질 향상
(C) 관점	작업 순서 표준화 개선 제안 및 실행	매뉴얼 작성 및 준수	매뉴얼 체크 횟수, 개선 제안 수 및 실행 횟수	1일 1회 연 100개 이상	매뉴얼 교육 강좌 개선, 보고회의 실시
(D) 관점	경험이 부족한 사원 교육	실천적 교육 커리큘럼 충실	사내 스터디 실시 횟수, 스터디 참여율	연 30회, 80% 이상	스터디 모임의 중요성 및 참여 촉진

	(A)	(B)	(C)	(D)
①	고객	업무 프로세스	학습 및 성장	재무
②	재무	학습 및 성장	업무 프로세스	고객
③	재무	고객	업무 프로세스	학습 및 성장
④	학습 및 성장	고객	재무	업무 프로세스
⑤	업무 프로세스	재무	고객	학습 및 성장

16 다음 중 대규모 데이터베이스에서 숨겨진 패턴이나 관계를 발견하여 의사결정 및 미래 예측에 활용할 수 있도록 데이터를 모아서 분석하는 것은?

① 데이터 웨어하우스(Data Warehouse)
② 데이터 마이닝(Data Mining)
③ 데이터 마트(Data Mart)
④ 데이터 정제(Data Cleansing)
⑤ 데이터 세정(Data Scrubbing)

17 **다음 중 공정가치 측정에 대한 설명으로 옳지 않은 것은?**

① 공정가치란 측정일에 시장참여자 사이의 정상거래에서 자산을 매도할 때 받거나 부채를 이전할 때 지급하게 될 가격이다.

② 공정가치는 시장에 근거한 측정치이며 기업 특유의 측정치가 아니다.

③ 공정가치를 측정하기 위해 사용하는 가치평가 기법은 관측할 수 있는 투입변수를 최소한으로 사용하고 관측할 수 없는 투입변수를 최대한으로 사용한다.

④ 기업은 시장참여자가 경제적으로 최선의 행동을 한다는 가정 아래 시장참여자가 자산이나 부채의 가격을 결정할 때 사용할 가정에 근거하여 자산이나 부채의 공정가치를 측정하여야 한다.

⑤ 비금융자산의 공정가치를 측정할 때는 자신이 그 자산을 최고 최선으로 사용하거나 최고·최선으로 사용할 다른 시장참여자에게 그 자산을 매도함으로써 경제적 효익을 창출할 수 있는 시장참여자의 능력을 고려한다.

18 **다음 특징을 모두 가지고 있는 자산은?**

- 개별적으로 식별하여 별도로 인식할 수 없다.
- 손상 징후와 관계없이 매년 손상 검사를 실시한다.
- 손상차손환입을 인식할 수 없다.
- 사업결합 시 이전대가가 피취득자 순자산의 공정가치를 초과한 금액이다.

① 특허권
② 회원권
③ 영업권
④ 라이선스
⑤ 가상화폐

19 **H회사는 2024년 초 액면금액 100,000원인 전환상환우선주를 액면발행하였다. 전환상환우선주 발행 시 조달한 현금 중 금융부채요소의 현재가치는 80,000원이고 나머지는 자본요소(전환권)이다. 전환상환우선주 발행시점의 금융부채요소 유효이자율은 연 10%이다. 2025년 초 전환상환우선주의 40%를 보통주로 전환할 때 H회사의 자본증가액은?(단, 전환상환우선주의 액면배당률은 연 2%이고, 매년 말 배당지급한다)**

① 32,000원
② 34,400원
③ 40,000원
④ 42,400원
⑤ 50,000원

20 **다음 중 주가순자산비율(PBR)에 대한 설명으로 옳은 것은?**

① 주가를 주당순자산가치(BPS)로 나눈 비율로, 주가와 1주당 순자산가치를 비교한 수치이다.
② 주당순자산가치는 자기자본을 자산으로 나누어 계산한다.
③ 주가순자산비율(PBR)은 재무회계상 주가를 판단하는 기준지표로 성장성을 보여주는 지표이다.
④ 기업 청산 시 채권자가 배당받을 수 있는 자산의 가치를 의미하며, 1을 기준으로 한다.
⑤ PBR이 1보다 클 경우 순자산보다 주가가 낮게 형성되어 저평가되었다고 판단한다.

21 **다음 중 이자율의 기간구조에 대한 설명으로 옳지 않은 것은?**

① 채권금리는 만기가 길수록 금리도 높아지는 우상향의 모양을 보인다.
② 기간에 따라 달라질 수 있는 이자율 사이의 관계를 이자율의 기간구조라고 부른다.
③ 이자율의 기간구조는 흔히 수익률곡선(Yield Curve)으로 나타낸다.
④ 장기이자율이 단기이자율보다 높으면 우하향하는 곡선의 형태를 취한다.
⑤ 장기이자율이 단기이자율과 같다면 수평곡선의 형태를 취한다.

22 **다음 중 기업신용평가등급표의 양적 평가요소에 해당하는 것은?**

① 진입장벽
② 시장점유율
③ 재무비율 평가항목
④ 경영자의 경영능력
⑤ 은행거래 신뢰도

23 **다음 〈보기〉 중 시스템 이론에 대해 바르지 않게 설명한 사람은?**

> **보기**
>
> 창민 : 시스템 이론이란 자연과학에서 보편화되어 온 일반 시스템 이론을 경영학 연구에 응용한 것이다.
>
> 철수 : 시스템은 외부환경과 상호작용이 일어나느냐의 여부에 따라 개방시스템과 폐쇄시스템으로 나누어지는데, 일반적으로 시스템 이론은 개방시스템을 의미한다.
>
> 영희 : 시스템의 기본구조에 의하면 투입은 각종 자원을 뜻하는데, 인적자원과 물적자원, 재무자원, 정보 등 기업이 목적달성을 위해 투입하는 모든 에너지가 여기에 속한다.
>
> 준수 : 시스템 이론에서 조직이라는 것은 각종 상호의존적인 요인들의 총합체이므로, 관리자는 조직의 목표를 달성하기 위해 조직 내의 모든 요인들이 적절히 상호작용하고 조화로우며 균형을 이룰 수 있게 해야 한다.
>
> 정인 : 시스템 이론은 모든 상황에 동일하게 적용될 수 있는 이론은 없다고 보면서, 상황과 조직이 어떠한 관계를 맺고 있으며 이들 간에 어떠한 관계가 성립할 때 조직 유효성이 높아지는가를 연구하는 이론이다.

① 창민
② 철수
③ 영희
④ 준수
⑤ 정인

24 **다음 중 경제적 자립권과 독립성을 둘 다 포기한 채, 시장독점이라는 하나의 목적 아래 여러 기업이 뭉쳐서 이룬 하나의 통일체를 의미하는 조직은?**

① 카르텔(Kartell)
② 신디케이트(Syndicate)
③ 트러스트(Trust)
④ 콘체른(Konzern)
⑤ 컨글로머리트(Conglomerate)

25 **다음 중 자원기반관점(RBV)에 대한 설명으로 옳지 않은 것은?**

① 인적자원은 기업의 지속적인 경쟁력 확보의 주요한 원천이라고 할 수 있다.
② 기업의 전략과 성과의 주요 결정요인은 기업 내부의 자원과 핵심 역량의 보유라고 주장한다.
③ 경쟁우위의 원천이 되는 자원은 이질성(Heterogeneous)과 비이동성(Immobile)을 가정한다.
④ 주요 결정요인은 진입장벽, 제품차별화 정도, 사업들의 산업집중도 등이다.
⑤ 기업이 보유한 가치(Value), 희소성(Rareness), 모방불 가능성(Inimitability), 대체 불가능성(Non-Substitutability) 자원들은 경쟁우위를 창출할 수 있다.

26 **다음 중 네트워크 조직(Network Organization)의 장점으로 옳지 않은 것은?**

① 정보 공유의 신속성 및 촉진이 용이하다.
② 광범위한 전략적 제휴로 기술혁신이 가능하다.
③ 개방성 및 유연성이 뛰어나 전략과 상품의 전환이 빠르다.
④ 전문성이 뛰어나 아웃소싱 업체의 전문성 및 핵심 역량을 활용하기 용이하다.
⑤ 관리감독자의 수가 줄어들게 되어 관리비용이 절감된다.

27 **다음 중 리더의 구성원 교환(LMX) 이론에 대한 설명으로 옳지 않은 것은?**

① 구성원들의 업무와 관련된 태도나 행동들은 리더가 그들을 다루는 방식에 달려 있다.
② 리더가 여러 구성원들을 동일하게 다루지 않는다고 주장한다.
③ LMX 이론의 목표는 구성원, 팀, 조직에 리더십이 미치는 영향을 설명하는 것이다.
④ 조직의 모든 구성원들은 동일한 차원으로 리더십에 반응한다.
⑤ 리더는 팀의 구성원들과 강한 신뢰감, 감정, 존중이 전제된 관계를 형성한다.

28 **A회사는 B회사를 합병하고 합병 대가로 30,000,000원의 현금을 지급하였다. 합병 시점 B회사의 재무상태표상 자산총액은 20,000,000원이고 부채총액은 11,000,000원이다. B회사의 재무상태표상 장부금액은 토지를 제외하고는 공정가치와 같다. 토지는 장부상 10,000,000원으로 기록되어 있으나, 합병 시점에 공정가치는 18,000,000원인 것으로 평가되었다. 이 합병으로 A회사가 인식할 영업권은?**

① 9,000,000원
② 10,000,000원
③ 13,000,000원
④ 21,000,000원
⑤ 25,000,000원

29 **다음 〈보기〉 중 수직적 마케팅 시스템(VMS; Vertical Marketing System)에 대한 설명으로 옳은 것을 모두 고르면?**

보기
ㄱ. 수직적 마케팅 시스템은 유통조직의 생산 시점과 소비 시점을 하나의 고리 형태로 유통계열화하는 것이다.
ㄴ. 수직적 마케팅 시스템은 유통경로 구성원인 제조업자, 도매상, 소매상, 소비자를 각각 별개로 파악하여 운영한다.
ㄷ. 유통경로 구성원의 행동은 시스템 전체보다 각자의 이익을 극대화하는 방향으로 조정된다.
ㄹ. 수직적 마케팅 시스템의 유형에는 기업적 VMS, 관리적 VMS, 계약적 VMS 등이 있다.
ㅁ. 프랜차이즈 시스템은 계약에 의해 통합된 수직적 마케팅 시스템이다.

① ㄱ, ㄴ, ㄷ
② ㄱ, ㄴ, ㄹ
③ ㄱ, ㄹ, ㅁ
④ ㄴ, ㄷ, ㄹ
⑤ ㄴ, ㄹ, ㅁ

30 **다음 중 마케팅에 대한 설명으로 옳지 않은 것은?**

① 마케팅이란 소비자의 필요와 욕구를 충족시키기 위해 시장에서 교환이 일어날 수 있도록 계획하고 실행하는 과정이다.
② 미시적 마케팅이란 개별 기업이 기업의 목표를 달성하기 위한 수단으로 수행하는 마케팅 활동을 의미한다.
③ 선행적 마케팅이란 생산이 이루어지기 이전의 마케팅 활동을 의미하는 것으로, 대표적인 활동으로는 경로·가격·판촉 등이 해당한다.
④ 거시적 마케팅이란 사회적 입장에서 유통기구와 기능을 분석하는 마케팅 활동을 의미한다.
⑤ 고압적 마케팅이란 소비자의 욕구에 관계없이 기업의 입장에서 생산 가능한 제품을 강압적으로 판매하는 형태를 의미한다.

31 **다음 중 마일즈(Miles)와 스노우(Snow)의 전략유형에서 방어형의 특징으로 옳은 것은?**

① 위험을 감수하고 혁신과 모험을 추구하는 적극적 전략
② 성과지향적 인사고과와 장기적인 결과 중시
③ 먼저 진입하지 않고 혁신형을 관찰하다가 성공 가능성이 보이면 신속하게 진입하는 전략
④ 조직의 안정적 유지를 추구하는 소극적 전략
⑤ 진입장벽을 돌파하여 시장에 막 진입하려는 기업들이 주로 활용하는 전략

32 다음 중 기업이 상품을 판매할 때마다 수익의 일부를 기부하는 마케팅은?

① 그린 마케팅(Green Marketing)
② 앰부시 마케팅(Ambush Marketing)
③ 니치 마케팅(Niche Marketing)
④ 코즈 마케팅(Cause Marketing)
⑤ 프로보노(Pro Bono)

33 다음 대화의 빈칸에 공통으로 들어갈 단어는?

A이사 : 이번에 우리 회사에서도 ______ 시스템을 도입하려고 합니다. ______는 기업 전체의 의사결정권자와 사용자 모두가 실시간으로 정보를 공유할 수 있게 합니다. 또한 제조, 판매, 유통, 인사관리, 회계 등 기업의 전반적인 운영 프로세스를 통합하여 자동화할 수 있지요.
B이사 : 맞습니다. ______ 시스템을 통하여 기업의 자원관리를 보다 효율적으로 할 수 있어서, 조직 전체의 의사결정도 보다 신속하게 할 수 있을 것입니다.

① JIT
② MRP
③ MPS
④ ERP
⑤ APP

34 다음 중 제품별 배치에 대한 설명으로 옳지 않은 것은?

① 높은 설비이용률을 가진다.
② 낮은 제품단위당 원가로 경쟁우위를 점할 수 있다.
③ 수요 변화에 적응하기 어렵다.
④ 설비 고장에 큰 영향을 받는다.
⑤ 다품종 생산이 가능하다.

35 다음 중 기업과 조직들이 중앙집중적 권한 없이 거의 즉시 네트워크에서 거래를 생성하고 확인할 수 있는 분산 데이터베이스 기술은?

① 빅데이터(Big Data)
② 클라우드 컴퓨팅(Cloud Computing)
③ 블록체인(Blockchain)
④ 핀테크(Fintech)
⑤ 사물인터넷(Internet of Things)

36 A회사의 2024년 초 유통보통주식수는 18,400주이며, 주주우선배정 방식으로 유상증자를 실시하였다. 유상증자 권리행사 전일의 공정가치는 주당 ₩50,000이고, 유상증자 시의 주당 발행금액은 ₩40,000, 발행주식수는 2,000주이다. A회사는 2024년 9월 초 자기주식을 1,500주 취득하였다. A회사의 2024년 가중평균유통보통주식수는?(단, 가중평균유통보통주식수는 월할 계산한다)

① 18,667주
② 19,084주
③ 19,268주
④ 19,400주
⑤ 20,400주

37 다음 〈조건〉을 이용하여 계산한 매출원가는 얼마인가?(단, 계산의 편의상 1년은 360일이며, 평균 재고자산은 기초와 기말의 평균이다)

조건

• 기초 재고자산	90,000원
• 기말 재고자산	210,000원
• 재고자산 보유(회전)기간	120일

① 350,000원
② 400,000원
③ 450,000원
④ 500,000원
⑤ 550,000원

38 **다음 중 자본, 자산, 부채의 계정항목이 바르게 연결되지 않은 것은?**

① 당좌자산 : 현금 및 현금성자산, 매출채권
② 투자자산 : 만기보유금융자산, 투자부동산
③ 유동부채 : 단기차입금, 퇴직급여충당부채
④ 자본잉여금 : 주식발행초과금, 자기주식처분이익
⑤ 이익잉여금 : 이익준비금, 임의적립금

39 **다음은 A주식의 정보이다. 자본자산가격결정모형(CAPM)을 이용하여 A주식의 기대수익률을 구하면?**

• 시장무위험수익률 : 5% • 시장기대수익률 : 18% • 베타 : 0.5

① 9.35%
② 10.25%
③ 10.45%
④ 11.5%
⑤ 12.45%

40 **다음 중 가중평균자본비용(WACC)에 대한 설명으로 옳지 않은 것은?**

① 일반적으로 기업의 자본비용은 가중평균자본비용을 의미한다.
② 가중평균자본비용(WACC)은 기업의 자본비용을 시장가치 기준에 따라 총자본 중에서 차지하는 가중치로 가중평균한 것이다.
③ 가중치를 시장가치 기준의 구성 비율이 아닌 장부가치 기준의 구성 비율로 하는 이유는 주주와 채권자의 현재 청구권에 대한 요구수익률을 측정하기 위해서이다.
④ 기업자산에 대한 요구수익률은 자본을 제공한 채권자와 주주가 평균적으로 요구하는 수익률을 의미한다.
⑤ 부채비율을 높임으로써 가중평균자본비용은 점차 떨어지게 되지만 일정한 선을 넘어 부채비율이 상승하면 가중평균자본비용은 상승한다.

41 **다음 중 투자부동산의 회계처리에 대한 설명으로 옳지 않은 것은?**

① 투자부동산의 후속측정 방법으로 공정가치 모형을 선택할 경우, 변동된 공정가치 모형을 적용하여 감가상각비를 인식한다.

② 회사가 영업활동에 활용하지 않고, 단기적으로 판매하기 위하여 보유하지 않으며, 장기시세차익을 얻을 목적으로 보유하는 토지는 투자부동산으로 분류한다.

③ 투자부동산에 대해서 공정가치 모형을 적용할 경우, 공정가치 변동은 당기손익으로 인식한다.

④ 투자부동산의 취득원가는 투자부동산의 구입금액과 취득에 직접적으로 관련된 지출을 포함한다.

⑤ 장래 용도를 결정하지 못한 채로 보유하고 있는 토지는 투자부동산으로 분류한다.

42 **다음 중 재고자산의 회계처리에 대한 설명으로 옳지 않은 것은?**

① 생산에 투입하기 위해 보유하는 원재료 및 기타 소모품은 제품의 원가가 순실현가능가치를 초과할 것으로 예상되더라도 감액하지 아니한다.

② 생물자산에서 수확한 농림어업 수확물로 구성된 재고자산은 공정가치에서 처분부대원가를 뺀 금액으로 수확시점에 최초 인식한다.

③ 재고자산을 현재의 장소에 현재의 상태로 이르게 하는 데 기여하지 않은 관리간접원가는 재고자산의 취득원가에 포함할 수 없다.

④ 매입할인이나 매입금액에 대해 수령한 리베이트는 매입원가에서 차감한다.

⑤ 개별법이 적용되지 않는 재고자산의 단위원가는 선입선출법이나 가중평균법을 사용하여 결정한다.

43 **C회사의 재무상태표상 계정별 20X1년 말 잔액은 다음과 같다. 그리고 20X1년 말 부채총계는 20X1년 초 부채총계보다 ₩300,000만큼 더 크고, 20X1년 말 자본총계는 20X1년 초 자본총계보다 ₩150,000만큼 더 작다. 이를 토대로 C회사의 20X1년 초 자산총계를 구하면 얼마인가?**

상품	₩700,000	선수수익	₩250,000
차입금	₩1,100,000	미수금	₩200,000
현금	₩900,000	매출채권	₩500,000
선수금	₩450,000	대여금	₩600,000

① ₩2,750,000
② ₩2,900,000
③ ₩3,150,000
④ ₩3,325,000
⑤ ₩3,515,000

44 D회사는 20X1년 초 기계장치(내용연수 3년, 잔존가치 ₩0, 정액법 상각)를 구입과 동시에 무이자부 약속어음(액면가액 ₩300,000, 3년 만기, 매년 말 ₩100,000 균등상환)을 발행하여 지급하였다. 이 거래 당시 D회사가 발행한 어음의 유효이자율은 연 12%이다. 기계장치에 대해 원가 모형을 적용하고, 당해 차입원가는 자본화 대상에 해당하지 않는다. 20X1년 D회사가 인식할 비용은?(단, 12%, 3기간의 연금현가계수는 2.40183이고, 계산금액은 소수점 첫째 자리에서 반올림하며, 단수 차이로 인한 오차가 있으면 가장 근사치를 선택한다)

① ₩59,817
② ₩80,061
③ ₩88,639
④ ₩108,883
⑤ ₩128,822

45 다음 중 재무제표의 표시에 대한 설명으로 옳지 않은 것은?

① 재무제표가 한국채택국제회계기준의 요구사항을 모두 충족한 경우가 아니라면 한국채택국제회계기준을 준수하여 작성되었다고 기재하여서는 안 된다.
② 기업이 재무상태표에 유동자산과 비유동자산으로 구분하여 표시하는 경우, 이연법인세자산은 유동자산으로 분류하지 아니한다.
③ 비용을 기능별로 분류하는 기업은 감가상각비, 기타 상각비와 종업원급여비용을 포함하여 비용의 성격에 대한 추가 정보를 공시한다.
④ 수익과 비용의 어느 항목은 포괄손익계산서 또는 주석에 특별손익항목으로 별도 표시한다.
⑤ 매출채권에 대한 대손충당금을 차감하여 관련 자산을 순액으로 측정하는 것은 상계표시에 해당하지 아니한다.

46 다음 중 고객과의 계약에서 생기는 수익에 대한 설명으로 옳지 않은 것은?

① 수익을 인식하기 위해서는 '고객과의 계약 식별', '수행의무 식별', '거래가격 산정', '거래가격을 계약 내 수행의무에 배분', '수행의무를 이행할 때 수익 인식'의 단계를 적용한다.
② 거래가격 산정 시 제3자를 대신해서 회수한 금액은 제외하며, 변동대가, 비현금 대가, 고객에게 지급할 대가 등이 미치는 영향을 고려한다.
③ 고객에게 이전할 재화나 용역에 대하여 받을 권리를 갖게 될 대가의 회수 가능성이 높지 않더라도 계약에 상업적 실질이 존재하고 이전할 재화나 용역의 지급조건을 식별할 수 있으면 고객과의 계약으로 회계처리한다.
④ 고객에게 약속한 자산을 이전하여 수행의무를 이행할 때 수익을 인식하며, 자산은 고객이 그 자산을 통제할 때 이전된다.
⑤ 비현금 대가의 공정가치를 합리적으로 추정할 수 없는 경우에는 그 대가와 교환하여 고객에게 약속한 재화나 용역의 개별 판매 가격을 참조하여 간접적으로 그 대가를 측정한다.

47 다음은 F회사의 20X1년도 및 20X2년도 말 부분재무제표이다. 20X2년도 중에 F회사는 ₩2,000을 유상증자하였고, 현금배당 ₩3,000, 주식배당 ₩1,000을 하였다. F회사의 20X2년도 포괄손익계산서상 기타포괄손익은?

	20X1년	20X2년
자산총계	₩45,000	₩47,000
부채총계	₩15,000	₩14,600
당기순이익	₩4,000	₩1,500

① ₩1,600
② ₩1,700
③ ₩1,800
④ ₩1,900
⑤ ₩2,100

48 12월 결산법인인 G회사는 20X1년 1월 1일 단기투자목적으로 A사의 주식 500주를 주당 ₩1,000에 취득하였고, 매입수수료 ₩10,000을 지출하였다. 20X1년 12월 31일 A사의 주식을 보유 중이며, A사의 1주당 공정가치는 ₩2,000이다. 20X2년 1월 3일 A사의 주식 전량을 ₩880,000에 처분하고 현금으로 수취하였다. 20X2년 당기손익인식금융자산의 처분손실은?

① ₩80,000
② ₩90,000
③ ₩100,000
④ ₩110,000
⑤ ₩120,000

49 H회사의 현재 유동비율과 당좌비율은 각각 200%, 150%이다. 다음의 거래들을 통해 유동비율과 당좌비율은 어떻게 변화하는가?(단, 모든 거래는 독립적이다)

- A : 영업용 차량운반구를 취득하면서 현금 ₩13,000을 지급하였다.
- B : 사용 중인 건물을 담보로 은행에서 현금 ₩30,000을 장기 차입하였다.

	A		B	
	유동비율	당좌비율	유동비율	당좌비율
①	증가	증가	감소	감소
②	증가	감소	증가	감소
③	감소	증가	감소	증가
④	감소	불변	불변	감소
⑤	감소	감소	증가	증가

50 다음 중 유용한 재무정보의 질적 특성에 대한 설명으로 옳지 않은 것은?

① 재무보고서는 경제적 현상을 글과 숫자로 나타내는 것이다.

② 재무정보가 과거 평가에 대해 피드백을 제공한다면(과거 평가를 확인하거나 변경시킨다면) 확인가치를 갖는다.

③ 중립적 정보는 목적이 없거나 행동에 대한 영향력이 없는 정보를 의미한다.

④ 회계기준위원회는 중요성에 대한 획일적인 계량 임계치를 정하거나 특정한 상황에서 무엇이 중요한 것인지를 미리 결정할 수 없다.

⑤ 합리적인 추정치의 사용은 재무정보의 작성에 필수적인 부분이며, 추정이 명확하고 정확하게 기술되고 설명되는 한 정보의 유용성을 저해하지 않는다.

| 02 | 경제

01 **다음 자료를 참고하여 엥겔지수를 구하면?**

> • 독립적인 소비 지출 : 100만 원
> • 한계소비성향 : 0.6
> • 가처분소득 : 300만 원
> • 식비 지출 : 70만 원

① 0.2
② 0.25
③ 0.3
④ 0.35
⑤ 0.4

02 **다음은 사회후생함수에 따른 사회무차별곡선의 형태를 나타낸 자료이다. 빈칸 ㉠~㉢에 들어갈 내용이 바르게 나열된 것은?**

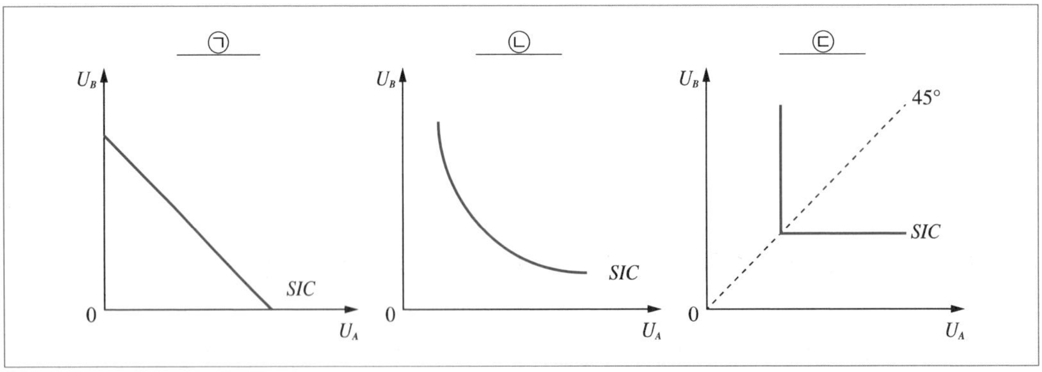

	㉠	㉡	㉢
①	평등주의 후생함수	롤스 사회후생함수	공리주의 사회후생함수
②	공리주의 사회후생함수	롤스 사회후생함수	평등주의 후생함수
③	롤스 사회후생함수	평등주의 후생함수	공리주의 사회후생함수
④	평등주의 후생함수	공리주의 사회후생함수	롤스 사회후생함수
⑤	공리주의 사회후생함수	평등주의 후생함수	롤스 사회후생함수

03 막걸리 시장이 기업 A와 기업 B만 존재하는 과점상태에 있다. 기업 A와 기업 B의 한계수입(MR)과 한계비용(MC)이 다음과 같을 때, 쿠르노(Cournot) 균형에서 기업 A와 기업 B의 생산량은?(단, Q_A는 기업 A의 생산량이고 Q_B는 기업 B의 생산량이다)

- 기업 A : $MR_A = 84 - 2Q_A - Q_B$, $MC_A = 28$
- 기업 B : $MR_B = 84 - Q_A - 2Q_B$, $MC_B = 20$

	Q_A	Q_B
①	6	44
②	10	36
③	12	26
④	16	24
⑤	24	20

04 다음 〈보기〉 중 폐쇄경제의 IS – LM 및 AD – AS 모형에서 정부지출 증가에 따른 균형의 변화에 대한 설명으로 옳은 것을 모두 고르면?(단, 초기경제는 균형상태, IS 곡선 우하향, LM 곡선 우상향, AD 곡선 우하향, AS 곡선은 수평선을 가정한다)

보기

ㄱ. 소득수준은 증가한다.
ㄴ. 이자율은 감소한다.
ㄷ. 명목 통화량이 증가한다.
ㄹ. 투자지출은 감소한다.

① ㄱ, ㄴ
② ㄱ, ㄷ
③ ㄱ, ㄹ
④ ㄴ, ㄷ
⑤ ㄴ, ㄹ

05 화폐수량설과 피셔 방정식(Fisher Equation)이 성립하고 화폐유통속도가 일정한 경제에서 실질경제성장률이 3%, 통화증가율이 6%, 명목이자율이 10%일 때, 실질이자율은?

① 3%
② 5%
③ 7%
④ 8%
⑤ 9%

06 실업률과 인플레이션율의 관계는 $u = u_n - 2(\pi - \pi_e)$이고 자연실업률이 3%이다. 〈조건〉을 고려하여 중앙은행이 0%의 인플레이션율을 유지하는 준칙적 통화정책을 사용했을 때의 실업률(ㄱ)과 최적 인플레이션율로 통제했을 때의 실업률(ㄴ)을 바르게 연결한 것은?(단, u, u_n, π, π_e는 각각 실업률, 자연실업률, 인플레이션율, 기대 인플레이션율이다)

> **조건**
> - 중앙은행은 물가를 완전하게 통제할 수 있다.
> - 민간은 합리적인 기대를 하며 중앙은행이 결정한 인플레이션율로 기대 인플레이션율을 결정한다.
> - 주어진 기대 인플레이션에서 중앙은행의 최적 인플레이션율은 1%이다.

	(ㄱ)	(ㄴ)
①	0%	0%
②	1%	0%
③	1%	1%
④	2%	1%
⑤	3%	3%

07 노동(L)과 자본(K)만 이용하여 재화를 생산하는 기업의 생산함수가 $Q = \min\left(\frac{L}{2},\ K\right)$이다. 노동가격은 2원이고 자본가격은 3원일 때, 기업이 재화 200개를 생산하고자 할 경우 평균비용은?(단, 고정비용은 없다)

① 6원　② 7원
③ 8원　④ 9원
⑤ 10원

08 **다음은 A국과 B국의 노동자 1인당 자동차와 휴대폰 생산량을 나타낸 자료이다. A국은 어떤 무역상품에 우위를 갖는가?**

〈노동자 1인당 생산량〉

(단위 : 대)

구분	자동차	휴대폰
A국	5	10
B국	2	5

① 자동차와 휴대폰에서 모두 절대우위, 그리고 자동차에 비교우위가 있다.

② 자동차와 휴대폰에서 모두 절대우위, 그리고 휴대폰에 비교우위가 있다.

③ 자동차와 휴대폰에서 모두 절대우위, 그리고 비교우위는 없다.

④ 자동차와 휴대폰에서 모두 절대우위는 없지만 자동차에 비교우위가 있다.

⑤ 자동차와 휴대폰에서 모두 절대우위는 없지만 휴대폰에 비교우위가 있다.

09 **다음 중 국내시장에서의 쌀의 공급곡선이 수직선일 경우, 쌀의 수입에 대해 관세를 부과할 때 나타날 수 있는 효과로 옳지 않은 것은?**

① 소득 재분배

② 재정수입의 증가

③ 수요량 감소

④ 공급량 감소

⑤ 경상수지의 개선

10 **다음 중 정부가 상품 공급자에게 일정한 금액의 물품세를 부과하는 경우 조세부담의 귀착에 대한 설명으로 옳지 않은 것은?(단, 조세부과 이전의 균형 가격과 수급량은 모두 같고 다른 조건은 일정하다)**

① 공급곡선의 기울기가 가파를수록 정부의 조세수입은 증가한다.

② 공급곡선의 기울기가 완만할수록 공급자의 조세부담이 더 작아진다.

③ 수요곡선의 기울기가 가파를수록 정부의 조세수입은 더 작아진다.

④ 수요곡선의 기울기가 가파를수록 소비자의 조세부담이 더 커진다.

⑤ 조세가 부과되면 균형 수급량은 감소한다.

11 **다음 중 리카도 대등 정리(Ricardian Equivalence Theorem)에 대한 설명으로 옳은 것은?**

① 국채 발행을 통해 재원이 조달된 조세삭감은 소비에 영향을 미치지 않는다.

② 국채 발행이 증가하면 이자율이 하락한다.

③ 경기침체 시에는 조세 대신 국채 발행을 통한 확대재정정책이 더 효과적이다.

④ 소비 이론 중 절대소득 가설에 기초를 두고 있다.

⑤ 소비자들이 유동성제약에 직면해 있는 경우 이 이론의 설명력이 더 커진다.

12 **다음 중 소비자 이론에 대한 설명으로 옳지 않은 것은?**

① 정상재의 가격이 하락하는 경우 소득 효과로 인하여 소비자들은 그 재화를 더 많이 소비하게 될 것이다.

② 열등재의 가격이 상승하는 경우 소득 효과로 인하여 소비자들은 그 재화의 소비를 늘릴 것이다.

③ 재화의 가격이 하락하는 경우 대체 효과는 가격 변화 전보다는 그 재화를 더 많이 소비하게 한다.

④ 두 개의 재화만 생산하는 경제의 생산가능곡선이 원점에 대하여 오목한 경우, 한 재화의 생산을 줄이고 다른 재화의 생산을 늘릴 때, 한계변화율(MRT; Marginal Rate of Transformation)은 체증한다.

⑤ 기펜재(Giffen Goods)의 경우 대체 효과와 소득 효과가 함께 작용하며, 소득 효과의 절댓값이 대체 효과의 절댓값보다 작기 때문에 수요량의 변화와 가격의 변화가 같은 방향으로 움직이게 한다.

13 **다음 중 솔로우(Solow)의 성장 모형에 대한 설명으로 옳은 것은?**

① 생산요소 간의 비대체성을 전제로 한다.

② 인구증가율이 높아질 경우 새로운 정상상태(Steady－State)의 1인당 산출량은 증가한다.

③ 저축률은 1인당 자본량을 증가시키므로 항상 저축률이 높을수록 좋다.

④ 기술진보는 균형성장경로의 변화 요인이다.

⑤ 기술진보는 경험을 통한 학습 효과 등 경제 내에서 내생적으로 결정된다.

14 **다음 중 통화정책과 재정정책에 대한 설명으로 옳지 않은 것은?**

① 경제가 유동성 함정에 빠져 있을 경우에는 통화정책보다는 재정정책이 효과적이다.

② 전통적인 케인스 경제학자들은 통화정책이 재정정책보다 더 효과적이라고 주장했다.

③ 재정정책과 통화정책을 적절히 혼합하여 사용하는 것을 정책혼합(Policy Mix)이라고 한다.

④ 화폐공급의 증가가 장기에서 물가만을 상승시킬 뿐 실물변수에는 아무런 영향을 미치지 못하는 현상을 화폐의 장기중립성이라고 한다.

⑤ 정부지출의 구축 효과란 정부지출을 증가시키면 이자율이 상승하여 민간 투자지출이 감소하는 효과를 말한다.

15 **다음 〈보기〉 중 주어진 물가수준에서 총수요곡선을 오른쪽으로 이동시키는 원인으로 옳은 것을 모두 고르면?**

보기
ㄱ. 개별소득세 인하
ㄴ. 장래 경기에 대한 낙관적인 전망
ㄷ. 통화량 감소에 따른 이자율 상승
ㄹ. 해외경기 침체에 따른 순수출의 감소

① ㄱ, ㄴ
② ㄴ, ㄷ
③ ㄷ, ㄹ
④ ㄱ, ㄴ, ㄷ
⑤ ㄴ, ㄷ, ㄹ

16 **다음 중 시장실패에 대한 설명으로 옳지 않은 것은?**

① 시장실패를 교정하려는 정부의 개입으로 인하여 오히려 사회적 비효율이 초래되는 정부실패가 나타날 수 있다.

② 타 산업에 양(+)의 외부 효과를 초래하는 재화의 경우에 수입관세를 부과하는 것보다 생산보조금을 지불하는 것이 시장실패를 교정하기 위해 더 바람직한 정책이다.

③ 공공재의 경우에 무임승차의 유인이 존재하므로 사회적으로 바람직한 수준보다 적게 생산되는 경향이 있다.

④ 거래비용의 크기에 관계없이 재산권이 확립되어 있으면 당사자 간 자발적인 협상을 통하여 외부 효과에 따른 시장실패를 해결할 수 있다.

⑤ 사회적 비용이 사적 비용을 초과하는 외부성이 발생하면 시장의 균형생산량은 사회적으로 바람직한 수준보다 크다.

17 **다음 중 완전경쟁산업 내의 한 개별 기업에 대한 설명으로 옳지 않은 것은?**

① 한계수입은 시장가격과 일치한다.

② 이 개별 기업이 직면하는 수요곡선은 우하향한다.

③ 시장가격보다 높은 가격을 책정하면 시장점유율은 없다.

④ 이윤극대화 생산량에서는 시장가격과 한계비용이 일치한다.

⑤ 장기에 개별 기업은 장기평균비용의 최저점인 최적시설규모에서 재화를 생산하며, 정상이윤만 획득한다.

18 **다음 중 소규모 개방경제에서 국내 생산자들을 보호하기 위해 X재의 수입에 대하여 관세를 부과할 때, 이에 대한 설명으로 옳은 것은?(단, X재에 대한 국내 수요곡선은 우하향하고 국내공급곡선은 우상향한다)**

① X재의 국내 생산이 감소한다.

② 국내 소비자 잉여가 증가한다.

③ 국내 생산자 잉여가 감소한다.

④ 관세부과로 인한 경제적 손실 크기는 X재에 대한 수요와 공급의 가격탄력성과 관계없다.

⑤ X재에 대한 수요와 공급의 가격탄력성이 낮을수록 관세부과로 인한 자중손실이 작아진다.

19 **기업은 가격차별을 통해 보다 많은 이윤을 획득하고자 한다. 다음 중 기업이 가격차별을 할 수 있는 환경이 아닌 것은?**

① 제품의 재판매가 용이하다.

② 소비자들의 특성이 다양하다.

③ 기업의 독점적 시장지배력이 높다.

④ 분리된 시장에서 수요의 가격탄력성이 서로 다르다.

⑤ 시장 분리 비용이 가격차별에 따른 이윤 증가보다 적다.

20 **전력 과소비의 원인 중 하나로 낮은 전기료가 지적되고 있다. 다음 중 전력에 대한 수요곡선을 이동시키는 요인이 아닌 것은?**

① 소득의 변화
② 전기요금의 변화
③ 도시가스의 가격 변화
④ 전기 기기에 대한 수요 변화
⑤ 기온의 변화

21 **다음 중 경기가 불황임에도 불구하고 물가가 상승하는 현상은?**

① 애그플레이션
② 하이퍼인플레이션
③ 에코플레이션
④ 스태그플레이션
⑤ 차이나플레이션

22 **다음은 시장에서 기업들이 하는 행위이다. 이에 대한 설명으로 옳지 않은 것은?**

- A백화점은 휴대폰으로 백화점 어플을 설치하면 구매 금액의 5%를 할인해주는 정책을 시행하고 있다.
- B교육업체는 일찍 강의를 신청하고 결제하면 강의료의 10% 할인해주는 얼리버드 마케팅을 진행하고 있다.
- C전자회사는 해외에서 자사 제품을 국내보다 더 낮은 가격으로 판매하고 있다.

① 소비자후생이 감소하여 사회후생이 줄어든다.
② 기업은 이윤을 증대시키는 것이 목적이다.
③ 기업이 소비자를 지급 용의에 따라 분리할 수 있어야 한다.
④ 소비자들 간에 차익거래가 이뤄지지 않도록 하는 것이 중요하다.
⑤ 일정 수준의 시장지배력이 있어야 이런 행위가 가능하다.

23 다음 중 독점에 대한 설명으로 옳지 않은 것은?

① 독점기업의 총수입을 극대화하기 위해서는 수요의 가격탄력성이 1인 점에서 생산해야 한다.
② 독점기업은 시장지배력을 갖고 있기 때문에 제품 가격과 공급량을 각각 원하는 수준으로 결정할 수 있다.
③ 특허권 보장기간이 길어질수록 기술개발에 대한 유인이 증가하므로 더 많은 기술개발이 이루어질 것이다.
④ 원자재 가격의 상승은 평균비용과 한계비용을 상승시키므로 독점기업의 생산량이 감소하고 가격은 상승한다.
⑤ 독점의 경우 자중손실과 같은 사회적 순후생손실이 발생하기 때문에 경쟁의 경우에 비해 효율성이 떨어진다고 볼 수 있다.

24 다음 〈보기〉 중 항상소득 이론에 근거한 설명으로 옳은 것을 모두 고르면?

보기
가. 직장에서 승진하여 소득이 증가하였으나 이로 인한 소비는 증가하지 않는다.
나. 경기호황기에는 임시소득이 증가하여 저축률이 상승한다.
다. 항상소득에 대한 한계소비성향이 임시소득에 대한 한계소비성향보다 더 작다.
라. 소비는 현재 소득뿐 아니라 미래 소득에도 영향을 받는다.

① 가, 나
② 가, 라
③ 나, 다
④ 나, 라
⑤ 다, 라

25 개방경제의 소국 H에서 수입관세를 부과하였다. 이때 나타나는 효과로 옳지 않은 것은?

① 국내가격이 상승한다.
② 소비량이 감소한다.
③ 생산량이 감소한다.
④ 사회적 후생손실이 발생한다.
⑤ 교역조건은 변하지 않는다.

26 **IS－LM 모형에서 유동성함정에 빠져 있을 때, 다음 중 통화량 공급 증가와 재정지출 확대에 따른 각각의 정책 효과에 대한 설명으로 옳은 것은?**

① 통화량 공급 증가는 이자율을 낮추고, 재정지출 확대는 소득을 증가시킨다.
② 통화량 공급 증가는 소득을 증가시키고, 재정지출 확대는 이자율을 낮춘다.
③ 통화량 공급 증가와 재정지출 확대는 모두 소득을 증가시킨다.
④ 통화량 공급 증가와 재정지출 확대는 모두 이자율 변동에 영향을 미치지 않는다.
⑤ 통화량 공급 증가는 소득을 증가시키고, 재정지출 확대는 이자율 변동에 영향을 주지 않는다.

27 **A지역의 자동차 공급은 가격에 대해 매우 탄력적인 반면, B지역의 자동차 공급은 가격에 대해 상대적으로 비탄력적이라고 한다. 다음 중 두 지역의 자동차 수요가 동일하게 증가하였을 경우 이에 대한 결과로 옳은 것은?**

① A지역의 자동차 가격이 B지역 자동차 가격보다 더 크게 상승한다.
② B지역의 자동차 가격이 A지역 자동차 가격보다 더 크게 상승한다.
③ A지역의 자동차 가격은 상승하지만 B지역 자동차 가격은 상승하지 않는다.
④ B지역의 자동차 가격은 상승하지만 A지역 자동차 가격은 상승하지 않는다.
⑤ 두 지역 모두 자동차 가격이 상승하지 않는다.

28 **다음 중 무차별곡선에 대한 설명으로 옳지 않은 것은?**

① 무차별곡선은 동일한 효용 수준을 제공하는 상품묶음들의 궤적이다.
② 무차별곡선의 기울기는 한계대체율이며, 두 재화의 교환 비율이다.
③ 무차별곡선이 원점에 대해 오목하면 한계대체율은 체감한다.
④ 완전대체재관계인 두 재화에 대한 무차별곡선은 직선의 형태이다.
⑤ 모서리해를 제외하면 무차별곡선과 예산선이 접하는 점이 소비자의 최적점이다.

29 **다음 〈보기〉 중 환경오염대책인 교정적 조세(피구조세)와 오염배출권거래제도에 대한 설명으로 옳은 것을 모두 고르면?**

보기

가. 오염배출권거래제도를 이용하면 최초에 오염배출권이 기업들에게 어떻게 배분되는가와 관계없이 오염배출량은 효율적인 수준이 된다.
나. 교정적 조세는 시장에서 거래될 수 있는 오염배출권이라는 희소자원을 창조한다.
다. 교정적 조세를 이용하든 오염배출권제도를 이용하든 오염배출량은 항상 동일한 수준에서 결정된다.
라. 교정적 조세를 부과할 때에 오염배출권의 공급은 가격에 대해 완전비탄력적이다.
마. 시장에서 자유롭게 거래될 수 있는 오염배출권거래제도는 오염배출권만 있으면 오염물질을 방출할 수 있으므로 환경문제를 심화시킨다.

① 가, 라
② 가, 마
③ 나, 다
④ 나, 라
⑤ 다, 마

30 **다음 대화에서 밑줄 친 부분에 해당하는 사례는?**

선생님 : 실업에는 어떤 종류가 있는지 한번 말해 볼까?
학　생 : 네, 선생님. 실업은 발생하는 원인에 따라 <u>경기적 실업</u>과 계절적 실업, 그리고 구조적 실업과 마찰적 실업으로 분류할 수 있습니다.

① 총수요의 부족으로 발생하는 실업이 발생했다.
② 더 나은 직업을 탐색하기 위해 기존에 다니던 직장을 그만두었다.
③ 남해바다 해수욕장의 수영 강사들이 겨울에 일자리가 없어서 쉬고 있다.
④ 산업구조가 제조업에서 바이오기술산업으로 재편되면서 대량실업이 발생하였다.
⑤ 디지털 카메라의 대중화로 필름회사 직원들이 일자리를 잃었다.

31 다음은 기업 甲과 乙의 초기 보수행렬이다. 오염물을 배출하는 乙은 제도 변화 후, 배출량을 1톤에서 2톤으로 증가하였고, 甲에게 보상금 5를 지불하게 되어 보수행렬이 변화했다. 보수행렬 변화 전, 후에 대한 설명으로 옳은 것은?[단, 1회성 게임이며, 보수행렬 (　) 안 왼쪽은 甲, 오른쪽은 乙의 것이다]

구분		乙	
		1톤 배출	2톤 배출
甲	조업 중단	(0, 4)	(0, 8)
	조업 가동	(10, 4)	(3, 8)

① 초기 상태의 내시균형은 (조업 중단, 2톤 배출)이다.
② 초기 상태의 甲과 乙의 우월전략은 없다.
③ 제도 변화 후 甲의 우월전략은 있으나 乙의 우월전략은 없다.
④ 제도 변화 후 甲과 乙의 전체 보수는 감소했다.
⑤ 제도 변화 후 오염물질의 총배출량은 감소했다.

32 다음 중 여러 학파의 통화정책에 대한 설명으로 옳지 않은 것은?

① 통화주의학파는 통화정책의 시차가 길고 가변적이므로 준칙에 입각한 정책 실시를 주장한다.
② 새고전학파는 경제주체의 기대가 합리적이면 통화정책의 효과가 줄어든다고 주장한다.
③ 실물경기변동학파는 통화공급의 내생성을 이유로 재량적인 통화정책을 반대한다.
④ 케인스학파는 유동성함정이 있는 경우에 통화정책의 효과가 없다고 주장한다.
⑤ 새케인스학파는 상품시장의 불완전한 정보 때문에 통화정책의 효과가 크지 않다고 주장한다.

33 다음 〈보기〉 중 실제GDP가 잠재GDP 수준보다 낮은 상태의 경제에 대한 설명으로 옳은 것을 모두 고르면?

보기
가. 디플레이션갭(불황갭)이 존재한다.
나. 실제실업률이 자연실업률보다 높다.
다. 노동시장에서 임금의 하락 압력이 발생한다.
라. 인플레이션 압력이 발생한다.
마. 단기총공급곡선이 점차 오른쪽으로 이동하게 된다.

① 가, 나, 다
② 가, 다, 마
③ 나, 라, 마
④ 가, 나, 다, 마
⑤ 나, 다, 라, 마

34 기업 甲의 생산함수는 $Q=2L^{0.5}$이며, 가격은 4, L의 가격은 0.25이다. 이윤을 극대화하는 甲의 노동투입량과 (ㄱ) 균형산출량은 (ㄴ)?(단, L은 노동, Q는 산출물이며, 산출물시장과 노동시장은 완전경쟁적이다)

	ㄱ	ㄴ
①	64	2
②	64	4
③	128	4
④	128	16
⑤	256	32

35 다음 중 노동(L)과 자본(K)을 생산요소로 투입하여 비용을 최소화하는 기업의 생산함수가 $Q=L^{0.5}K$일 때, 옳지 않은 것은?(단, Q는 생산량을 의미한다)

① 노동투입량이 증가할수록 노동의 한계생산은 감소한다.
② 노동투입량이 증가할수록 자본의 한계생산은 증가한다.
③ 노동과 자본의 단위당 가격이 동일할 때 자본투입량은 노동투입량의 2배이다.
④ 자본투입량이 증가할수록 자본의 한계생산은 증가한다.
⑤ 위 기업의 생산함수는 콥－더글라스 함수(Cobb－Douglas Function)이다.

36 다음 중 거시경제의 총수요와 총공급에 대한 설명으로 옳은 것은?

① 단기 경기변동에서 소비와 투자가 모두 경기순응적이며, 소비의 변동성은 투자의 변동성보다 크다.
② 폐쇄경제에서 확장적 재정정책의 구축 효과는 변동환율제도에서 동일한 정책의 구축 효과보다 더 크게 나타날 수 있다.
③ 케인스의 유동성선호 이론에 의하면 경제가 유동성함정에 빠지는 경우 추가적 화폐공급이 투자적 화폐수요로 모두 흡수된다.
④ 장기균형 상태에 있던 경제에 원유가격이 일시적으로 상승하면 장기적으로 물가는 상승하고 국민소득은 감소한다.
⑤ 명목임금 경직성하에서 물가수준이 하락하면 기업이윤이 줄어들어서 기업들의 재화와 서비스 공급이 감소하므로 단기총공급곡선은 왼쪽으로 이동한다.

37 솔로우(R. Solow)의 경제성장 모형에서 1인당 생산함수는 $y=2k^{0.5}$, 저축률은 30%, 자본의 감가상각률은 25%, 인구증가율은 5%라고 가정한다. 균제상태(Steady State)에서의 1인당 생산량 및 자본량은?(단, y는 1인당 생산량, k는 1인당 자본량이다)

① $y=1$, $k=1$
② $y=2$, $k=2$
③ $y=3$, $k=3$
④ $y=4$, $k=4$
⑤ $y=5$, $k=5$

38 한계소비성향이 0.8이라면 국민소득을 500만큼 증가시키기 위해서는 정부지출을 어느 정도 늘려야 하는가?

① 100
② 200
③ 300
④ 400
⑤ 500

39 다음 〈조건〉을 참고하여 최적생산량을 구하면 얼마인가?

> **조건**
> • 총비용 : $50+Q^2$
> • 총수입 : $60Q-Q^2$

① 10
② 15
③ 20
④ 25
⑤ 30

40 다음은 농산물 시장 개방에 따른 이득과 손실을 나타낸 자료이다. 〈보기〉 중 옳은 것을 모두 고르면?

〈농산물 시장 개방의 이득과 손실〉

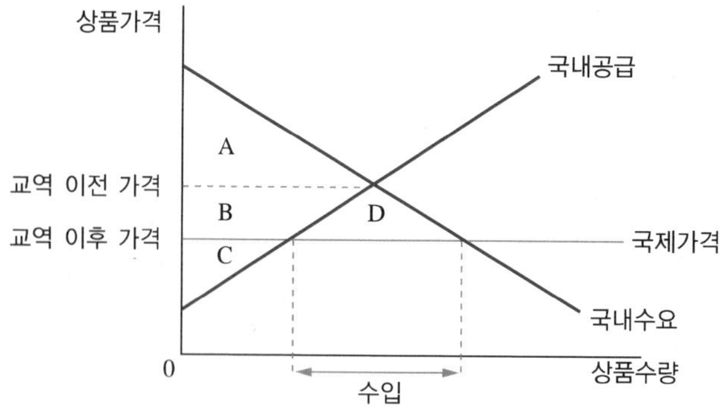

보기

가. 교역 이전 가격에서의 소비자 잉여는 A이다.
나. 교역 이전 가격에서의 사회적 잉여는 A+B+C이다.
다. 교역 이후 가격 하락으로 농민들이 입는 손해가 소비자들이 얻는 이익보다 크다.
라. 교역 이후 가격 하락으로 사회적 잉여는 감소한다.

① 가, 나
② 가, 다
③ 가, 라
④ 나, 다
⑤ 다, 라

41 다음 내용을 참고할 때, A가 할 수 있는 최선의 선택으로 옳은 것은?

- A는 퇴근 후 운동을 할 계획으로 헬스, 수영, 자전거, 달리기, 등산 중 하나를 고르려고 한다.
- 각 운동이 주는 만족도(이득)는 헬스 5만 원, 수영 7만 원, 자전거 8만 원, 달리기 4만 원, 등산 3만 원이다.
- 각 운동에 소요되는 비용은 헬스 3만 원, 수영 2만 원, 자전거 5만 원, 달리기 3만 원, 등산 2만 원이다.

① 헬스
② 수영
③ 자전거
④ 달리기
⑤ 등산

42 다음 중 빅맥지수에 대한 설명으로 옳은 것을 〈보기〉에서 모두 고르면?

> **보기**
> ㉠ 빅맥지수를 최초로 고안한 나라는 미국이다.
> ㉡ 각 나라의 물가수준을 비교하기 위해 고안된 지수로 구매력 평가설을 근거로 한다.
> ㉢ 맥도날드 빅맥 가격을 기준으로 한 이유는 전 세계에서 가장 동질적으로 판매되고 있는 상품이기 때문이다.
> ㉣ 빅맥지수를 구할 때 빅맥 가격은 제품가격과 서비스가격의 합으로 계산한다.

① ㉠, ㉡
② ㉠, ㉢
③ ㉡, ㉢
④ ㉡, ㉣
⑤ ㉢, ㉣

43 다음 자료를 참고할 때, 2023년의 실질GPD를 계산하면 얼마인가?(단, 기준연도는 2022년이다)

- 2022년 – 가격 : 50만 원 / 생산량 : 10대
- 2023년 – 가격 : 60만 원 / 생산량 : 15대
- 2024년 – 가격 : 70만 원 / 생산량 : 20대

① 5,000,000원
② 6,000,000원
③ 7,500,000원
④ 9,000,000원
⑤ 9,700,000원

44 다음 지료와 같이 A기업이 생산량을 늘린다고 할 때, 한계비용은 얼마인가?

- A기업의 제품 1단위당 노동가격은 4, 자본가격은 6이다.
- A기업은 제품 생산량을 50개에서 100개로 늘리려고 한다.
- 평균비용 $P=2L+K+\frac{100}{Q}$ (L : 노동가격, K : 자본가격, Q : 생산량)

① 10
② 11
③ 12
④ 13
⑤ 14

45 다음 그래프에 대한 설명으로 옳지 않은 것을 〈보기〉에서 모두 고르면?

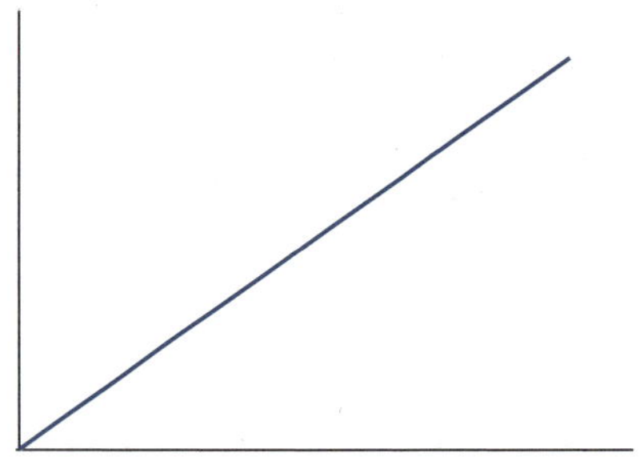

보기

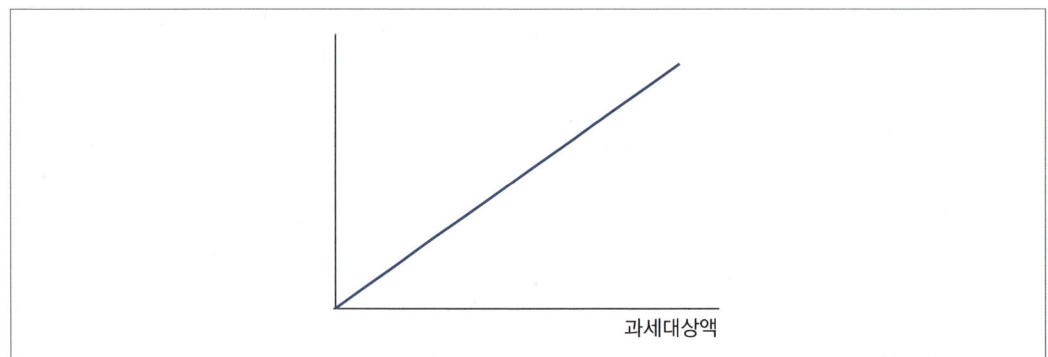

㉠ 세로축이 세율이라면 우리나라 현행 부가가치세(VAT)가 이에 해당한다.
㉡ 세로축이 세액이라면 우리나라 현행 법인세가 이에 해당한다.
㉢ 세로축이 세액이라면 조세부담의 역진성이 나타난다고 볼 수 있다.
㉣ 세로축이 세액이라면 모든 과세대상에 동일한 세율이 적용된다.

① ㉠, ㉡
② ㉠, ㉢
③ ㉠, ㉣
④ ㉡, ㉢
⑤ ㉡, ㉣

46 다음 중 지식 관리에 대한 설명으로 옳지 않은 것은?

① 암묵적 지식은 조직에서 명시적 지식보다 강력한 힘을 발휘하기도 한다.
② 암묵적 지식은 사람의 머릿속에 있는 지식으로 지적 자본(Intellectual Capital)이라고도 한다.
③ 형식적 지식은 쉽게 체계화할 수 있는 특성이 있다.
④ 형식적 지식은 경쟁기업이 쉽게 모방하기 어려운 지식으로 경쟁우위 창출에 기반이 된다.
⑤ 기업에서는 구성원의 지식 공유를 활성화하기 위하여 인센티브(Incentive)를 도입한다.

47 다음 기사를 읽고 나눈 대화로 가장 적절하지 않은 사람은?

> A국가는 지난달부터 7개 채권금융기관에 6억 달러에 육박하는 원리금을 갚지 못했다. 이 채권은 30일 동안의 유예기간이 있어 부도는 피할 수 있었으나, A국가가 채무 재조정을 선언해 국제 금융시장에서 신용도가 더욱 낮아졌다. 이와 관련해 미국의 일간지 일간지 N신문은 "A국가의 해외 총부채가 1,400억 달러에 이르는 것으로 국제 금융시장은 보고 있다."고 전했으며, 영국의 일간지 F신문은 "내년에 만기가 도래하는 A국가 채권이 90억 달러에 달한다."고 보도했다. A국가는 정부의 재정적자와 통화정책의 실패로 A국가의 물가가 급격하게 치솟으면서 무려 170만%의 인플레이션이 발생하여 엄청난 경제적 고통을 겪고 있다.

① 민수 : A국가는 현재 하이퍼인플레이션 상황이 발생한 것 같아.
② 지희 : 하이퍼인플레이션은 주로 전쟁, 혁명 등 사회가 크게 혼란한 상황이나 정부가 지나치게 재정을 방만하게 운용할 경우에 발생했어.
③ 진영 : 하이퍼인플레이션을 해결하기 위해서는 정부의 양적완화 정책과 통화확장 정책을 실시해야 해.
④ 민화 : 하이퍼인플레이션의 반대인 디플레이션의 경우에는 총수요가 감소해서 발생하기도 해. 이 경우에는 경기침체와 연결되기도 하던데.
⑤ 경혜 : A국가의 재정적자가 수습하기 어려운 상황이 되면 투자자들이 정부 부채를 상환할 능력을 의심해 A국가 통화에 대한 투기적 공격이 일어날 수 있어.

48 다음의 사례에서 나타나는 현상으로 옳은 것은?

> • 물은 사용 가치가 크지만 교환 가치가 작은 반면, 다이아몬드는 사용 가치가 작지만 교환 가치는 크게 나타난다.
> • 한계효용이 작을수록 교환가치가 작으며, 한계효용이 클수록 교환가치가 크다.

① 매몰비용의 오류
② 감각적 소비
③ 보이지 않는 손
④ 가치의 역설
⑤ 희소성

49 다음의 그래프 (A) ~ (B)는 케인스 모형에서 정부지출의 증가(ΔG)로 인한 효과를 나타낸다. 이에 대한 설명으로 옳은 것을 〈보기〉에서 모두 고르면?(단, 그림에서 C는 소비, I는 투자, G는 정부지출이다)

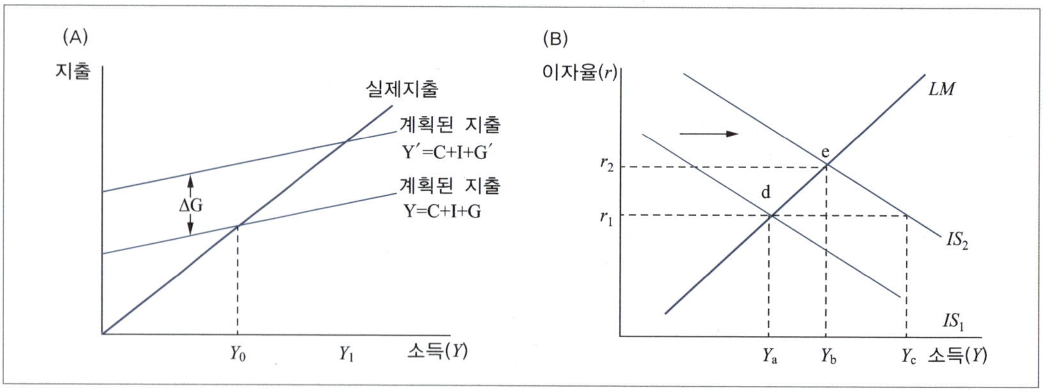

보기

㉠ (A)에서 $Y_0 \rightarrow Y_1$의 크기는 한계소비성향의 크기에 따라 달라진다.
㉡ (A)의 $Y_0 \rightarrow Y_1$의 크기는 (B)의 $Y_a \rightarrow Y_b$의 크기와 같다.
㉢ (B)의 새로운 균형점 e는 구축 효과를 반영하고 있다.
㉣ (A)에서 정부지출의 증가는 재고의 예기치 않은 증가를 가져온다.

① ㉠, ㉡
② ㉠, ㉢
③ ㉡, ㉢
④ ㉡, ㉣
⑤ ㉢, ㉣

50 다음 중 고전학파와 케인스학파의 거시경제관에 대한 설명으로 옳지 않은 것은?

① 고전학파는 공급이 수요를 창출한다고 보는 반면 케인스학파는 수요가 공급을 창출한다고 본다.
② 고전학파는 화폐가 베일(Veil)에 불과하다고 보는 반면 케인스학파는 화폐가 실물경제에 영향을 미친다고 본다.
③ 고전학파는 저축과 투자가 같아지는 과정에서 이자율이 중심적인 역할을 한다고 본 반면 케인스학파는 국민소득이 중심적인 역할을 한다고 본다.
④ 고전학파는 자발적인 실업만 존재한다고 보는 반면 케인스학파는 비자발적 실업이 존재한다고 본다.
⑤ 고전학파는 실업문제 해소에 대해 케인스학파와 동일하게 재정정책이 금융정책보다 더 효과적이라고 본다.

| 03 | 법

01 다음 중 우리나라 대통령의 권한이 아닌 것은?

① 선전포고권
② 조약의 체결 · 비준권
③ 감사원장 임명권
④ 국가원로자문회의 의장
⑤ 국회에 대한 서한에 의한 의사표시권

02 다음 중 민법 제104조의 불공정한 법률행위에 대한 설명으로 옳은 것은?(단, 다툼이 있는 경우 판례에 의한다)

① '무경험'이란 일반적인 생활체험의 부족이 아니라 어느 특정 영역에서의 경험 부족을 의미한다.
② '궁박'에는 정신적 또는 심리적 원인에 기인한 것은 포함되지 않는다.
③ 법률행위가 현저하게 공정을 잃은 경우, 그 행위는 궁박 · 경솔 · 무경험으로 이루어진 것으로 추정된다.
④ 불공정한 법률행위가 성립하기 위해서는 피해자에게 궁박 · 경솔 · 무경험 요건이 모두 구비되어야 한다.
⑤ 급부와 반대급부 사이의 '현저한 불균형'은 당사자의 주관적 가치가 아닌 거래상의 객관적 가치에 의하여 판단한다.

03 다음 중 상업사용인의 의무에 대한 설명으로 옳지 않은 것은?

① 상호의 양도는 대항요건에 불과하여 등기하지 않으면 제3자에게 대항하지 못한다.
② 영업과 상호를 양수하였다고 하여 양도인의 채권 · 채무도 양수한 것으로 볼 수는 없다.
③ 영업과 함께 또는 영업을 폐지할 때 양도할 수 있다.
④ 상호의 양도는 재산적 가치가 인정되어 상속도 가능하다.
⑤ 상호의 양도는 상호의 양도인과 상호양수인과의 합의에 의해서 효력이 생긴다.

04 **다음 중 상법이 명시적으로 규정하고 있는 회사가 아닌 것은?**

① 유한회사
② 유한책임회사
③ 다국적회사
④ 합자회사
⑤ 합명회사

05 **다음 중 법률행위의 무효 및 취소에 대한 설명으로 옳은 것은?(단, 다툼이 있는 경우 판례에 의한다)**

① 법률행위의 일부분이 무효인 때에는 원칙적으로 그 부분만이 무효가 된다.
② 무효인 법률행위를 추인한 경우, 특별한 사정이 없는 한 소급하여 처음부터 그 효력이 생긴다.
③ 취소의 의사표시에는 조건을 붙일 수 있다.
④ 취소할 수 있는 법률행위는 취소한 후에는 무효행위의 추인요건을 갖추더라도 다시 추인할 수 없다.
⑤ 유동적 무효인 계약이 확정적으로 무효로 된 경우, 그에 관해 귀책사유가 있는 당사자도 계약의 무효를 주장할 수 있다.

06 **적법절차의 원칙에 대한 설명으로 옳지 않은 것은?(단, 다툼이 있는 경우 판례에 의한다)**

① 적법절차의 원칙은 형사소송 절차에 국한되지 않고 모든 국가작용 전반에 적용되는 것이므로 국민에게 부담을 주는 행정작용인 과징금 부과절차에도 적용된다.
② 적법절차의 원칙은 영미법계 국가에서 인권 보장을 위한 원리로 발전되어 온 것으로서, 우리나라는 제8차 개정헌법에서 비로소 헌법전에 규정된 바 있다.
③ 독자적인 헌법원리로서의 적법절차의 원칙은 형식적인 절차뿐만 아니라 실체적 법률 내용이 합리성과 정당성을 갖춘 것이어야 한다는 실질적 의미로 확대해석되고 있다.
④ 압수수색에서의 사전통지와 참여권 보장은 헌법상 명문으로 규정된 권리는 아니다.
⑤ 국회 입법에 대하여는 원칙적으로 일반 국민에 대하여 적법절차에서 파생되는 청문권은 인정되지 않는다.

07 **다음 중 주식회사 합병의 효력발생 시기는?**

① 이사회 의결 시
② 주주총회 승인결의 시
③ 합병등기 시
④ 채권자보호절차 종료 시
⑤ 합병승인 주주총회 시

08 **사용자 甲이 의사능력이 없는 상태에서 乙과 근로계약을 체결하였다. 다음 중 이에 대한 설명으로 옳은 것은?(단, 다툼이 있는 경우 판례에 의한다)**

① 甲은 乙과의 근로계약을 취소할 수 있다.

② 甲이 의사무능력 상태에서 乙과의 근로계약을 추인하더라도 그 계약은 무효이다.

③ 甲이 의사무능력을 회복한 후에 추인하면, 다른 약정이 없더라도 그 근로계약은 소급하여 유효하다.

④ 甲과 乙의 근로계약은 추인 여부와 상관없이 甲이 의사능력을 회복한 때로부터 유효하다.

⑤ 甲이 의사능력을 회복한 후에 상당한 기간 내에 취소하지 않으면 근로계약은 유효하다.

09 **다음 〈보기〉 중 재량행위가 아닌 것은?(단, 다툼이 있는 경우 판례에 의한다)**

보기

ㄱ. 산림형질변경허가
ㄴ. 공무원에 대한 징계처분
ㄷ. 음주운전으로 인한 운전면허취소처분
ㄹ. 음식점영업허가
ㅁ. 개인택시운송사업면허

① ㄱ　　② ㄴ

③ ㄷ　　④ ㄹ

⑤ ㅁ

10 **다음 중 법원(法源)으로서 조례(條例)에 대한 설명으로 옳은 것은?**

① 조례는 규칙의 하위규범이다.

② 국제법상의 기관들은 자체적으로 조약을 체결할 수 없다.

③ 시의회가 법률의 위임 범위 안에서 제정한 규범은 조례에 해당한다.

④ 재판의 근거로 사용된 조리(條理)는 조례가 될 수 있다.

⑤ 의원 발의의 경우 재적의원 1/3 이상 또는 5인 이상의 의원의 연서가 필요하다.

11 **다음 중 민법에 대한 설명으로 옳지 않은 것은?**

① 민법은 실체법이다.
② 민법은 재산·신분에 대한 법이다.
③ 민법은 민간 상호 간에 대한 법이다.
④ 민법은 특별사법이다.
⑤ 민법은 재산관계와 가족관계를 규율하는 법이다.

12 **다음 중 소유권 절대의 원칙과 가장 깊은 관계가 있는 것은?**

① 계약체결의 자유
② 물권적 청구권
③ 자기책임주의
④ 권리남용의 금지
⑤ 과실책임주의

13 **다음 중 민법의 효력에 대한 설명으로 옳지 않은 것은?**

① 민법에서는 법률불소급의 원칙이 형법에 있어서처럼 엄격하게 지켜지지 않는다.
② 민법은 성별·종교 또는 사회적 신분에 관계없이 모든 국민에게 적용된다.
③ 민법은 대한민국 전 영토에 걸쳐서 효력이 미친다.
④ 법률불소급의 원칙은 법학에 있어서의 일반적 원칙이기는 하지만 민법은 소급효를 인정하고 있다.
⑤ 민사에 관하여는 속지주의가 지배하므로, 외국에 있는 대한민국 국민에 대해서는 우리 민법이 적용되지 않는다.

14 **다음 중 국무총리의 지위에 대한 설명으로 옳지 않은 것은?**

① 국무회의 의장
② 국무위원의 임명 제청
③ 국무회의 부의장
④ 대통령의 명을 받아 행정각부 통할
⑤ 국무위원의 해임 건의

15 **다음 중 추정과 간주에 대한 설명으로 옳은 것은?**

① 사실의 확정에 있어서 '추정'보다는 '간주'의 효력이 훨씬 강하다.
② 우리 민법에서 "~한 것으로 본다."라고 규정하고 있으면 이는 추정규정이다.
③ 우리 민법 제28조에서는 "실종선고를 받은 자는 전조의 규정이 만료된 때에 사망한 것으로 추정한다."라고 규정하고 있다.
④ '간주'는 편의상 잠정적으로 사실의 존부를 인정하는 것이므로, 간주된 사실과 다른 사실을 주장하는 자가 반증을 들면 간주의 효과는 발생하지 않는다.
⑤ '추정'은 일종의 법의 의제로서 그 사실이 진실이냐 아니냐를 불문하고 권위적으로 그렇다고 단정해 버리고, 거기에 일정한 법적 효과를 부여하는 것을 의미한다.

16 **다음 중 민법상 법인의 설립요건이 아닌 것은?**

① 주무관청의 허가
② 영리 아닌 사업을 목적으로 할 것
③ 설립신고
④ 정관작성
⑤ 설립등기

17 **다음 중 제한능력자제도에 대한 설명으로 옳지 않은 것은?**

① 19세에 이르면 성년이 된다.
② 제한능력자가 법정대리인의 동의 없이 한 법률행위는 무효이다.
③ 미성년자라도 혼인을 하면 성년이 된 것으로 본다.
④ 피성년후견인은 일상생활에 필요하고 그 대가가 과도하지 않은 법률행위를 독자적으로 할 수 있다.
⑤ 가정법원은 취소할 수 없는 피성년후견인의 법률행위의 범위를 정할 수 있다.

18 **다음 중 우리나라의 민법상 주소, 거소, 가주소에 대한 설명으로 옳지 않은 것은?**

① 민법에서는 객관주의와 복수주의를 택한다.
② 국내에 주소가 없거나 주소를 알 수 없을 때에는 거소를 주소로 본다.
③ 법인의 주소 효력은 주된 사무소의 소재지로부터 생긴다.
④ 현재지가 주소로서의 효력을 가지는 경우 등의 예외는 있다.
⑤ 어디를 가주소로 정하는지는 당사자의 자유이며, 실제 생활과는 아무 관계없이 임의로 정할 수 있다.

19 **다음 중 미성년자가 단독으로 유효하게 할 수 없는 행위는?**

① 부담 없는 증여를 받는 것
② 채무의 변제를 받는 것
③ 근로계약과 임금청구
④ 허락된 재산의 처분행위
⑤ 허락된 영업에 대한 행위

20 **다음 중 상법의 특징으로 옳지 않은 것은?**

① 영리성
② 집단성
③ 통일성
④ 개인책임의 가중과 경감
⑤ 기업의 유지 · 강화

21 **다음 중 상업등기에 대한 설명으로 옳지 않은 것은?**

① 영업에 대한 중요한 사항을 상법의 규정에 의하여 상업등기부에 등기하는 것을 말한다.
② 상인과 제3자와의 이해관계가 있는 일정사항을 공시함으로써 거래의 안전을 도모하는 동시에 상인의 신용을 유지하기 위하여 마련한 제도이다.
③ 상업등기부에는 상호, 성년자, 법정대리인, 지배인, 합명회사, 합자회사, 무한회사, 주식회사, 외국회사 등에 대한 9종이 있다.
④ 등기사항은 등기와 공고 후가 아니면 선의의 제3자에게 대항하지 못하고, 등기 · 공고가 있으면 제3자에게 대항할 수 있다.
⑤ 등기사항은 각종의 상업등기부에 의하여 따로 정해지고, 반드시 등기할 것을 요하느냐의 여부에 따라 절대적 사항과 상대적 사항으로 구분된다.

22 **다음 중 자연인의 권리능력에 대한 설명으로 옳지 않은 것은?**

① 자연인의 권리능력은 사망에 의해서만 소멸된다.
② 피성년후견인의 권리능력은 제한능력자에게도 차등이 없다.
③ 실종선고를 받으면 권리능력을 잃는다.
④ 우리 민법은 태아에 대해 개별적 보호주의를 취하고 있다.
⑤ 자연인은 출생과 동시에 권리능력을 가진다.

23 **다음 중 상법상 주식회사에 대한 설명으로 옳지 않은 것은?**

① 회사가 공고를 하는 방법은 정관의 절대적 기재사항이다.
② 회사가 가진 자기주식에도 의결권이 있다.
③ 각 발기인은 서면에 의하여 주식을 인수하여야 한다.
④ 창립총회에서는 이사와 감사를 선임하여야 한다.
⑤ 정관은 공증인의 인증을 받음으로써 효력이 생긴다.

24 **다음 중 행정처분에 대한 설명으로 옳지 않은 것은?**

① 행정처분은 행정청이 행하는 공권력 작용이다.
② 행정처분에는 조건을 부가할 수 없다.
③ 경미한 하자가 있는 행정처분에는 공정력이 인정된다.
④ 행정처분에 대해서만 항고소송을 제기할 수 있다.
⑤ 법규에 위반하면 위법처분으로서 행정심판·행정소송의 대상이 된다.

25 다음 중 행정행위의 특징으로 옳지 않은 것은?

① 행정처분에 대한 내용적인 구속력인 기판력
② 일정 기간이 지나면 그 효력을 다투지 못하는 불가쟁성
③ 당연무효를 제외하고는 일단 유효함을 인정받는 공정력
④ 법에 따라 적합하게 이루어져야 하는 법적합성
⑤ 일정한 행정행위의 경우 그 성질상 행정청 스스로도 직권취소나 변경이 제한되는 불가변성

26 다음 중 통치행위에 해당하는 사항으로 옳지 않은 것은?(단, 다툼이 있는 경우 판례에 의한다)

① 남북정상회담의 개최
② 대통령의 서훈취소
③ 대통령의 긴급재정·경제명령
④ 대통령의 특별사면
⑤ 대통령의 외국에의 국군의 파병결정

27 우리나라 헌법은 1948년 이후 몇 차례의 개정이 있었는가?

① 5차
② 7차
③ 8차
④ 9차
⑤ 10차

28 다음 중 행정행위로 옳은 것은?

① 도로의 설치
② 건축허가
③ 국유재산의 매각
④ 토지수용에 대한 협의
⑤ 자동차의 처분

29 권력관계에 있어서 국가와 기타 행정주체의 의사는 비록 설립에 흠이 있을지라도 당연무효의 경우를 제외하고는 일단 적법 · 유효하다는 추정을 받으며, 권한이 있는 기관이 직권 또는 쟁송절차를 거쳐 취소하기 전에는 누구라도 이에 구속되고 그 효력을 부정하지 못하는 우월한 힘이 있다. 이를 행정행위의 '무엇'이라고 하는가?

① 확정력
② 불가쟁력
③ 공정력
④ 강제력
⑤ 불가변력

30 다음 중 행정주체와 국민과의 관계를 가장 잘 나타낸 것은?

① 권력관계이다.
② 공법관계이다.
③ 사법관계이다.
④ 근로관계이다.
⑤ 사법관계일 때도 있고 공법관계일 때도 있다.

31 **다음 중 우리나라 헌법에 대한 설명으로 옳지 않은 것은?**

① 대통령의 계엄선포권을 규정하고 있다.
② 국무총리의 긴급재정경제처분권을 규정하고 있다.
③ 국가의 형태로서 민주공화국을 채택하고 있다.
④ 국제평화주의를 규정하고 있다.
⑤ 실질적 의미의 헌법은 국가의 통치조직·작용의 기본원칙에 대한 규범을 총칭한다.

32 **다음 중 헌법개정에 대한 설명으로 옳지 않은 것은?**

① 헌법에 규정된 개정절차에 따라야 한다.
② 국민투표를 요구하는 방법, 특별헌법회의를 필요로 하는 방법 등을 볼 수 있다.
③ 헌법의 형식이나 내용에 변경을 가하는 것이다.
④ 헌법의 파괴는 개정이 아니다.
⑤ 헌법의 기본적 동일성이 변경되는 것이다.

33 **다음 중 소급입법금지의 원칙에 대한 설명으로 옳지 않은 것은?(단, 다툼이 있는 경우 판례에 의한다)**

① 진정소급입법이라 할지라도 예외적으로 국민이 소급입법을 예상할 수 있었던 경우와 같이 소급입법이 정당화되는 경우에는 허용될 수 있다.
② 부진정소급입법은 원칙적으로 허용되지만 소급효를 요구하는 공익상의 사유와 신뢰보호 요청 사이의 교량 과정에서 신뢰보호의 관점이 입법자의 형성권에 제한을 가하게 된다.
③ 법률 시행 당시 개발이 진행 중인 사업에 대하여 장차 개발이 완료되면 개발부담금을 부과하려는 것은 부진정소급입법에 해당하는 것으로서 원칙적으로 허용된다.
④ 새로운 입법으로 과거에 소급하여 과세하는 것은 소급입법금지원칙에 위반되지만, 이미 납세의무가 존재하는 경우에 소급하여 중과세하는 것은 소급입법원칙에 위반되지 않는다.
⑤ 이미 발생하여 이행기에 도달한 퇴직연금 수급권의 내용을 변경하지 않고 부칙조항 시행 이후에 장래 이행기가 도래하는 퇴직연금 수급권의 내용을 변경하는 것은 진정소급입법이 아닌 부진정소급입법에 해당한다.

34 **다음 중 헌법제정권력에 대한 설명으로 옳지 않은 것은?**

① 민주국가에서는 국민이 그 주체가 된다.
② 제도적 권리이므로 자연법상의 원리에 의한 제약은 받지 않는다.
③ 시원적이며, 자율성을 갖는다.
④ 헌법개정권력에 우선한다.
⑤ 우리 현행헌법은 헌법제정권이 국민에게 있음을 선언하였다.

35 **헌법의 개정과 유사한 개념 중에서 기존 헌법을 배제하고 수평적 헌법전의 교체가 이루어지는 것은?**

① 헌법의 폐지
② 헌법의 파괴
③ 헌법의 정지
④ 헌법의 침해
⑤ 헌법의 개정

36 **다음 중 우리나라 헌법의 기본원리라고 볼 수 없는 것은?**

① 국민주권의 원리
② 법치주의
③ 문화국가의 원리
④ 사회적 민주주의
⑤ 국제평화주의

37 **다음 중 우리나라의 헌법에 대한 설명으로 옳지 않은 것은?**

① 국가의사의 최종 결정권력이 국민에게 있다는 원리를 국민주권의 원리라 한다.
② 우리 헌법상 국민주권의 원리를 구현하기 위한 제도로는 대표민주제, 복수정당제, 국민투표제 등이 있다.
③ 주권을 가진 국민이 스스로 나라를 다스려야 한다는 원리를 국민 자치의 원리라 한다.
④ 자유민주적 기본질서의 내용으로는 기본적 인권의 존중, 권력분립주의, 법치주의, 사법권의 독립, 계엄선포 및 긴급명령권, 복수정당제 등이 있다.
⑤ 모든 폭력적인 지배와 자의적인 지배를 배제하고, 그때그때의 다수의 의사와 자유 및 평등에 의거한 국민의 자기결정을 토대로 하는 법치국가적 통치질서를 자유민주적 기본질서라 한다.

38 **다음 〈보기〉 중 행복추구권에 대한 설명으로 옳은 것을 모두 고르면?(단, 다툼이 있는 경우 판례에 의한다)**

보기

㉠ 계약자유의 원칙은 헌법 제10조의 행복추구권의 한 내용인 일반적 행동자유권으로부터 도출되는 헌법상의 기본원칙이다.
㉡ 행복추구권은 다른 기본권에 대한 보충적 기본권으로서의 성격을 가진다.
㉢ 행복추구권은 국민이 행복을 추구하기 위한 활동을 국가권력의 통제에서 자유롭게 할 수 있다는 포괄적인 의미의 자유권으로서의 성격을 가진다.
㉣ 부모의 분묘를 가꾸고 봉제사를 하고자 하는 권리는 행복추구권의 내용이 되지 않는다.

① ㉠, ㉡
② ㉠, ㉢
③ ㉡, ㉢
④ ㉡, ㉣
⑤ ㉢, ㉣

39 다음 중 탄핵소추에 대한 설명으로 옳지 않은 것은?

① 대통령이 그 직무집행에 있어서 헌법이나 법률을 위배한 때에는 탄핵소추의 대상이 된다.

② 대통령에 대한 탄핵소추는 국회 재적의원 3분의 2 이상의 찬성이 있어야 의결된다.

③ 대통령이 탄핵소추의 의결을 받은 때에는 국무총리, 법률이 정한 국무위원의 순서로 그 권한을 대행한다.

④ 탄핵결정으로 공직으로부터 파면되면 민사상의 책임은 져야 하나, 형사상의 책임은 면제된다.

⑤ 탄핵소추의 의결을 받은 공무원은 헌법재판소에 의한 탄핵결정이 있을 때까지 그 권한행사가 정지된다.

40 다음은 행정법의 기본원칙이다. 이에 대한 설명으로 옳지 않은 것은?(단, 다툼이 있는 경우 판례에 의한다)

> (가) 어떤 행정목적을 달성하기 위한 수단은 그 목적달성에 유효·적절하고 또한 가능한 한 최소침해를 가져오는 것이어야 하며, 아울러 그 수단의 도입으로 인한 침해가 의도하는 공익을 능가하여서는 아니 된다.
> (나) 행정기관은 행정결정에 있어서 동종의 사안에 대하여 이전에 제3자에게 행한 결정과 동일한 결정을 상대방에게 하도록 스스로 구속당한다.
> (다) 개별국민이 행정기관의 어떤 언동의 정당성 또는 존속성을 신뢰한 경우 그 신뢰가 보호받을 가치가 있는 한 그러한 귀책사유 없는 신뢰는 보호되어야 한다.
> (라) 행정주체가 행정작용을 함에 있어서 상대방에게 이와 실질적인 관련이 없는 의무를 부과하거나 그 이행을 강제하여서는 아니 된다.

① 자동차를 이용하여 범죄행위를 한 경우 범죄의 경중에 상관없이 반드시 운전면허를 취소하도록 한 규정은 (가)를 위반한 것이다.

② 반복적으로 행하여진 행정처분이 위법한 것일 경우 행정청은 (나)에 구속되지 않는다.

③ 선행조치의 상대방에 대한 신뢰보호의 이익과 제3자의 이익이 충돌하는 경우에는 (다)가 우선한다.

④ 판례는 (라)의 적용을 긍정하고 있다.

⑤ 고속국도 관리청이 고속도로 부지와 접도구역에 송유관 매설을 허가하면서 상대방과 체결한 협약에 따라 송유관 시설을 이전하게 될 경우 그 비용을 상대방에게 부담하도록 한 부관은 (라)에 반하지 않는다.

41 **다음 중 상법상 상호에 대한 설명으로 옳은 것은?(단, 다툼이 있는 경우 판례에 의한다)**

① 상인의 상호는 영입내용 및 영입주의 실질과 일치하여야 한다.

② 본점과 지점은 독립한 상호를 사용하여도 무방하다.

③ 회사가 아니여도 상호에 회사임을 표시하는 문자를 사용할 수 있다.

④ 타인에게 자기의 성명 또는 상호를 사용하여 영업을 할 것을 허락한 자는 자기를 영업주로 오인하여 거래한 제3자에 대하여 그 타인과 연대하여 변제할 책임이 있다.

⑤ 상호를 등기한 자가 정당한 사유 없이 5년간 상호를 사용하지 아니하는 때에는 이를 폐지한 것으로 추정한다.

42 **다음 중 청원권에 대한 설명으로 옳지 않은 것은?**

① 사인간의 권리관계 또는 개인의 사생활에 대한 사항인 때에는 청원을 수리하지 않는다.

② 정부에 제출된 청원의 심사는 국무회의를 경유하여야 한다.

③ 공무원·군인 등은 그 직무와 관련하여 청원할 수 없다.

④ 공무원의 비위시정의 요구·처벌·징계요구의 청원도 가능하다.

⑤ 헌법은 청원의 수리·심사·통지의 의무를 규정하고 있다.

43 **다음 중 상법상 자기명의로써 타인의 계산으로 물건 또는 유가증권의 매매를 영업으로 하는 자는?**

① 중개업자

② 위탁매매인

③ 대리상

④ 운송주선인

⑤ 운송인

44 **다음 중 주식회사 정관의 변태설립사항이 아닌 것은?**

① 발기인의 성명과 주소
② 현물출자를 하는 자의 성명
③ 회사성립 후에 양수할 것을 약정한 재산의 가격
④ 회사가 부담할 설립비용
⑤ 발기인이 받을 보수액

45 **다음 중 회사의 권리능력에 대한 설명으로 옳지 않은 것은?**

① 회사는 유증(遺贈)을 받을 수 있다.
② 회사는 상표권을 취득할 수 있다.
③ 회사는 명예권과 같은 인격권의 주체가 될 수 있다.
④ 회사는 다른 회사의 무한책임사원이 될 수 있다.
⑤ 회사는 합병을 할 수 있다.

46 **다음 중 점유에 대한 설명으로 옳은 것은?(단, 다툼이 있는 경우 판례에 의한다)**

① 선의의 점유자가 본권에 대한 소에서 패소하면 그 소에서 패소한 때부터 악의의 점유자로 간주된다.
② 과실을 취득한 선의의 점유자는 회복자를 상대로 그 점유물에 대하여 지출한 통상의 필요비의 상환을 청구할 수 없다.
③ 점유자는 선의·무과실로 점유하는 것으로 추정되므로, 점유자에게 과실 있음을 주장하는 자는 이를 증명할 책임이 있다.
④ 폭력 또는 은비에 의한 점유자도 선의인 경우 점유물의 과실을 취득할 수 있다.
⑤ 유익비에 관하여는 그 가액의 증가가 현존한 경우에 한하여 점유자의 선택에 좇아 그 지출금액이나 증가액의 상환을 청구할 수 있다.

47 **다음 중 물권적 청구권에 대한 설명으로 옳은 것은?(단, 다툼이 있는 경우 판례에 의한다)**

① 소유권에 기한 물권적 청구권도 소멸시효에 걸린다.
② 소유물반환청구권을 행사하기 위해서는 상대방의 귀책사유를 요한다.
③ 소유권에 기한 방해제거청구권은 이미 종료된 방해결과의 제거를 내용으로 할 수 없다.
④ 소유권을 양도하면서 물권적 청구권만을 여전히 양도인에게 유보시켜 놓을 수 있다.
⑤ 직접점유자의 점유가 침탈된 경우 간접점유자는 원칙적으로 직접 자신에게 침탈물을 반환할 것을 청구할 수 있다.

48 **다음 중 국가의 기본권 보호의무에 대한 설명으로 옳지 않은 것은?(단, 다툼이 있는 경우 판례에 의한다)**

① 국가의 기본권 보호의무란 사인인 제3자에 의한 생명이나 신체에 대한 침해로부터 이를 보호하여야 할 국가의 의무를 말하는 것으로, 국가가 직접 주방용 오물분쇄기의 사용을 금지하여 개인의 기본권을 제한하는 경우에는 국가의 기본권 보호의무 위반 여부가 문제되지 않는다.
② 국가의 기본권 보호의무로부터 국가 자체가 불법적으로 국민의 생명권, 신체의 자유 등 기본권을 침해하는 경우 그에 대한 손해배상을 해 주어야 할 국가의 작위의무가 도출된다고 볼 수 있다.
③ 업무상과실 또는 중대한 과실로 인한 교통사고로 말미암아 피해자로 하여금 중상해에 이르게 한 경우에 공소를 제기할 수 없도록 규정한 법률조항은 국가의 기본권 보호의무를 위반한 것이다.
④ 원자력발전소 건설을 내용으로 하는 전원개발사업 실시계획에 대한 승인권한을 다른 전원개발과 마찬가지로 산업통상자원부장관에게 부여하는 법률조항은 국민의 생명·신체의 안전에 관한 국가의 보호의무를 위반한 것이 아니다.
⑤ 권리능력의 존재 여부를 출생 시를 기준으로 확정하고 태아에 대해서는 살아서 출생할 것을 조건으로 손해배상청구권을 인정한 법률조항은 국가의 생명권 보호의무를 위반한 것이라 볼 수 없다.

49 다음 〈보기〉 중에서 행정행위의 부관의 가능성과 한계에 관한 설명으로 옳은 것을 모두 고르면?(단, 다툼이 있는 경우 판례에 의한다)

보기

㉠ 판례는 사정변경으로 인하여 당초의 부담을 부가한 목적을 달성할 수 없게 된 경우 목적달성에 필요한 범위 내에서 예외적으로 사후부관의 가능성을 인정한다.
㉡ 개발제한구역 내에서의 예외적인 개발행위의 허가에는 관계 법령에 명시적인 금지 규정이 없는 한 행정목적을 달성하기 위하여 조건이나 기한, 부담 등의 부관을 붙일 수 있다.
㉢ 도로점용허가의 점용기간은 행정행위의 본질적인 요소에 해당한다고 볼 것이어서 부관인 점용 기간에 위법사유가 있다면 이로써 도로점용허가처분 전부가 위법하게 된다.
㉣ 부관인 부담의 이행행위인 법률행위는 공법상의 법률행위의 성격을 갖기 때문에 부담이 무효이거나 취소가 되면, 그 이행행위인 기부채납이나 금전납부는 법률상 원인 없이 이루어진 것으로 부당이득이 된다.

① ㉠, ㉡, ㉢
② ㉠, ㉡, ㉣
③ ㉠, ㉢, ㉣
④ ㉡, ㉢, ㉣
⑤ ㉠, ㉡, ㉢, ㉣

50 다음 중 항고소송의 대상적격에 대한 판례의 설명으로 옳은 것은?

① 법률에 의하여 당연퇴직된 공무원의 복직 또는 재임용신청에 대한 행정청의 거부행위는 항고 소송의 대상이 되는 행정처분에 해당한다.
② 한국마사회가 조교사 또는 기수의 면허를 부여하거나 취소하는 것은 국가 기타 행정기관으로부터 위탁받은 행정권한의 행사에 해당하므로 처분성이 인정된다.
③ 행정청이 금전부과처분을 한 후 감액처분을 한 경우에는 감액처분이 항고소송의 대상이 된다.
④ 남녀차별금지 및 구제에 관한 법률에 의한 국가인권위원회의 성희롱결정과 이에 따른 시정조치의 권고는 처분성이 인정되지 않는다.
⑤ 과세관청이 사업자등록을 관리하는 과정에서 위장사업자의 사업자명의를 직권으로 실사업자의 명의로 정정하는 행위는 항고소송의 대상이 되는 행정처분이 아니다.

M E M O

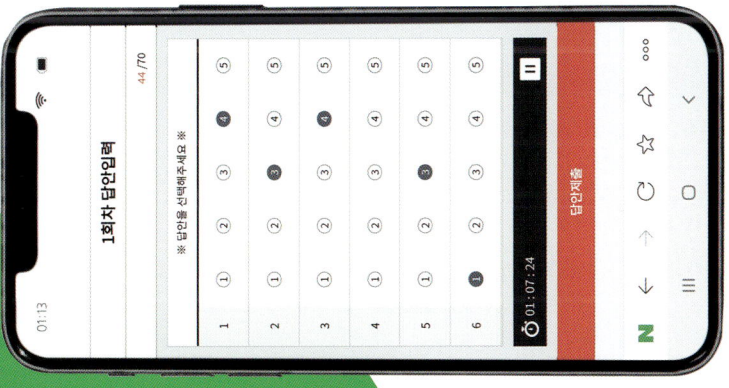

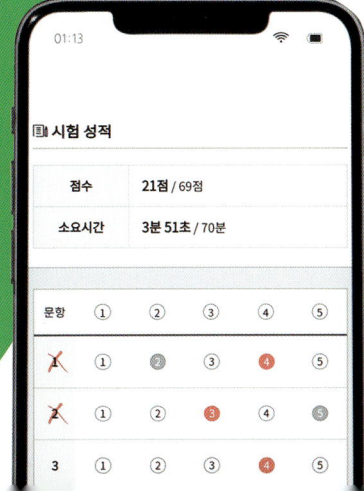

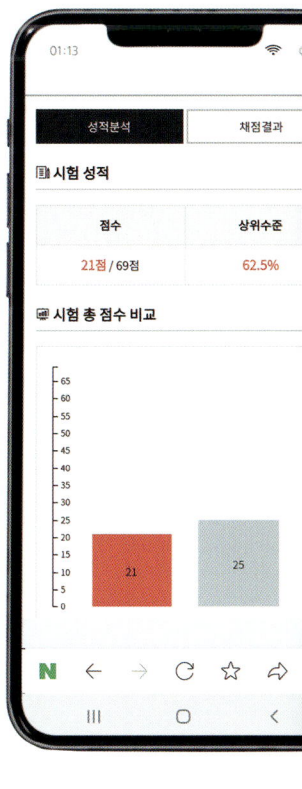

2026
최 신 판

사이다 기출응용
모의고사 시리즈

사이다

사일 동안
이것만 풀면
다 합격!

판매량
1위
한국부동산원
YES24

한국부동산원
NCS + 전공
4회분 | 정답 및 해설

모바일 OMR
답안채점 / 성적분석
서비스

NCS
핵심이론 및
대표유형 PDF

[합격시대]
온라인 모의고사
무료쿠폰

무료
NCS
특강

SDC는 시대에듀 데이터 센터의 약자로 약 30만 개의 NCS · 적성 문제 데이터를 바탕으로 최신 출제경향을 반영하여 문제를 출제합니다.

편저 | SDC(Sidae Data Center)

시대에듀

기출응용 모의고사

정답 및 해설

한국부동산원 NCS

1일 차 기출응용 모의고사 정답 및 해설

01	02	03	04	05	06	07	08	09	10
③	⑤	②	④	②	①	①	③	④	③
11	12	13	14	15	16	17	18	19	20
②	③	①	⑤	③	③	①	③	⑤	②
21	22	23	24	25	26	27	28	29	30
④	④	⑤	③	④	①	④	①	③	③
31	32	33	34	35	36	37	38	39	40
③	③	⑤	③	③	③	②	④	⑤	④

01

정답 ③

오답분석

① 첫 번째 문단에서 전세임대주택의 정의를 알 수 있다.
② 마지막 문단에서 전세임대주택의 유형별 신청 방법을 설명하고 있다.
④ 두 번째 문단에서 공급유형·지역별 전세금 지원액을 알 수 있다.
⑤ 네 번째 문단에서 재계약과 더불어 최장 거주 기간에 대해 알 수 있다.

02

정답 ⑤

정부의 규제 장치나 법률 제정은 장벽을 만들어 특정 산업의 로비스트들이 지대 추구행위를 계속할 수 있도록 도와준다.

오답분석

①·②·③ 첫 번째 문단을 통해 알 수 있다.
④ 세 번째 문단을 통해 알 수 있다.

03

정답 ②

- 첫 번째 빈칸 : '공동체적 연대의 약화를 예방하거나 치유하는 집단적 노력이 존재한다.'라는 진술로 볼 때 ㉠이 적절하다.
- 두 번째 빈칸 : '아파트의 위치나 평형, 단지의 크기 등에 따라 공동체 형성의 정도가 서로 다른 것은 사실이다.'라는 진술로 볼 때 같은 의미의 내용이 들어간 사례로 ㉢이 적절하다.
- 세 번째 빈칸 : '부자 동네와 가난한 동네가 뚜렷이 구분되지 않는 주거 환경'과 '규범'이라는 내용을 볼 때 ㉡이 적절하다.

04

정답 ④

빈칸에는 역사적 사실에 대한 왜곡된 교과서의 기록이 들어가야 한다. 코르테스의 멕시코시티 건설에 대한 내용은 제시문에서 찾아볼 수 없다.

오답분석

① 제시문에서는 라틴아메리카가 아니라 아메리카로 정정해야 한다고 했으므로 빈칸에 들어갈 문장으로 적절하다.
② 180여 명의 군대에 의해 멸망한 것이 아니라 민간 사설 무장 집단이 주도했다고 했으므로 빈칸에 들어갈 문장으로 적절하다.
③ 엘도라도는 '황금으로 가득찬 도시'가 아니라 '황금의 사나이'란 뜻이라고 했으므로 빈칸에 들어갈 문장으로 적절하다.
⑤ 코르테스는 16세기 중반이 아니라 16세기 초반인 1519년에 멕시코의 베라크루스 지역에 도착했다고 했으므로 빈칸에 들어갈 문장으로 적절하다.

05

정답 ②

문서이해의 절차

1. 문서의 목적을 이해
2. 문서가 작성되게 된 배경과 주제 파악
3. 문서의 정보를 밝혀내고 문서가 제시하고 있는 현안 문제 파악
4. 문서를 통해 상대방의 욕구와 의도 및 요구되는 행동에 관한 내용 분석
5. 문서에서 이해한 목적을 달성하기 위해 취해야 할 행동을 생각하고 결정
6. 상대방의 의도를 도표나 그림 등으로 메모하여 요약·정리

06

정답 ①

오답분석

② 기획서 : 적극적으로 아이디어를 내고 기획해 하나의 프로젝트를 문서 형태로 만들어, 상대방에게 기획의 내용을 전달하여 기획을 시행하도록 설득하는 문서이다.
③ 보고서 : 특정한 일에 관한 현황이나 그 진행 상황 또는 연구·검토 결과 등을 보고하고자 할 때 작성하는 문서이다.
④ 비즈니스 레터 : 사업상의 이유로 고객이나 단체에 편지를 쓰는 것으로 직장 업무나 개인 간의 연락, 직접 방문하기 어려운 고객 관리 등을 위해 사용되는 비공식적 문서이다.

⑤ 보도자료 : 정부 기관이나 기업체, 각종 단체 등이 언론을 상대로 자신들의 정보가 기사로 보도되도록 하기 위해 보내는 자료이다.

07

정답 ①

제시문에 나타난 경청의 방해 요인은 '판단하기'이다. 상대방에 대한 부정적인 판단 때문에 상대방의 말을 듣지 않는 것이다.

오답분석

② 조언하기 : 다른 사람의 문제를 본인이 해결해 주고자 하는 것이다.
③ 언쟁하기 : 반대하고 논쟁하기 위해서만 상대방의 말에 귀를 기울이는 것이다.
④ 걸러내기 : 듣고 싶지 않은 것들을 막아버리는 것이다.
⑤ 비위 맞추기 : 상대방을 위로하기 위해서 혹은 비위를 맞추기 위해서 너무 빨리 동의하는 것을 말한다.

08

정답 ③

제시문에 따르면 인류는 오른손을 선호하는 반면 왼손을 선호하지 않는 경향이 있다. '기시감'은 처음 보는 인물이나 처음 겪는 일을 어디서 보았거나 겪었던 것처럼 느끼는 것을 말하므로 '기시감'으로 수정하는 것은 적절하지 않다.

오답분석

① '선호하다'에 이미 '다른 요소들보다 더 좋아하다.'라는 의미가 있으므로 '더'를 함께 사용하는 것은 의미상 중복이다. 따라서 '선호하는' 또는 '더 좋아하는'으로 수정해야 한다.
② '-ㄹ뿐더러'는 하나의 어미이므로 앞말에 붙여 쓴다.
④ 제시문은 인류가 오른손을 선호하고 왼손을 선호하지 않는 이유에 대한 글이다. 따라서 왼손잡이를 선호하는 사회가 발견된다면 새로운 이론이 등장할 것이라는 내용은 글의 일관성을 해치며, ㉣의 '이러한 논란'에 대한 내용도 제시문에서 다루고 있지 않다.
⑤ 문맥상 '이성 대 직관의 힘겨루기, 뇌의 두 반구 사이의 힘겨루기'가 '오른손과 왼손의 힘겨루기'로 '표면화된' 것이 자연스러우므로 ㉤을 피동 표현인 '표면화된'으로 수정하는 것이 적절하다.

09

정답 ④

첫 번째 날 또는 일곱 번째 날에 총무부 소속 팀이 봉사활동을 하게 될 확률은 1에서 마케팅 소속 팀이 첫 번째 날과 일곱 번째 날에 봉사활동을 반드시 하는 확률을 뺀 것과 같다.

마케팅부 소속 5팀과 총무부 소속 2팀을 첫 번째 날부터 일곱 번째 날까지 배치하는 경우의 수는 $\frac{7!}{5!\times 2!}=21$가지이다.

마케팅부 소속 5팀 중 첫 번째 날과 일곱 번째 날에 봉사활동을 할 팀을 배치하는 경우의 수는 두 번째 날부터 여섯 번째 날까지 마케팅부 소속 3팀과 총무부 소속 2팀을 배치하는 경우의 수이므로 $\frac{5!}{3!\times 2!}=10$가지이다.

따라서 첫 번째 날 또는 일곱 번째 날에 총무부 소속 팀이 봉사활동을 하게 될 확률은 $1-\frac{10}{21}=\frac{11}{21}$이다.

10

정답 ③

대치동의 증권자산은 23.0−17.7−3.1=2.2조 원, 서초동의 증권자산은 22.6−16.8−4.3=1.5조 원이므로 ③은 옳은 설명이다.

오답분석

① 압구정동의 가구 수는 $\frac{14.4조}{12.8억}=11,250$가구, 여의도동의 가구 수는 $\frac{24.9조}{26.7억}\fallingdotseq 9,300$가구이므로 압구정동의 가구 수가 더 많다.
② 이촌동의 가구 수가 2만 이상이려면 총자산이 $7.4\times 20,000=$ 14.8조 원 이상이어야 한다. 그러나 이촌동은 총자산이 14.4조 원인 압구정동보다도 순위가 낮으므로 이촌동의 가구 수는 2만 가구 미만이다.
④ 여의도동의 부동산자산은 12.3조 원 미만이다. 따라서 여의도동의 증권자산은 최소 3조 원 이상이다.
⑤ 도곡동의 총자산 대비 부동산자산의 비율은 $\frac{12.3}{15.0}\times 100=$ 82%이고, 목동의 총자산 대비 부동산자산의 비율은 $\frac{13.7}{15.5}\times 100\fallingdotseq 88.39$%이므로 옳지 않은 설명이다.

11

정답 ②

- 전국의 2004년 대비 2014년의 평균 매매가격 증가율
  : $\frac{14,645-10,100}{10,100}\times 100=45\%$
- 수도권의 2004년 대비 2014년의 평균 매매가격 증가율
  : $\frac{18,500-12,500}{12,500}\times 100=48\%$

따라서 그 차이는 48−45=3%p이다.

오답분석

① 2024년 평균 매매가격은 수도권이 22,200만 원, 전국이 18,500만 원으로 수도권은 전국의 $\frac{22,200}{18,500}=1.2$배이고, 평균 전세가격은 수도권이 18,900만 원, 전국이 13,500만 원이므로 수도권은 전국의 $\frac{18,900}{13,500}=1.4$배이다.

③ 2004년 전국의 평균 전세가격 6,762만 원으로 수도권 전체 평균 전세가격인 8,400만 원의 $\frac{6,762}{8,400}\times100=80.5\%$이다.

④ 서울의 매매가격 증가율은 다음과 같다.

- 2014년 대비 2024년 매매가격 증가율
  : $\frac{30,744-21,350}{21,350}\times100=44\%$
- 2004년 대비 2014년 매매가격 증가율
  : $\frac{21,350-17,500}{17,500}\times100=22\%$

따라서 1.5배가 아니라 2배이다.

⑤ 2014년 평균 전세가격은 '서울(15,500만 원)－경기(11,200만 원)－인천(10,600만 원)' 순이다.

12

정답 ③

급여 총액을 바탕으로 K사원의 시간외수당을 구하면 다음과 같다.

2,950,000－(2,400,000＋120,000＋150,000＋100,000)
＝180,000원

시간외근무 시간을 x시간이라 하면, 다음의 식이 성립한다.

$2,400,000\times\frac{x}{200}\times1.5=180,000$

$\rightarrow 18,000x=180,000$

$\therefore x=10$

K사원의 과세 대상 급여는 2,400,000＋180,000＋120,000＝2,700,000원이다. 이를 바탕으로 소득세 및 4대 보험료를 구하면 다음과 같다.

- 근로소득세 : 2,700,000×0.03＝81,000원
- 지방소득세 : 81,000×0.1＝8,100원
- 국민연금 : 2,700,000×0.045＝121,500원
- 건강보험 : 2,700,000×0.035＝94,500원
- 장기요양보험 : 94,500×0.1＝9,450원
- 고용보험 : 2,700,000×0.009＝24,300원

그러므로 과세 총액은 81,000＋8,100＋121,500＋94,500＋9,450＋24,300＝338,850원이다.

따라서 K사원은 시간외근무를 10시간 하였으며, 세후 급여는 2,950,000－338,850＝2,611,150원이다.

13

정답 ①

9월 말 이후의 그래프가 모두 하향곡선을 그리고 있다.

오답분석

② 환율이 하락하면 반대로 원화가치가 높아진다.

③·⑤ 표를 통해 확인할 수 있다.

④ 유가 범위는 125～85 사이의 변동 폭을 보이고 있다.

14

정답 ⑤

- 2025년 1월 서울특별시의 소비심리지수 : 128.8
- 2025년 6월 서울특별시의 소비심리지수 : 102.8
- 2025년 1월 대비 2025년 6월의 소비심리지수 감소율
  : $\frac{128.8-102.8}{128.8}\times100≒20.19\%$

따라서 2025년 1월 대비 2025년 6월 소비심리지수 감소율은 19% 이상이다.

오답분석

① 대구광역시, 경상북도 두 곳이다.

② 서울특별시＝130.5, 경상북도＝100.2이므로, 그 차는 30.3이다.

③ 표를 통해 쉽게 알 수 있다.

④ 경상북도는 96.4로 100을 안 넘어 3월에 비해 4월에 가격 상승 및 거래증가 응답자가 적었음을 알 수 있다.

15

정답 ③

- 경상북도의 3월 소비심리지수 : 100.0
- 경상북도의 4월 소비심리지수 : 96.4
  → 소비심리지수 감소율 : $\frac{100-96.4}{100}\times100=3.6\%$
- 대전광역시의 3월 소비심리지수 : 120.0
- 대전광역시의 6월 소비심리지수 : 113.0
  → 소비심리지수 감소율 : $\frac{120.0-113.0}{120.0}\times100≒5.8\%$

따라서 구하는 값은 3.6＋5.8＝9.4%p이다.

16

정답 ③

2018년 대비 2019년의 생산가능인구는 12명 증가했다.

오답분석

① 전년과 비교했을 때 2018, 2019, 2022, 2024년에는 비례관계를, 2021년과 2023년에는 반비례관계를 보인다.

② 전년 대비 2018년에 경제활동인구가 202명 감소하였으므로 가장 많이 감소하였음을 알 수 있다.

④ 분모가 작고, 분자가 크면 비율이 높다. 따라서 고용률이 낮고 실업률이 높은 2021년과 2022년의 비율만 비교하면 된다.

- 2021년 : $\frac{8.1}{40.5}=0.2$
- 2022년 : $\frac{8}{40.3}≒0.1985$

⑤ 2022년과 2023년의 경제활동참가율은 같지만, 전체적으로는 경제활동참가율이 감소하고 있다.

17 정답 ①

브레인스토밍은 자유연상법의 한 유형으로, 어떤 문제의 해결책을 찾기 위해 여러 사람이 생각나는 대로 아이디어를 제안하는 방식으로 진행된다. 보령시에서 개최한 보고회는 각 부서의 업무에 국한하지 않고 가능한 많은 양의 아이디어를 자유롭게 제출하는 방식으로 진행되었으므로 브레인스토밍 방법이 사용되었음을 알 수 있다.

오답분석

② SCAMPER 기법 : 아이디어를 얻기 위해 의도적으로 시험할 수 있는 대체, 결합, 적용, 변경, 제거, 재배치, 다른 용도로 활용 등 7가지 규칙이다.
③ NM법 : 비교발상법의 한 유형으로, 대상과 비슷한 것을 찾아내 그것을 힌트로 새로운 아이디어를 생각해내는 방법이다.
④ Synectics법 : 비교발상법의 한 유형으로, 서로 관련이 없어 보이는 것들을 조합하여 새로운 것을 도출해내는 아이디어 발상법이다.
⑤ 육색사고모자 기법 : 한정된 역할을 제시하는 여섯 가지 색의 모자를 차례대로 바꾸어 쓰면서 모자 유형대로 생각해 보는 방법이다.

18 정답 ③

시차를 고려하여 회차별로 직원들의 접속 시간을 정리하면 다음과 같다.

직원	위치	1회차 회의	2회차 회의	3회차 회의
A대리	서울지부	11:00	13:00	15:00
S대리	N지부	00:00	2:00	4:00
K주임	P지부	6:00	8:00	10:00

날짜는 고려할 필요가 없다는 점과 어떤 호스트의 현지 시간을 기준으로 하더라도 각 직원의 접속 시간이 직전 회의보다 2시간씩 늦어지는 것은 모든 도시에서 동일하다는 점에 주의해야 한다. 따라서 K주임이 호스트인 세 번째 화상회의에서 A대리가 접속해야 하는 시간은 15시이다.

19 정답 ⑤

- 두 번째 조건에 따라 $1{,}500\text{m}^2$에 2대를 설치해야 하므로 발전기 1기당 필요면적이 750m^2를 초과하는 D발전기는 제외한다.
- 세 번째 조건에 따라 에너지 발전단가가 97.5원/kWh를 초과하는 C발전기는 제외한다.
- 네 번째 조건에 따라 탄소배출량이 91g/kWh로 가장 많은 B발전기는 제외한다.
- 다섯 번째 조건에 따라 발전기 1기당 중량이 3,600kg인 A발전기는 제외한다.

따라서 후보 발전기 중 설치하기 적합한 발전기는 E발전기이다.

20 정답 ②

3년 이상 근속한 직원에게는 최초 1년을 초과하는 근속 매 2년마다 가산휴가 1일이 발생하므로 2025년 1월 26일에는 16일의 연차휴가가 발생한다.

- 2021년 1월 1일 ~ 2021년 12월 31일
  → 2022년 15일 연차휴가 발생
- 2022년 1월 1일 ~ 2022년 12월 31일
  → 2023년 15일 연차휴가 발생
- 2023년 1월 1일 ~ 2023년 12월 31일
  → 2024년 15일 연차휴가 발생+1일 가산휴가
- 2024년 1월 1일 ~ 2024년 12월 31일
  → 2025년 16일 연차휴가 발생

21 정답 ④

매물의 세 번째 자리를 보면 'O'라고 표기되어 있다. 즉, 매매 물건이므로 월세를 협의할 수 있는 매물이 아니다.

오답분석

① 매물은 전원주택(HO)이므로 주거를 위한 것으로 보는 것이 적절하다.
② 매물은 매매 물건(O)이므로 구매 시 소유권이 변경된다.
③ 매물은 강화읍(01)에 위치하므로 맞는 설명이다.
⑤ 매물의 매매/보증금(35)에 위치하고 매매 물건이므로 매매 금액은 3억 5천만 원, 즉 3억 원 이상이다.

22 정답 ④

FC(공장) – P(전세) – 04(불은면) – 2(공유매물) – 31(3억 1천만 원) – T(월세 해당 없음)

오답분석

① GDO01131T : 강화읍은 피하고 싶다고 했으므로 적절하지 않다.
② GDP02241T : 전세가일 경우 최대 4억 원까지만 가능하다고 했으므로 전세가 4억 1천만 원인 이 매물은 적절하지 않다.
③ FCO03138T : 매매가일 경우 최대 3억 3천만 원까지만 가능하다고 했으므로 매매가 3억 8천만 원인 이 매물은 적절하지 않다.
⑤ FEP07401T : 공장이나 토지가 아닌 펜션이므로 이 매물은 적절하지 않다.

23 정답 ⑤

ㄴ. 갑과 을이 펼치는 쪽 번호는 (1, 2, 0)과 (1, 2, 1)로 동일하여 무승부가 된다.
ㄹ. 을이 100쪽을 펼쳤다면 나오는 쪽은 100쪽과 101쪽이 되므로 을의 점수는 2점(1+1)이 된다. 이 상황에서 을이 승리하기 위해서는 갑이 1점을 얻어야 하는데, 각 자리의 숫자를 더하거나 곱한 것이 1점이 되는 경우는 1쪽뿐이다.

오답분석

ㄱ. 갑의 경우 98쪽은 각 자리 숫자의 합이 17이고, 곱이 72인 반면, 99쪽은 합이 18이고, 곱이 81이므로 81점을 본인의 점수로 할 것이다. 을의 경우 198쪽은 각 자리의 숫자의 합이 18이고, 곱이 72인 반면, 199쪽은 합이 19, 곱이 81이므로 역시 81점을 본인의 점수로 할 것이다.

ㄷ. 갑이 369쪽을 펼치면 나오는 쪽은 368쪽과 369쪽인데, 이 경우 갑의 점수는 369의 각 자리 숫자의 곱인 162점이 된다. 그러나 이 게임에서 얻을 수 있는 최고점은 마지막 면인 378쪽을 펼쳤을 때의 168점이므로 369쪽을 펼친 갑은 반드시 승리할 수 없다.

24

정답 ③

- (가) : 부산에서 서울로 가는 버스터미널은 2곳이므로 바르게 안내해 주었다.
- (다) : 소요 시간을 고려하여 도착 시간에 맞게 출발하는 버스 시간을 바르게 안내해 주었다.
- (라) : 도로 교통 상황에 따라 소요 시간에 차이가 있다는 사실을 바르게 안내해 주었다.

오답분석

- (나) : 고객의 집은 부산 동부 터미널이 가깝다고 하였으므로 출발해야 되는 시간 등을 물어 부산 동부 터미널에 적당한 차량이 있는지 확인하고, 없을 경우 부산 터미널을 권유해야 한다. 단지 배차되는 버스가 더 많다는 이유만으로 부산 터미널을 이용하라고 안내하는 것은 옳지 않다.
- (마) : 우등 운행 요금만 안내해 주었고, 일반 운행 요금에 대한 안내를 하지 않았다.

25

정답 ④

블록체인은 거래 정보를 중앙 서버가 아니라 네트워크 참가자 모두가 공동으로 기록하고 관리하는 기술이다.

26

정답 ①

고정하기를 원하는 행의 아래, 열의 오른쪽에 셀 포인터를 위치시킨 후 [보기] – [틀 고정]을 선택해야 한다.

27

정답 ④

분산처리 시스템은 네트워크를 통해 분산되어 있는 것들을 동시에 처리하는 것으로, 분산 시스템에 구성 요소를 추가하거나 삭제할 수 있다.

28

정답 ①

[E2:E7]은 평균점수를 소수점 둘째 자리에서 반올림한 값이다. 따라서 [E2]에 「=ROUND(D2,1)」을 넣고 채우기 핸들을 드래그하면 표와 같은 값을 구할 수 있다.

오답분석

② INT : 정수부분을 제외한 소수부분을 모두 버림하는 함수이다.
③ TRUNC : 원하는 자릿수에서 버림하는 함수이다.
④ COUNTIF : 조건에 맞는 셀의 개수를 구하는 함수이다.
⑤ ABS : 절댓값을 구하는 함수이다.

29

정답 ③

IF함수는 「=IF(조건,조건이 참일 경우,조건이 거짓일 경우)」로 나타낸다. 따라서 ③은 거주지가 '팔달구'이거나 '영통구'이면 '매탄2지점'에, 아니라면 '금곡지점'에 배치하라는 의미이다.

오답분석

① 거주지가 '장안구'이거나 '영통구'이면 '금곡지점'에, 아니라면 '매탄2지점'에 배치하라는 의미이다.
② 거주지가 '팔달구'이거나 '영통구'이면 '금곡지점'에, 아니라면 '매탄2지점'에 배치하라는 의미이다.
④ 거주지가 '팔달구'이면서 '영통구'이면 '매탄2지점'에, 아니라면 '금곡지점'에 배치하라는 의미이다.
⑤ 거주지가 '팔달구'이면서 '영통구'이면 '금곡지점'에, 아니라면 '매탄2지점'에 배치하라는 의미이다.

30

정답 ③

i에 0을 정의해 주어야 프로그램이 정상적으로 실행된다.

31

정답 ③

i를 정수로 정의하고 프로그램을 실행하면 '0'이 출력된다.

32

정답 ③

[2번 알림창]은 아이디는 맞게 입력했지만(NO →) 비밀번호를 잘못 입력해서(YES →) 출력되는 알림창이다.

오답분석

① 탈퇴 처리된 계정일 경우 [4번 알림창]이 출력된다.
② 아이디에 대한 판단이 선행되므로 [2번 알림창]이 아닌 [1번 알림창]이 출력된다.
④ 아이디를 잘못 입력한 경우 [1번 알림창]이 출력된다.
⑤ 휴면 계정일 경우 [3번 알림창]이 출력된다.

33

정답 ⑤

기계적 조직과 유기적 조직의 특징을 통해 안정적이고 확실한 환경에서는 기계적 조직이, 급변하는 환경에서는 유기적 조직이 적합함을 알 수 있다.

기계적 조직과 유기적 조직의 특징

기계적 조직
• 구성원들의 업무가 분명하게 정의된다. • 많은 규칙과 규제들이 있다. • 상하 간 의사소통이 공식적인 경로를 통해 이루어진다. • 엄격한 위계질서가 존재한다. • 대표적인 기계적 조직으로 군대를 볼 수 있다.

유기적 조직
• 의사결정 권한이 조직의 하부 구성원들에게 많이 위임되어 있다. • 업무가 고정되지 않고, 공유 가능하다. • 비공식적인 상호 의사소통이 원활하게 이루어진다. • 규제나 통제의 정도가 낮아 변화에 따라 의사결정이 쉽게 변할 수 있다.

34

정답 ③

㉠ 집중화 전략에 해당한다.
㉡ 원가우위 전략에 해당한다.
㉢ 차별화 전략에 해당한다.

35

정답 ③

㉮ 전결권자인 전무가 출장 중인 경우 대결권자가 이를 결재하고 전무가 후결을 하는 것이 바람직하다.
㉯ 부서장이 전결권자이므로 해당 직원을 채용하는 부서(영업부, 자재부 등)의 부서장이 결재하는 것이 바람직하다.
㉱ 교육훈련 대상자 선정은 이사에게 전결권이 있으므로 옳지 않은 결재 방식이다.

36

정답 ③

계약 과정에서 연구자와의 협의를 통해 예산계획서상의 예산을 10% 이내의 범위에서 감액할 수 있으므로, 6,000만 원의 10%인 600만 원까지만 감액할 수 있다.

37

정답 ②

제시된 모든 시간대에 전 직원의 스케줄이 비어있지 않다. 그렇다면 업무의 우선순위를 파악하여 바꿀 수 있는 스케줄을 파악하여야 한다. 10:00 ~ 11:00 시간대의 사원의 비품 신청은 타 업무에 비해 우선순위가 낮다.

오답분석

① 오전 부서장 회의는 부서의 상급자들과 상위 부서장들의 회의이며, 또한 그날의 업무를 파악하고 분배하는 자리이므로 편성하기 어렵다.
③·④ 해당 시간에 예정된 업무는 해당 인원의 단독 업무가 아니므로 단독으로 변경해 편성하기 어렵다.
⑤ 16시 이후의 부장과 차장의 스케줄을 보면 각각 상급자에게 업무보고가 예정되어 있다. 업무보고가 되기 위해서는 과장 이하의 일일 업무 결산이 마무리되어야 하므로 편성하기 어렵다.

38

정답 ④

주어진 자료의 분장업무는 영리를 목적으로 하는 영업과 관련된 업무로 볼 수 있다. 따라서 영업부가 가장 적절하다.

오답분석

① 총무부 : 전체적이며 일반적인 행정 실무를 맡아보는 부서로, 분장업무로는 문서 및 직인관리, 주주총회 및 이사회 개최 관련 업무, 의전 및 비서업무, 사무실 임차 및 관리, 사내외 행사 관련 업무, 복리후생 업무 등을 담당한다.
② 인사부 : 구성원들의 인사, 상벌, 승진 등의 일을 맡아보는 부서로, 분장업무로는 조직기구의 개편 및 조정, 업무분장 및 조정, 인력수급계획 및 관리, 노사관리, 상벌관리, 인사발령, 평가관리, 퇴직관리 등을 담당한다.
③ 기획부 : 조직의 업무를 계획하여 일을 맡아보는 부서로, 분장업무로는 경영계획 및 전략 수립·조정, 전사기획업무 종합 및 조정, 경영정보 조사 및 기획 보고, 종합예산수립 및 실적관리, 사업계획, 손익추정, 실적관리 및 분석 등을 담당한다.
⑤ 자재부 : 필요한 재료를 구입하고 마련하는 일을 맡아보는 부서로, 구매계획 및 구매예산의 편성, 시장조사 및 구입처 조사 검토, 견적 의뢰 및 검토, 구입계약 및 발주, 재고조사 및 재고통제, 보관 및 창고관리 등의 업무를 담당한다.

39

정답 ⑤

영리조직의 사례로는 이윤 추구를 목적으로 하는 다양한 사기업을 들 수 있으며, 비영리조직으로는 정부조직·병원·대학·시민단체·종교단체 등을 들 수 있다.

40

정답 ④

리더와 부하 간의 상호관계는 조직문화의 구성 요소 중 리더십 스타일에 대한 설명이다. 관리시스템은 조직문화의 구성 요소로서 장기전략 목적 달성에 적합한 보상제도와 인센티브, 경영정보와 의사결정시스템, 경영계획 등 조직의 목적을 실제로 달성하는 모든 경영관리제도와 절차를 의미한다.

한국부동산원 NCS

2일 차 기출응용 모의고사 정답 및 해설

01	02	03	04	05	06	07	08	09	10
②	②	③	④	⑤	④	②	④	④	①
11	12	13	14	15	16	17	18	19	20
③	⑤	④	④	⑤	②	④	⑤	④	②
21	22	23	24	25	26	27	28	29	30
②	④	①	④	①	③	⑤	①	⑤	②
31	32	33	34	35	36	37	38	39	40
③	③	②	④	①	④	②	④	③	③

01

정답 ②

세 번째 문단에 따르면 7월 마지막 주 송파구의 아파트 매매가격은 전주 대비 0.41% 상승했다. 0.21% 상승한 지역은 서초구이다.

02

정답 ②

주택 또는 상가의 임대차계약은 민법에 대한 특례를 규정한 주택임대차보호법 및 상가건물 임대차보호법의 적용을 받는다.

03

정답 ③

주어진 문장의 '이'는 앞 문장의 내용을 가리키므로, 기업의 이익 추구가 사회 전체의 이익과 관련된 결과를 가져왔다는 내용이 앞에 와야 한다. 이때 (다) 앞의 '가장 저렴한 가격으로 좋은 품질의 상품 공급'이 '사회 전체의 이익'과 연관되므로 보기의 문장은 (다)에 들어가는 것이 가장 적절하다.

04

정답 ④

- C사원 : 문서의 첨부 자료는 반드시 필요한 자료 외에는 첨부하지 않도록 해야 하므로 옳지 않다.
- D사원 : 문서 작성 후에는 다시 한 번 내용을 검토해야 하지만, 문장 표현은 작성자의 성의가 담기도록 경어나 단어 사용에 신경을 써야 하므로 낮춤말인 '해라체'로 고쳐 쓰는 것은 옳지 않다.

05

정답 ⑤

문서의 모든 내용을 이해했더라도 그 내용 전체를 기억하는 것은 현실적으로 어렵고 비효율적이다. 따라서 각 문서에서 핵심적인 내용만 골라 필요한 정보를 획득하고 종합하는 것이 바람직하다.

문서 이해의 절차

문서의 목적 이해 → 문서 작성의 배경과 주체 파악 → 문서 정보 파악, 현안 문제 파악 → 상대방의 욕구, 의도 및 요구 사항 분석 → 목적 달성을 위한 행동 결정 → 상대의 의도를 도표, 그림 등으로 요약, 정리

06

정답 ④

제시문은 심리학이 경제학에 끼친 영향을 주제로 하며, 관련이 없는 것처럼 보이는 경제학과 심리학 사이의 상관관계를 고찰하고 있다. ㉠에는 문맥상 케인스가 강조한 바가 들어가야 하며, 케인스는 '인간의 행동은 경제학에서 가정하는 합리성을 갖추기보다는 때로는 직관에 의존하기도 하고 때로는 충동에 좌우되기도 한다.'고 보았다. 즉, '인간 심리의 중요성을 강조'한 것이다. 따라서 빈칸에 들어갈 내용으로 가장 적절한 것은 ④이다.

07

정답 ②

㉡처럼 A의 구체적인 예를 떠올리기 쉬울수록 A가 발생할 확률이 더 크다고 판단하는 것은 오류가 발생할 수 있다. 이는 실제로는 위암 때문에 죽는 사람이 교통사고 사망자보다 많지만, 대중 매체에서 교통사고 소식을 위암 사망 소식보다 더 많이 언급하기 때문에 교통사고로 사망할 가능성이 위암으로 사망할 가능성보다 더 크다고 오판하는 것과 마찬가지이다.

08

정답 ④

(다) 문단에 따르면 카네만 등의 확률 인지 심리학자들의 연구는 경제학의 방법론을 바꾸는 계기를 마련하였으며, (마) 문단에 따르면 합리성에 대한 일정한 가정에 기초하여 사회 현상을 다루어 온 경제학으로 하여금 인간의 행동에 대한 가정보다는 그에 대한 관찰에서 출발할 것을 요구하는 것이라 하였다.

오답분석

① (나) 문단에 따르면 경제학에서 인간 심리의 중요성을 처음으로 강조한 사람은 케인스이다.
② (나) 문단에 따르면 케인스는 경제학의 접근 방법을 바꾸어 놓는 데까지 나아가지는 못했다.
③ (다) 문단에 따르면 확률 인지 심리학자들은 주관적 추론의 체계적인 편향 오류를 지적했다. 하지만 이를 시정했다는 내용은 확인할 수 없다.
⑤ (마) 문단에 따르면 기존의 경제학은 인간 행동에 대한 가정에 기초했으나, 카네만 등의 확률 인지 심리학자들은 인간에 대한 관찰에서 출발할 것을 요구한다.

09

정답 ④

세제 1스푼의 양을 xg이라 하면 다음과 같은 식이 성립한다.

$$\frac{5}{1,000}\times 2,000+4x=\frac{9}{1,000}\times(2,000+4x)$$

$$\therefore\ x=\frac{2,000}{991}$$

물 3kg에 들어갈 세제의 양을 yg이라 하자.

$$y=\frac{9}{1,000}\times(3,000+y)$$

$$\rightarrow 1,000y=27,000+9y$$

$$\therefore\ y=\frac{27,000}{991}$$

따라서 $\dfrac{\frac{27,000}{991}}{\frac{2,000}{991}}=13.5$스푼을 넣으면 농도가 0.9%인 세제 용액이 된다.

10

정답 ①

ㄱ. 2024년 서울의 단독 멸실 수는 전년 서울의 단독 멸실 수에서 5% 증가한 8,559호보다 적다.
ㄴ. 2024년에 아파트 멸실 수가 네 번째로 많았던 지역은 부산이지만, 2022년에 아파트 멸실 수가 네 번째로 많은 지역은 대구이다.

오답분석

ㄷ. 2023년 서울의 연립 멸실 수는 경기의 연립 밀실 수의 4배인 1,872호보다 적다.
ㄹ. 제시된 기간 동안 전국의 단독 멸실 수와 충남의 단독 멸실 수는 '증가 – 감소'하여 증감 추이가 동일하다.

11

정답 ③

멸실된 연립 주택의 경우, 2022년에는 1,000호 이상 멸실된 지역은 없었으며, 2024년에는 서울 1곳이었다.

오답분석

① 2022년부터 2024년까지 전국의 아파트 멸실 주택 수는 계속하여 증가하였다.
② 단독 주택의 멸실 주택은 서울의 경우, 2024년에 2022년 대비 약 18% 증가하였으며, 대전의 경우 반인 888.5호 이하로 감소하였다.
④ 2024년에 멸실된 아파트가 없는 지역은 대구, 대전, 울산, 강원, 충남, 경북, 제주의 총 7곳이다.
⑤ 2024년에 멸실된 연립 주택이 전년 대비 약 6% 감소한 것으로 나타났다.

12

정답 ⑤

광역시는 2025년 2～4월은 2 이하로 증가하였다.

오답분석

① 수도권의 1분기 평균 지수 대비 2분기 평균 지수가 7 높다면, 2025년 6월의 지수를 구하는 식은 아래와 같다.
$\rightarrow 152.6+148.9+x=146.4+143.4+139.6+21$
$\therefore\ x=148.9$
② 2024년 10월 대비 2025년 5월의 경기의 상승폭은 149.2−121.5=27.7로 부산의 119−101=18.0보다 크다.
③ 서울에서 전달 대비 2025년 1월 상승폭이 가장 낮은 지역은 도심권이다.

구분	2025.01	2024.12	차이
도심권	152.9	150.5	2.4
동북권	169.1	163.9	5.2
동남권	157.5	152.4	5.1
서북권	158.9	154.6	4.3
서남권	158.0	153.4	4.6

④ 부산 지역의 매월 전달 대비 상승폭은 아래와 같고, 2024년 11월에 가장 높게 상승했다.
2025년 5월 : 119.0−116.3=2.7
2025년 4월 : 116.3−115.2=1.1
2025년 3월 : 115.2−114.3=0.9
2025년 2월 : 114.3−113.2=1.1
2025년 1월 : 113.2−112.1=1.1
2024년 12월 : 112.1−106.7=5.4
2024년 11월 : 106.7−101.0=5.7

13

정답 ④

ㄴ. 서울 도심권은 2025년 3월에 0.6 감소하였다.

ㄹ. 2025년 광역시의 실거래 자격지수는 2025년 3월부터 인천이 높아졌다.

오답분석

ㄱ. 서울에서 2024년 10월 대비 2025년 5월에 상승폭이 가장 큰 지역은 동북권이다.

ㄷ. 2025년 1월이 3.20 지수로 상승폭이 가장 컸다.

14

정답 ④

A, B, E구의 1인당 돼지고기 소비량을 각각 a, b, $e$kg이라고 하고, 제시된 조건을 식으로 나타내면 다음과 같다.

- 첫 번째 조건 : $a+b=30$ … ㉠
- 두 번째 조건 : $a+12=2e$ … ㉡
- 세 번째 조건 : $e=b+6$ … ㉢

㉢을 ㉡에 대입하여 식을 정리하면

$a+12=2(b+6) \rightarrow a-2b=0$ … ㉣

㉠-㉣을 하면

$3b=30$

$\therefore\ b=10,\ a=20,\ e=16$

A ~ E구의 변동계수를 구하면 다음과 같다.

- A구 : $\frac{5}{20}\times100=25\%$
- B구 : $\frac{4}{10}\times100=40\%$
- C구 : $\frac{6}{30}\times100=20\%$
- D구 : $\frac{4}{12}\times100\fallingdotseq33.33\%$
- E구 : $\frac{8}{16}\times100=50\%$

따라서 변동계수가 세 번째로 큰 구는 D구이다.

15

정답 ⑤

2024년 각국의 가계 금융자산 구성비와 2024년 각국의 가계 총자산 대비 예금 구성비는 일치하지 않는다.

16

정답 ②

pH가 가장 높은 구역은 8.2인 D구역이며, BOD는 0.9mg/L, DO는 7.9mg/L이므로 수질 등급 기준표에서 D구역이 해당하는 등급은 '매우 좋음'인 1a등급이다. 또한 상수도 구역별 농도 및 pH에 맞는 등급을 정리하면 다음 표와 같다.

구분	Do(mg/L)	BOD(mg/L)	pH	등급
A구역	4.2	8.0	5.0	pH 기준 미달
B구역	5.2	4.8	6.0	4(약간 나쁨)
C구역	1.1	12	6.3	6(매우 나쁨)
D구역	7.9	0.9	8.2	1a(매우 좋음)
E구역	3.3	6.5	7.6	4(약간 나쁨)
F구역	2.4	9.2	8.1	5(나쁨)

오답분석

① BOD 농도가 5mg/L 이하인 상수도 구역은 B구역과 D구역이며, 3등급은 없다.

③ 상수도 구역에서 등급이 '약간 나쁨(4등급)' 또는 '나쁨(5등급)'인 구역은 B, E, F구역으로 세 곳이다.

④ 수질 등급 기준을 보면 DO 농도는 높을수록, BOD 농도는 낮을수록 좋은 등급을 받는다.

⑤ 좋은 등급의 pH 수치는 나쁜 등급의 pH 수치보다 약간 높다.

17

정답 ④

게임 규칙과 결과를 토대로 경우의 수를 따져보면 다음과 같다.

라운드	벌칙 제외	총 퀴즈 개수
3	A	15
4	B	19
5	C	21
	D	
	C	22
	E	
	D	22
	E	

ㄴ. 총 22개의 퀴즈가 출제되었다면, E가 정답을 맞혀 벌칙에서 제외된 것이다.

ㄷ. 게임이 종료될 때까지 총 21개의 퀴즈가 출제되었다면 C, D가 벌칙에서 제외된 경우로 5라운드에서 E에게는 정답을 맞힐 기회가 주어지지 않았다. 따라서 퀴즈를 푸는 순서가 벌칙을 받을 사람 선정에 영향을 미친다.

오답분석

ㄱ. 5라운드까지 4명의 참가자가 벌칙에서 제외되었으므로 정답을 맞힌 퀴즈는 8개, 벌칙을 받을 사람은 5라운드까지 정답을 맞힌 퀴즈는 0개나 1개이므로 총 정답을 맞힌 퀴즈는 8개나 9개이다.

18

정답 ⑤

퍼실리테이션(Facilitation)은 촉진을 의미하며, 어떤 그룹이나 집단이 의사결정을 잘할 수 있도록 도와주는 일을 가리킨다. 소프트 어프로치나 하드 어프로치는 타협점의 단순 조정에 그치지만, 퍼실리테이션은 초기에 생각하지 못했던 창조적인 해결 방법을 도출한다. 동시에 구성원의 동기가 강화되고 팀워크도 강화된다는 특징을 보인다.

오답분석

① 소프트 어프로치 : 대부분의 기업에서 볼 수 있는 전형적인 스타일로, 조직 구성원들이 같은 문화적 토양을 가지고 이심전심으로 서로를 이해하는 상황을 가정한다. 소프트 어프로치에서는 문제해결을 위해서 직접 표현하는 것이 바람직하지 않다고 여기며, 무언가를 시사하거나 암시를 통하여 의사를 전달하고 기분을 서로 통하게 함으로써 문제해결을 도모하려고 한다.

② 명목집단법 : 참석자들로 하여금 서로 대화에 의한 의사소통을 못하게 하고, 서면으로 의사를 개진하게 함으로써 집단의 각 구성원들이 마음속에 생각하고 있는 바를 끄집어내 문제해결을 도모하는 방법이다.

③ 하드 어프로치 : 상이한 문화적 토양을 가지고 있는 구성원을 가정하여 서로의 생각을 직설적으로 주장하고 논쟁이나 협상을 통해 의견을 조정해 가는 방법이다. 이러한 방법은 합리적이긴 하지만, 잘못하면 단순한 이해관계의 조정에 그치고 말아서 그것만으로는 창조적인 아이디어나 높은 만족감을 이끌어 내기 어렵다.

④ 델파이법 : 전문가들에게 개별적으로 설문을 전하고 의견을 받아서 반복 수정하는 과정을 거쳐서 문제해결에 대한 의사결정을 하는 방법이다.

19

정답 ④

7월에 비해 8월에 변경된 사항을 반영하여 지급내역을 계산하면 다음과 같다. 또한 인상된 건강보험료율은 5%이므로, 3,500,000×0.05=175,000원이다. 이를 반영하면 다음과 같다.

(단위 : 원)

지급내역	기본급	1,350,000	공제내역	갑근세	900,000
	직책수당	400,000		주민세	9,000
	직무수당	450,000		건강보험	175,000
	연장근로	350,000		국민연금	135,000
	심야근로	250,000		고용보험	24,000
	휴일근로	300,000		근태공제	–
	월차수당	400,000		기타	–
	합계	3,500,000		합계	1,243,000

따라서 실수령액은 3,500,000−1,243,000=2,257,000원이다.

20

정답 ②

조건에 따라 점수를 산정하면 다음과 같다.

업체명	프로그램	1차 점수	2차 점수
A업체	집중GX	31점	36점
B업체	필라테스	32점	39점
C업체	자율 웨이트	25점	–
D업체	근력운동	24점	–
E업체	스피닝	32점	36점

따라서 B업체가 최종적으로 선정된다.

21

정답 ②

국어사전의 배열 순서에 따른다고 했으므로, 쌍자음을 넣어 소문자로 치환해야 하는 것에 유의해야 한다.

- 자 : m1
- 전 : m5C
- 거 : a5
- 1+5+5=11 → 1+1=2

22

정답 ④

주어진 일정 순서를 표로 정리하면 다음과 같다.

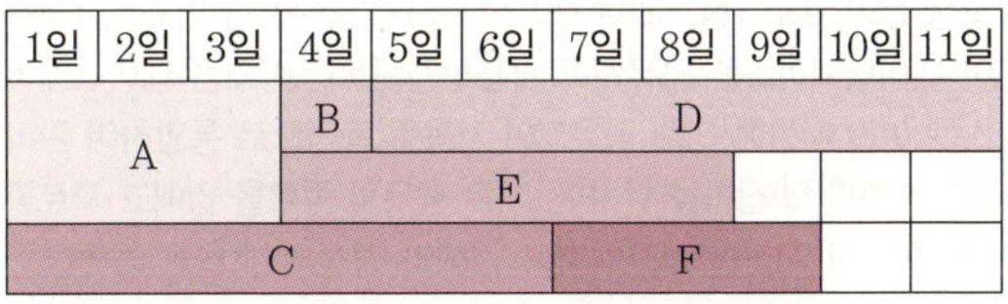

선결업무와 묶어서 생각해야 한다. D업무는 A업무와 B업무를 끝마친 후 실시해야 하므로 A(3일)+B(1일)+D(7일)=11일이 걸린다. E업무는 A업무 다음으로 실시해야 하므로 A(3일)+E(5일)=8일이 걸린다. F업무는 B, C업무를 끝낸 후 시작해야 하지만 B, C업무는 연결된 업무가 아니므로 두 업무 중 기간이 더 걸리는 C업무가 끝난 후 시작하면 C(6일)+F(3일)=9일이 걸린다. 가장 오래 걸리는 업무 기간이 모든 업무를 완료하는 최소 소요 기간이므로 최소 소요 기간은 11일이 된다.

23

정답 ①

㉠ B업무의 소요 기간이 4일로 연장된다면 3일이 늘어난 것이므로 D업무를 마칠 때까지 3+4+7=14일이 소요된다.

㉡ D업무의 선결업무가 없다면 가장 마지막에 마치는 업무는 F가 되고 모든 업무를 마치는 데 최소 9일이 소요된다.

오답분석

㉢ E업무의 선결업무에 C업무가 추가된다면 최소 소요 기간은 6+5=11일이 된다(A, C는 동시에 진행할 수 있다).

㉣ C업무의 소요 기간이 2일 연장되면 C(8일)+F(3일)=11일이므로 최소 소요 기간은 변하지 않는다.

24

정답 ④

먼저 층이 정해진 부서를 배치하고, 나머지 부서들의 층수를 결정해야 한다. 변경 사항에서 연구팀은 기존 5층보다 아래층으로 내려가고, 영업팀은 기존 6층보다 아래층으로 내려간다. 또한 생산팀은 연구팀보다 위층에 배치돼야 하지만 인사팀과의 사이에는 하나의 부서만 가능하므로 6층의 총무팀을 기준으로 5층 또는 7층 배치가 가능하다. 따라서 다음과 같이 4가지의 경우가 나올 수 있다.

층수	경우 1	경우 2	경우 3	경우 4
7층	인사팀	인사팀	생산팀	생산팀
6층	총무팀	총무팀	총무팀	총무팀
5층	생산팀	생산팀	인사팀	인사팀
4층	탕비실	탕비실	탕비실	탕비실
3층	연구팀	영업팀	연구팀	영업팀
2층	전산팀	전산팀	전산팀	전산팀
1층	영업팀	연구팀	영업팀	연구팀

따라서 생산팀은 어느 경우에도 3층에 배치될 수 없다.

25

정답 ①

데이터베이스(DB; Data Base)란 어느 한 조직의 여러 응용 프로그램들이 공유하는 관련 데이터들의 모임이다. 대학 내 서로 관련 있는 데이터들을 하나로 통합하여 데이터베이스로 구축하게 되면, 학생 관리 프로그램, 교수 관리 프로그램, 성적 관리 프로그램은 이 데이터베이스를 공유하며 사용하게 된다. 이처럼 데이터베이스는 여러 사람에 의해 공유되어 사용될 목적으로 통합하여 관리되는 데이터의 집합을 말하며, 자료 항목의 중복을 없애고 자료를 구조화하여 저장함으로써 자료 검색과 갱신의 효율을 높인다.

오답분석

② 유비쿼터스 : 사용자가 네트워크나 컴퓨터를 의식하지 않고 장소에 상관없이 자유롭게 네트워크에 접속할 수 있는 정보통신 환경을 의미한다.

③ RFID : 극소형 칩에 상품 정보를 저장하고 안테나를 달아 무선으로 데이터를 송신하는 장치를 말한다.

④ NFC : 전자태그(RFID)의 하나로, 13.56Mhz 주파수 대역을 사용하는 비접촉식 근거리 무선통신 모듈이며, 10cm의 가까운 거리에서 단말기 간 데이터를 전송하는 기술이다.

⑤ 와이파이 : 무선접속장치(AP; Access Point)가 설치된 곳에서 전파를 이용하여 일정 거리 안에서 무선인터넷을 할 수 있는 근거리 통신망을 칭하는 기술이다.

26

정답 ③

B대리는 보조 축으로 수량 계열을 사용하였다.

27

정답 ⑤

- 최종점수는 [E2] 셀에 「=ROUND(AVERAGE(B2:C2)*0.9+D2*0.1,1)」을 넣고 채우기 핸들 기능을 사용하면 된다. 따라서 ②와 ④는 필요한 함수이다.
- 등수는 [F2] 셀에 「=RANK(E2,$E$2:$E$8)」을 넣고 채우기 핸들 기능을 사용하면 된다. 따라서 ③은 필요한 함수이다.
- 등급은 [G2] 셀에 「=IFS(RANK(E2,$E$2:$E$8)<=2,"A",RANK (E2,$E$2:$E$8)<=5,"B",TRUE,"C")」을 넣고 채우기 핸들 기능을 사용하면 된다. 따라서 ①은 필요한 함수이다.

28

정답 ①

DCOUNT 함수는 범위에서 조건에 맞는 레코드 필드 열에 수치 데이터가 있는 셀의 개수를 계산하는 함수이다. 따라서 [E2] 셀에 「=DCOUNT(A1:C9,2,A12:B14)」 함수를 입력했을 때, [A1:C9] 목록 범위의 두 번째 열은 수치 데이터가 없으므로 결괏값은 0이 산출된다.

29

정답 ⑤

바깥쪽 i-for문이 4번 반복되고 안쪽 j-for문이 6번 반복되므로 j-for문 안에 있는 문장은 총 24번이 반복된다.

30

정답 ②

(가) &a는 변수 a의 시작 주소값이므로 주소 상수이다.
(다) p는 포인터이다.
(라) *p는 p가 가리키는 변수 a이다.

31

정답 ③

지호의 시험 결과를 순서도에 넣으면 듣기 점수 55점(NO →), 쓰기 점수 67점(NO →), 말하기 점수 68점(YES →)으로 [C반]에 배정받는다. 읽기 점수가 79점이지만 말하기 점수가 70점 미만이기 때문에 말하기 점수에서 처리 흐름이 멈춘다. 따라서 지호는 C반을 배정받는다.

32

정답 ③

핀테크(Fintech)는 금융(Financial)과 기술(Technology)의 조합어로, 금융과 IT의 융합을 통한 금융서비스 및 산업의 변화를 말한다.

오답분석

① P2P : 'Peer to Peer network'의 약자로, 기존의 서버와 클라이언트 개념이나 공급자와 소비자 개념에서 벗어나 개인 컴퓨터끼리 직접 연결하고 검색함으로써 모든 참여자가 공급자인 동시에 수요자가 되는 형태를 말한다.

② O2O : 'Online to Offline'의 약자로, 정보 유통 비용이 저렴한 온라인과 실제 소비가 일어나는 오프라인의 장점을 접목해 새로운 시장을 만드는 것을 의미한다.
④ IoT : 'Internet of Things' 또는 사물인터넷이라고 하며, 사물에 센서를 부착해 실시간으로 데이터를 인터넷으로 주고받는 기술이나 환경을 말한다.
⑤ 클라우드 : 사용하려고 하는 자료와 소프트웨어를 인터넷상의 서버에 저장하고, 인터넷에 접속하기만 하면 언제 어디서든 자료를 사용할 수 있는 컴퓨터 환경이다.

33

정답 ②

C주임은 최대 작업량을 잡아 업무를 진행하면 능률이 오를 것이라는 오해를 하고 있다. 하지만 이럴 경우 시간에 쫓기게 되어 오히려 능률이 떨어질 가능성이 있다. 실현 가능한 목표를 잡고 우선순위를 세워 진행하는 것이 옳다.

34

정답 ④

㉠ : Q1, Q8
㉡ : Q5, Q6, Q7, Q9

35

정답 ①

B씨는 남은 수강일과 동영상 강의 및 도서 환불에 대해 문의하고 있으므로, Q1, Q6, Q8을 통해 궁금증을 해결할 수 있다.

36

정답 ④

제시된 시장 조사 결과 보고서를 보면 소비자의 건강에 대한 관심 증대로 기능을 중시하며, 취급 점포를 체계적으로 관리해야 하고 상품의 가격을 조절해야 할 필요성이 나타나고 있다. 따라서 ㄴ과 ㄹ의 마케팅 전략을 구사하는 것이 적절하다.

37

정답 ②

업무 순서를 나열하면 회사 홈페이지, 관리자 페이지 및 업무용 메일 확인 – 외주업체로부터 브로슈어 샘플 디자인 받기 – 회의실 예약 후 마이크 및 프로젝터 체크 – 팀 회의 참석 – 지출결의서 총무부 제출이다. 따라서 출근 후 두 번째로 해야 할 일은 외주업체로부터 브로슈어 샘플 디자인 받기이다.

38

정답 ④

목표의 층위·내용 등에 따라 우선순위가 있을 수는 있지만 하나씩 순차적으로 처리해야 하는 것은 아니다. 즉, 조직의 목표는 동시에 여러 개를 추구할 수 있다.

39

정답 ③

지수는 비영리조직이면서 대규모조직인 학교에서 5시간 있었다.
• 학교 : 공식조직, 비영리조직, 대규모조직
• 카페 : 공식조직, 영리조직, 대규모조직
• 스터디 : 비공식조직, 비영리조직, 소규모조직

오답분석

① 비공식적이면서 소규모조직인 스터디에서 2시간 있었다.
② 공식조직인 학교와 카페에서 8시간 있었다.
④ 영리조직인 카페에서 3시간 있었다.
⑤ 비공식적이면서 비영리조직인 스터디에서 2시간 있었다.

40

정답 ③

오답분석

① 만장일치 : 회의 장소에 모인 모든 사람이 같은 의견에 도달하는 방법이다.
② 다수결 : 회의에서 많은 구성원이 찬성하는 의안을 선정하는 방법이다.
④ 의사결정나무 : 의사결정에서 나무의 가지를 가지고 목표와 상황과의 상호 관련성을 나타내어 최종적인 의사결정을 하는 불확실한 상황하의 의사결정 방법이다.
⑤ 델파이 기법 : 여러 전문가의 의견을 되풀이해 모으고, 교환하고, 발전시켜 미래를 예측하는 질적 예측 방법이다.

한국부동산원 전공

3일 차 기출응용 모의고사 정답 및 해설

| 01 | 경영

01	02	03	04	05	06	07	08	09	10
⑤	③	③	⑤	④	⑤	⑤	①	③	②
11	12	13	14	15	16	17	18	19	20
③	⑤	①	④	⑤	③	⑤	④	②	④
21	22	23	24	25	26	27	28	29	30
①	④	③	⑤	③	⑤	②	③	⑤	⑤
31	32	33	34	35	36	37	38	39	40
⑤	⑤	①	④	⑤	②	④	③	①	②
41	42	43	44	45	46	47	48	49	50
③	③	②	②	④	④	②	①	①	④

01

정답 ⑤

민츠버그(Mintzberg)는 크게 대인적 직무, 의사결정 직무, 정보처리 직무로 경영자의 역할을 10가지로 정리하였고, 보기의 역할은 의사결정 직무 중 기업가 역할에 해당한다.

민츠버그(Mintzberg) 경영자의 역할
- 대인적 직무 : 대표자 역할, 리더 역할, 연락자 역할
- 의사결정 직무 : 기업가 역할, 문제처리자 역할, 지원배분자 역할, 중재자 역할
- 정보처리 직무 : 정보수집자 역할, 정보보급자 역할, 대변자 역할

02

정답 ③

선입선출법이란 물량의 실제 흐름과 관계없이 먼저 구입한 상품이 먼저 사용되거나 판매된 것으로 가정하여 기말재고액을 결정한다.

오답분석

① 저가법에 대한 설명이다.
② 디플레이션 때에는 이익이 과대계상되지 않으나, 인플레이션 때에는 과대이익을 계상한다.
④ 후입선출법에 대한 설명이다.
⑤ 총평균법에 대한 설명이다.

03

정답 ③

공학법은 생산 방법, 시간 등에 대해 공학자의 주관적 평가를 토대로 원가를 추정하는 방법이다.

오답분석

① 계정분석법 : 원가 담당자가 각 계정에 기록된 모든 원가를 변동원가, 고정원가 등으로 구분하는 방법이다.
② 고저점법 : 과거의 원가 자료 중 최고조업도와 최저조업도의 값을 통해 원가를 추정하는 방법이다.
④ 산포도법 : 조업도와 원가를 두 축으로 하는 도표상에 과거의 자료를 표시하여 산포도를 그린 후 모든 점에 근접하는 직선을 긋고, Y축과 만나는 점을 고정원가, 직선의 기울기를 단위당 변동원가로 추정하여 원가와 조업도 간 관계를 가장 잘 나타내는 방법이다.
⑤ 회귀분석법 : 원가를 종속변수로 놓고 조업도를 독립변수로 하여 원가와 조업도의 상관성을 분석하고, 회귀식을 도출하여 원가방정식을 구한 후 예상 조업도에 대한 원가를 추정하는 방법이다.

04

정답 ⑤

마이클 포터(Michael Porter)의 산업구조 분석 모델은 산업에 참여하는 주체를 기존 기업(산업 내 경쟁자), 잠재적 진입자(신규 진입자), 대체재, 공급자, 구매자로 나누고 이들 간의 경쟁 우위에 따라 기업 등의 수익률이 결정되는 것으로 본다.

오답분석

① 정부의 규제 완화 : 정부의 규제 완화는 시장 진입장벽이 낮아지게 만들며, 신규 진입자의 위협으로 볼 수 있다.
② 고객의 충성도 : 고객의 충성도 정도에 따라 진입자의 위협도가 달라진다.
③ 공급업체의 규모 : 공급업체의 규모에 따라 공급자의 교섭력에 영향을 준다.
④ 가격의 탄력성 : 소비자들은 가격에 민감할 수도, 둔감할 수도 있기 때문에 구매자 교섭력에 영향을 준다.

05

정답 ④

BCG 매트릭스에서 상대적 시장점유율이 1보다 크다는 것은 해당 사업부의 시장점유율이 1위라는 것을 의미한다. 이때 시장점유율이 50%가 안 되는 1위 기업 또한 존재하기 때문에 ④가 항상 옳은 것은 아니다.

상대적 시장점유율

$$\frac{(\text{자사의 시장점유율})}{[\text{시장 내 1위 기업의 시장점유율(자사 제외)}]}\times 100$$

06

정답 ⑤

ESG경영의 주된 목적은 착한 기업을 키우는 것이 아니라 불확실성 시대의 환경, 사회, 지배구조라는 복합적 리스크에 얼마나 잘 대응하고 지속적 경영으로 이어나갈 수 있느냐 하는 것이다.

07

정답 ⑤

옵션은 권리행사를 기준으로 미국형 옵션과 유럽형 옵션으로 분리할 수 있다. 미국형 옵션은 만기일 전에도 언제든지 권리행사가 가능하지만, 유럽형 옵션의 경우에는 만기일에만 권리행사가 가능하기 때문에 미국형 옵션보다 저렴하고 매수자에게 유리하다. 또한 만기일 이전에는 반대매매로 청산이 가능하다.

08

정답 ①

경영관리란 경영에서 업무수행을 효과적으로 행할 수 있도록 경영조직을 체계적으로 운영하는 것을 의미한다. 즉, 경영상에서의 각종 업무수행이 경영목적을 위해 가장 효과적으로 행해질 수 있도록 여러 가지 시책을 체계적으로 연구하고 경영조직체를 만들어 운영하는 일을 의미한다.

09

정답 ③

오답분석

① 투자가치가 증대되는 효과를 낸다.
② 기하평균을 계산한 후 1을 뺀 값이다.
④ 해당 투자안의 현재가치를 '0'으로 만드는 할인율이다.
⑤ 가중치가 동일하지 않기 때문에 두 연평균수익률 모두 시간가중수익률이라고 한다.

10

정답 ②

비참가적 우선주는 우선 배당률에 의한 배당금이 지급된 후에는 배당 가능 이익이 있을 때에도 그 배당을 받을 수 없는 우선주를 의미한다. 이익이 많은 경우에는 보통주보다 불리하므로 실제로는 거의 발행하지 않는다.

11

정답 ③

오답분석

① 자기자본비용은 기업이 조달한 자기자본의 가치를 유지하기 위해 최소한 벌어들어야 하는 수익률이다.
② 새로운 투자안의 선택에 있어서도 투자수익률이 자기자본비용을 넘어야만 한다.
④ 기업이 주식발행을 통해 자금조달을 할 경우 자본이용의 대가로 얼마의 이용 지급료를 산정해야 하는지는 명확하지가 않다.
⑤ CAPM에서는 베타와 증권시장선을 계산해서 미래의 증권시장선으로 사용하였는데 이는 과거와 비슷한 현상이 미래에도 발생할 수 있다는 가정하에서만 타당한 방법이다.

12

정답 ⑤

목표관리는 목표의 설정뿐 아니라 성과평가 과정에도 부하 직원이 참여하는 관리 기법이다.

오답분석

① 목표설정 이론은 명확하고 도전적인 목표가 성과에 미치는 영향을 분석한다.
② 목표는 지시적 목표, 자기설정 목표, 참여적 목표로 구분되고, 이 중 참여적 목표가 종업원의 수용성이 가장 높다.
③ 조직의 상・하 구성원이 모두 협의하여 목표를 설정한다.
④ 조직의 목표를 부서별・개인별 목표로 전환하여 조직 구성원 각자의 책임을 정하고, 조직의 효율성을 향상시킬 수 있다.

13

정답 ①

기계적 조직과 유기적 조직의 특징

구분	전문화	공식화	집권화
기계적 조직	고	고	고
유기적 조직	저	저	저

14

정답 ④

토빈의 Q-비율은 주식시장에서 평가된 기업의 시장가치(분자)를 기업의 실물자본의 대체비용(분모)으로 나눠서 도출할 수 있다. Q-비율이 1보다 크다는 것은 시장에서 평가되는 기업의 가치가 자본량을 늘리는 데 드는 비용보다 더 큼을 의미하므로 투자를 하는 것이 바람직하고, 1보다 작을 경우에는 기업의 가치가 자본재의 대체비용에 미달함을 의미하므로 투자를 감소하는 것이 바람직하다. 또한 이자율이 상승하면 주가가 하락하여 Q-비율 역시 하락한다. 이에 따라 투자를 감소시켜야 하는 것이 바람직하다.

15 정답 ⑤

주식을 할증발행(액면금액을 초과하여 발행)하면 자본잉여금인 주식발행초과금이 발생한다. 즉, 주식발행초과금은 주식발행가액이 액면가액을 초과하는 경우 그 초과하는 금액으로, 자본전입 또는 결손보전 등으로만 사용이 가능하다. 따라서 자산과 자본을 증가시키지만, 이익잉여금에는 영향을 미치지 않는다.

이익잉여금의 증감 원인

증가 원인	감소 원인
• 당기순이익 • 전기오류수정이익(중대한 오류) • 회계정책 변경의 누적 효과(이익)	• 당기순손실 • 배당금 • 전기오류수정손실(중대한 오류) • 회계정책 변경의 누적 효과(손실)

16 정답 ③

마이클 포터의 5 Forces 모델에서는 대체재의 위협과 공급자의 교섭력이 낮을수록 해당 산업의 매력성은 높다.

17 정답 ⑤

$$EOQ=\sqrt{\frac{2\times(\text{연간 수요량})\times(\text{1회 주문비})}{(\text{재고유지비용})}}$$

$$=\sqrt{\frac{2\times1,000\times200}{40}}=100$$

$$(\text{연간 재고유지비용})=\frac{EOQ}{2}\times(\text{단위당 연간 재고유지비})$$

$$=\frac{100}{2}\times40=2,000$$

$$(\text{연간 주문비용})=\frac{(\text{연간수요})}{EOQ}\times(\text{단위당 주문비})$$

$$=\frac{1,000}{100}\times200=2,000$$

(총재고비용)=(연간 주문비용)+(연간 재고유지비용)

∴ 2,000+2,000=4,000원

18 정답 ④

계속기업의 가정이란 보고기업이 예측 가능한 미래에 영업을 계속하여 영위할 것이라는 가정이다. 기업이 경영활동을 청산 또는 중단할 의도가 있다면, 계속기업의 가정이 아닌 청산가치 등을 사용하여 재무제표를 작성한다.

오답분석

① 재무제표는 재무상태표, 포괄손익계산서, 자본변동표, 현금흐름표, 그리고 주석으로 구성된다. 법에서 이익잉여금처분계산서 등의 작성을 요구하는 경우, 주석으로 공시한다.

② 원칙적으로 최소 1년에 한 번씩은 작성해야 한다.

③ 현금흐름표 등 현금흐름에 대한 정보는 현금주의에 기반한다.

⑤ 역사적 원가는 측정일의 조건을 반영하지 않고, 현행가치는 측정일의 조건을 반영한다. 현행가치는 다시 현행원가, 공정가치, 사용가치(이행가치)로 구분된다.

19 정답 ②

470,000(기계장치)+340,000+10,000(처분손실)−800,000 =20,000원

20 정답 ④

통상적인 영업 과정에서 단기간에 판매하기 위해 보유하고 있는 토지는 투자부동산에 해당하지 않는다.

21 정답 ①

- $P_0=D_1\div(k-g)$에서 $g=b\times r=0.3\times0.1=0.03$
- D_0=(주당순이익)×[1−(사내유보율)]
  =3,000×(1−0.3)=2,100원
- $D_1=D_0\times(1+g)=2,100\times(1+0.03)=2,163$원
- $P=2,163\div(0.2-0.03)=12,723$원

22 정답 ④

오답분석

① 보통주배당이 아니라 우선주배당이다.

② 주당순자산이 아니라 주당순이익의 변동폭이 확대되어 나타난다.

③ 자기자본이 아니라 타인자본이 차지하는 비율이다.

⑤ 주당이익의 변동폭은 그만큼 더 크게 된다.

23 정답 ③

거래비용 이론에 따르면 거래의 당사자가 거래의 성립을 위해 지불해야 할 비용은 크게 세 가지 관점에서 발생한다. 그중 거래에 투자되는 거래 당사자들의 자산이 그 특정 거래에 국한될 경우, 즉, 자산의 고정성(Asset Specificity)이 높을 경우 거래에 소요되는 비용이 상대적으로 증가한다는 것이다. 특히 자산의 고정성이 높을수록 이기적 행동 성향과 정보 제약성의 문제는 상대적으로 더욱 증가할 것이며, 이 경우 조직 내부적으로 거래가 이루어지는 것이 상대적으로 효율적이고 결국 조직이 시장으로부터 생성된다는 것이다.

24

정답 ⑤

포터는 기업의 가치 창출 활동을 본원적 활동(Primary Activities)과 지원 활동(Support Activities)의 2가지 범주로 구분하고 있다.

- 본원적 활동(Primary Activities) : 입고(Inbound Logistics), 운영/생산(Operations), 출고(Outbound Logistics), 마케팅 및 영업(Marketing& Sales), 서비스(Services) 활동
- 지원 활동(Support Activities) : 회사 인프라(Firm Infrastructure), 인적자원관리(HRM), 기술개발(Technology Development), 구매활동(Procurement)

25

정답 ③

테일러(Tailor)의 과학적 관리론은 노동자의 심리 상태와 인격을 무시하고, 노동자를 단순한 숫자 및 부품으로 바라본다는 한계점이 있다. 이러한 한계점으로 인해 직무특성 이론과 목표설정 이론이 등장하는 배경이 되었다.

26

정답 ⑤

기업의 생산이나 판매 과정 전후에 있는 기업 간의 합병으로, 주로 원자재 공급의 안정성 등을 목적으로 하는 것은 수직적 합병이다. 수평적 합병은 동종 산업에서 유사한 생산단계에 있는 기업 간의 합병으로, 주로 규모의 경제적 효과나 시장지배력을 높이기 위해서 이루어진다.

27

정답 ②

5가지 성격 특성 요소(Big Five Personality Traits)

1. 개방성(Openness to Experience) : 상상력, 호기심, 모험심, 예술적 감각 등으로 보수주의에 반대하는 성향이다.
2. 성실성(Conscientiousness) : 목표를 성취하기 위해 성실하게 노력하는 성향이다. 과제 및 목적 지향성을 촉진하는 속성과 관련된 것으로, 심사숙고, 규준이나 규칙의 준수, 계획 세우기, 조직화, 과제의 준비 등과 같은 특질을 포함한다.
3. 외향성(Extraversion) : 다른 사람과의 사교, 자극과 활력을 추구하는 성향이다. 사회와 현실 세계에 대해 의욕적으로 접근하는 속성과 관련된 것으로, 사회성, 활동성, 적극성과 같은 특질을 포함한다.
4. 수용성(Agreeableness) : 타인에게 반항적이지 않은 협조적인 태도를 보이는 성향이다. 사회적 적응성과 타인에 대한 공동체적 속성을 나타내는 것으로, 이타심, 애정, 신뢰, 배려, 겸손 등과 같은 특질을 포함한다.
5. 안정성(Emotional Stability) : 스트레스를 견디는 개인의 능력으로, 정서가 안정적인 사람들은 온화하고 자신감이 있다.

28

정답 ③

기업의 다양한 경제 활동 중에서 재무상태의 변화를 수반하는 활동을 회계상 거래라고 한다. 회계상 거래는 재무상태표의 구성요소인 자산, 부채, 자본과 손익계산서의 구성요소인 수익, 비용에 변화를 가져오는 활동이다. 따라서 100억 원 상당의 매출계약을 체결하는 것은 회계상 거래가 아니다.

29

정답 ⑤

B2B는 영업 기회의 발굴에 초점을 두기 때문에 전자상거래의 수단이나 관리 및 TV광고와 같이 광범위하고 많은 고객층에게 노출되는 마케팅보다는 작은 타깃시장에 집중하여 시장점유율을 높이는 전략을 택하는 것이 유리하다.

30

정답 ⑤

제시문에서 설명하는 용어는 BPR(Business Process Reengineering)이다. BPR은 기업의 핵심 업무 프로세스를 '근본적'으로 재설계하여 비용, 품질, 서비스, 속도 등에서 획기적인 성과 향상을 추구하는 경영 혁신 방법론이다.

오답분석

① VE(Value Engineering) : 가치 공학 또는 가치 분석은 제네럴 일렉트릭사의 마일스가 1947년에 개발한 것으로, 필요한 기능을 최저의 비용으로 확실히 달성하기 위하여 제품 또는 서비스의 기능을 분석하는 것이다.
② M&A(Mergers and Acquisitions) : 기업의 인수합병을 뜻한다.
③ MOU(Memorandum of Understanding) : MOU는 좁은 의미와 넓은 의미로 나눌 수 있다. 이때 좁은 의미의 MOU는 국가와 국가 사이의 외교교섭 결과 서로 양해된 내용을 확인·기록하기 위해 정식 계약 체결에 앞서 체결하는 문서로 된 합의를 말하며, 양해각서로 표기되기도 한다.
④ FTA(Free Trade Agreement) : 둘 또는 그 이상의 나라들이 상호 간에 수출입 관세와 시장점유율 제한 등의 무역 장벽을 제거하기로 약정하는 조약이다.

31

정답 ⑤

제시된 사례에서 나타나는 마케팅 기법은 기업이 고객의 수요를 의도적으로 줄이는 디마케팅(Demarketing)이다. 프랑스 맥도날드사는 청소년 비만 문제에 대한 이슈로 모두가 해당 불매운동에 동감하고 있을 때, 청소년 비만 문제를 인정하며 소비자들의 건강을 더욱 생각하는 회사라는 이미지를 위해 단기적으로는 수요를 하락시킬 수 있는 메시지를 담아 디마케팅을 실시하였다. 결과적으로는 소비자를 더욱 생각하는 회사로 이미지 마케팅에 성공하며, 가장 대표적인 디마케팅 사례로 알려지게 되었다.

32
정답 ⑤

반복적인 작업을 하는 근로자는 흔히 단순노동직으로 구분한다. 따라서 ⑤는 전문적이고 비 반복적인 업무를 담당하는 지식근로자에 대한 특징으로 옳지 않다.

33
정답 ①

사업 포트폴리오 매트릭스는 1970년 보스턴 컨설팅 그룹(BCG)에 의하여 개발된 자원배분의 도구로, 전략적 계획 수립에 널리 이용되어 왔다. 높은 시장경쟁으로 인하여 낮은 성장률을 가지고 있는 성숙기에 처해 있는 경우로, 이 사업은 시장 기반은 잘 형성되어 있으나 원가를 낮추어 생산해야 하는데, 이러한 사업을 수익주종사업이라 칭한다.

34
정답 ④

공급사슬관리(SCM)란 공급자로부터 최종 고객에 이르기까지 자재 조달, 제품 생산, 유통, 판매 등의 흐름을 적절히 관리하는 것으로, 이를 통해 자재의 조달 시간을 단축하고, 재고 비용이나 유통 비용 등을 절감할 수 있다.

오답분석

① 자재소요량계획(MRP)에 대한 설명이다.
② 업무재설계(BPR)에 대한 설명이다.
③ 적시생산 방식(JIT)에 대한 설명이다.
⑤ 지식관리시스템(KMS)에 대한 설명이다.

35
정답 ⑤

외부실패비용은 고객에게 판매된 후에 발생하는 비용을 말하며 대개 고객 서비스와 관련된 비용이다. 외부실패비용에는 반품 비용, 보상 위자료, 반환품 비용, 리콜 비용, 품질 보증 클레임 비용 등이 있다.

36
정답 ②

MRP II(Manufacturing Resource Planning II)는 제조자원을 계획하는 관리 시스템으로, 자재소요계획(MRP; Material Requirement Planning)과 구별하기 위해 II를 붙였다.

오답분석

① MRP(Material Requirement Planning) : 자재소요계획으로, 제품(특히 조립제품)을 생산함에 있어서 부품(자재)이 투입될 시점과 투입되는 양을 관리하기 위한 시스템이다.
③ JIT(Just In Time) : 적기공급생산으로 재고를 쌓아 두지 않고서 필요한 때 제품을 공급하는 생산 방식이다.
④ FMS(Flexible Manufacturing System) : 다품종 소량생산을 가능하게 하는 생산 시스템으로, 생산 시스템을 자동화·무인화하여 다품종 소량 또는 중량생산에 유연하게 대응하는 시스템이다.
⑤ BPR(Business Process Reengineering) : 경영혁신 기법의 하나로, 기업의 활동이나 업무의 전반적인 흐름을 분석하고, 경영의 목표에 맞도록 조직과 사업을 최적으로 다시 설계하여 구성한다.

37
정답 ④

증권회사의 상품인 유가증권과 부동산 매매회사가 정상적 영업 과정에서 판매를 목적으로 취득한 토지·건물 등은 재고자산으로 처리된다.

오답분석

① 매입운임은 매입원가에 포함한다.
②·③ 선입선출법의 경우에는 계속기록법을 적용하든 실지재고조사법을 적용하든 기말재고자산, 매출원가, 매출총이익 모두 동일한 결과가 나온다.
⑤ 재고자산을 순실현가능가치로 감액한 평가손실과 모든 감모손실은 감액이나 감모가 발생한 기간에 비용으로 인식한다.

38
정답 ③

- (당기법인세부채)=(150,000+24,000+10,000)×25%
  =46,000원
- (이연법인세자산)=10,000×25%=2,500원
- (법인세비용)=46,000−2,500=43,500원

39
정답 ①

주식을 이용하여 경영권을 위협하며, 해당 주식을 비싸게 파는 행위는 그린메일이다.

오답분석

② 황금주(Golden Share) 제도 : 황금주란 단 1주만으로도 주주총회 의결사항에 대해 거부권을 행사할 수 있는 권리를 가진 주식으로, 주로 공기업이 민영화된 이후에도 공익성을 유지할 수 있도록 정부에게 발행된다.
③ 황금 낙하산(Golden Parachute) : 인수 대상 기업의 CEO가 인수로 인하여 임기 전에 사임하게 될 경우를 대비하여 거액의 퇴직금, 저가에 의한 주식매입권, 일정 기간 동안의 보수와 보너스 등을 받을 권리를 사전에 고용계약에 기재하여 안정성을 확보하는 동시에 기업의 인수 비용을 높이는 방법이다.
④ 백기사(White Knight) 전략 : 인수 대상 기업이 적대적 인수 세력으로부터 벗어나기 위해 우호적인 제3세력의 자본을 앞세워 경영권을 보호하는 것으로, 이 우호적인 제3세력을 백기사라 한다.
⑤ 고주가 전략 : 기업의 시장가치인 주가가 저평가되고 있다면 단순한 매매차익을 겨냥하는 투자자뿐만 아니라 관련 기업들이나 인수 전문가들이 공격적인 투자를 시도할 것이기 때문에 적대적 M&A에 대한 최선의 방어 전략으로 기업가치인 주가를 높게 유지하는 것이다.

40

정답 ②

- [재무레버리지도(DFL)]
  =(영업이익)÷[(영업이익)−(이자비용)]=40÷(40−30)=4
- [영업레버리지도(DOL)]
  =[(매출액)−(영업변동비)]÷[(매출액)−(영업변동비)−(영업고정비)]=(100−30)÷(100−30−30)=1.75
- [결합레버리지도(DCL)]
  =(영업레버리지도)×(재무레버리지도)=4×1.75=7

41

정답 ③

- 제품보증충당부채(기말 추정액) : 1,700
- 제품보증비용(충당부채 추가설정액) : 1,700−1,000=700

42

정답 ③

- 실지기말재고금액
  : (800×100)+(250×180)+(400×250)=225,000
- 재고자산감모손실 : 250,000−225,000=25,000

43

정답 ②

보험료(비용)이 과대계상되어 당기순이익이 과소계상되었으며, 선급보험료(자산)도 과소계상, 자본도 과소계상되었다.

44

정답 ②

- 20X2년 말 장부가액 : $620{,}000-\left\{(620{,}000-20{,}000)\times\frac{2}{5}\right\}$
  $=380{,}000$
- 20X3년 감가상각비 : $(380{,}000-20{,}000)\times\frac{2}{5}=180{,}000$

45

정답 ④

매입채무와 같이 기업의 정상영업주기 내에 사용되는 운전자본의 일부 항목은 보고기간 후 12개월 후에 결제일이 도래한다고 하더라도 유동부채로 분류한다.

46

정답 ④

10,000,000+900,000+600,000−500,000−300,000
=10,700,000

47

정답 ②

- 2월 : 200×4,000=800,000 감소
- 4월 : (50×5,000)+(50×3,500)=425,000 증가
- 자본총액 변동 : −800,000+425,000=375,000 감소

48

정답 ①

- 당기손익−공정가치측정금융자산
  : (7,000×10)−(6,000×10)=10,000
- 기타포괄손익−공정가치측정금융자산 : 0

49

정답 ①

- 평균매출채권 : $\frac{150{,}000+450{,}000}{2}=300{,}000$
- 매출채권회전율 : $\frac{4{,}500{,}000}{300{,}000}=15$
- 평균재고자산 : $\frac{240{,}000+160{,}000}{2}=200{,}000$
- 재고자산회전율 : $\frac{4{,}000{,}000}{200{,}000}=20$
- 재고자산평균처리기간 : $\frac{360}{20}=18$

50

정답 ④

연결재무제표는 연결회사와 종속회사를 연결한 실체의 자산 등의 정보를 제공하기 위해 만들어졌다.

| 02 | 경제

01	02	03	04	05	06	07	08	09	10
③	④	①	④	①	①	③	①	②	③
11	12	13	14	15	16	17	18	19	20
⑤	④	③	②	④	①	①	⑤	③	④
21	22	23	24	25	26	27	28	29	30
④	④	④	④	③	②	⑤	①	④	④
31	32	33	34	35	36	37	38	39	40
②	⑤	⑤	⑤	④	①	④	④	④	②
41	42	43	44	45	46	47	48	49	50
②	②	④	①	④	①	⑤	②	③	④

01

정답 ③

IS－LM 곡선은 거시경제에서의 이자율과 국민소득을 분석하는 모형으로 경제가 IS 곡선의 왼쪽에 있는 경우 이자율의 감소로 저축보다 투자가 많아져 초과수요가 발생하게 된다. LM 곡선은 화폐시장의 균형이 달성되는 이자율과 국민소득의 조합을 나타낸 선이다.

02

정답 ④

소비함수 이론에는 케인스의 절대소득 가설, 쿠즈네츠의 실증 분석, 상대소득 가설, 피셔의 2기간 모형, 항상소득 가설, 생애주기 가설, 랜덤워크 가설이 해당한다. 반대로 투자함수 이론에는 현재가치법, 내부수익률법, 신고전학파의 투자결정 이론, 가속도 원리, 신축적 가속도 원리, 투자옵션 이론, Q 이론이 해당한다. 이때 딕싯(Dixit)의 투자옵션 이론은 투자함수 이론에 해당하며, 미래에 대한 불확실성이 커질수록 기업의 투자는 줄어든다고 주장한다.

03

정답 ①

$Min\,C=3L+5K,\ s.t.\ 4L+8K=120$을 풀면 재화 120을 생산하기 위해 비용을 최소화하는 생산요소 묶음을 도출할 수 있다. 두 식 모두 $L-K$ 평면에서 직선이므로 $3L+5K$가 최소화되기 위해서는 $L=0$, $K=15$이어야 한다.

04

정답 ④

실업률이 20%이고 취업자 수가 120만 명이라면 실업자 수와 경제활동인구는 다음과 같이 구한다.

$$(\text{실업률})=\frac{(\text{실업자 수})}{(\text{경제활동인구})}\times 100$$

$$=\frac{(\text{실업자 수})}{(\text{취업자 수})+(\text{실업자 수})}\times 100$$

$$20\%=\frac{(\text{실업자 수})}{120\text{만 명}+(\text{실업자 수})}\times 100$$

(실업지 수)=30만 명

(경제활동인구)=(취업자 수)+(실업자 수)=120만 명+30만 명
=150만 명

즉, 실업자 수가 30만 명, 경제활동인구가 150만 명이므로 경제활동참가율은 다음과 같다.

$$(\text{경제활동참가율})=\frac{(\text{경제활동인구})}{(\text{노동가능인구})}\times 100$$

$$=\frac{150\text{만 명}}{200\text{만 명}}\times 100=75\%$$

05

정답 ①

케인스가 주장하였던 유동성 함정(Liquidity Trap)의 상황이다. 유동성 함정이란 시장에 현금이 흘러 넘쳐 구하기 쉬운데도 기업의 생산·투자와 가계의 소비가 늘지 않아 경기가 나아지지 않고, 마치 경제가 함정(Trap)에 빠진 것처럼 보이는 상황을 말한다. 즉, 유동성 함정의 경우에는 금리를 아무리 낮추어도 실물경제에 영향을 미치지 못하게 된다.

06

정답 ①

틀짜기 효과(Framing Effect)란 똑같은 상황이더라도 어떤 틀에 따라 인식하느냐에 따라 행태가 달라지는 효과를 뜻한다.

오답분석

② 닻내림 효과(Anchoring Effect) : 어떤 사항에 대한 판단을 내릴 때 초기에 제시된 기준에 영향을 받아 판단을 내리는 현상을 뜻한다.

③ 현상유지 편향(Status quo Bias) : 사람들이 현재의 성립된 행동을 특별한 이득이 주어지지 않는 이상 바꾸지 않으려는 경향을 뜻한다.

④ 기정 편향(Default Bias) : 사람들이 미리 정해진 사항을 그대로 따르려는 경향을 뜻한다.

⑤ 부존 효과(Endowment Effect) : 어떤 물건을 갖고 있는 사람이 그렇지 않은 사람에 비해 그 가치를 높게 평가하는 경향을 뜻한다.

07

정답 ③

제1기와 제2기의 소득이 증가하면 소득 효과로 제1기와 제2기의 소비가 모두 증가한다. 실질이자율이 상승하면 대체 효과와 소득 효과가 발생한다. 따라서 현재 소비의 기회비용의 상승에 따른 대체 효과에 의해 개인은 현재 소비를 감소하고, 저축은 증가하여 제2기의 소비가 증가한다.

08

정답 ①

레온티에프형 효용함수는 항상 소비 비율이 일정하게 유지되는 완전보완재적인 효용함수이므로 X재의 가격이 변화해도 소비량은 일정하게 유지된다. 그러므로 대체 효과는 0이고, 효용극대화점에서 효용함수가 ㄱ자형으로 꺾인 형태이기 때문에 한계대체율은 정의되지 않는다. 또한 소비 비율이 일정하게 유지되는 특성으로 가격 변화 시 두 재화의 소비 방향은 항상 같은 방향으로 변화한다. 이때 효용극대화 모형을 정리하면 $MAX\ U(x,y)=MIN[x,y]$ $s.t.p_x x+p_x y=M$이고, 효용극대화 조건 $x=y$를 식에 대입하면 $x=\dfrac{M}{P_x+P_y}$, $y=\dfrac{M}{P_x+Py}$이다.

$P_x=P_y=10$, $M=1,800$을 대입하면 $x=y=90$이고,

$P_x=8, P_y=10, M=1,800$을 대입하면 $x=y=100$이므로,

소득 효과는 10이다.

따라서 옳은 것은 ㄱ, ㄴ이다.

09

정답 ②

어떤 상품이 정상재인 경우 이 재화의 수요가 증가하면 수요곡선 자체를 오른쪽으로 이동시켜 재화의 가격이 상승하면서 동시에 거래량이 증가한다. 소비자의 소득 증가, 대체재의 가격 상승, 보완재의 가격 하락, 미래 재화가격 상승 예상, 소비자의 선호 증가 등이 수요를 증가시키는 요인이 될 수 있다. 한편, 생산기술의 진보, 생산요소의 가격 하락, 생산자의 수 증가, 조세 감소 등은 공급의 증가 요인이므로 공급곡선을 오른쪽으로 이동시킨다.

10

정답 ③

십분위분배율은 0과 2 사이의 값을 갖고, 그 값이 작을수록 소득분배가 불평등함을 나타낸다. 이에 비해 지니계수와 앳킨슨지수는 모두 0과 1 사이의 값을 갖고, 그 값이 클수록 소득분배가 불평등함을 나타낸다.

11

정답 ⑤

수요의 가격탄력성이 1보다 작은 경우에는 가격이 대폭 상승하더라도 판매량이 별로 감소하지 않으므로 소비자의 총지출은 증가하고 판매자의 총수입도 증가한다.

오답분석

① 수요의 가격탄력성은 수요량의 변화율을 가격의 변화율로 나누어 구하므로 가격이 1% 상승할 때 수요량이 2% 감소하였다면 수요의 가격탄력성은 2이다.
② 기펜재는 대체 효과보다 소득 효과가 더 큰 열등재인데, 소득이 증가할 때 구입량이 증가하는 재화는 정상재이므로 기펜재가 될 수 없다.
③ 교차탄력성이란 한 재화의 가격이 변화할 때 다른 재화의 수요량이 변화하는 정도를 나타내는 지표이다. 잉크젯 프린터의 가격이 오르면(+) 잉크젯 프린터의 수요가 줄고, 프린터에 사용할 잉크 카트리지의 수요도 줄어들 것(−)이므로 교차탄력성은 음(−)의 값을 가진다는 것을 알 수 있다. 잉크젯 프린터와 잉크 카트리지 같은 관계에 있는 재화들을 보완재라고 하는데, 보완재의 교차탄력성은 음(−)의 값을, 대체재의 교차탄력성은 양(+)의 값을 가지게 된다.
④ 수요의 소득탄력성은 0보다 작을 수 있고 이러한 재화를 열등재라고 한다.

12

정답 ④

재화를 배제성과 경합성을 기준으로 사적 재화, 클럽재, 공유자원, 공공재로 유형화할 수 있는데, 재산권 강화를 통해 공유자원을 사적재화로 조정할 수 있다.

13

정답 ③

2016년도에 A국이 자동차 1대를 생산하기 위한 기회비용은 TV 2대이며, B국이 자동차 1대를 생산하기 위한 기회비용은 TV $\dfrac{1}{2}$대이므로 상대적으로 자동차 생산에 대한 기회비용이 적은 B국에서 자동차를 수출해야 한다. 한편, 2016년 B국의 자동차 1대 생산에 대한 기회비용은 TV $\dfrac{1}{2}$대인 반면, 2024년 B국의 자동차 1대 생산에 대한 기회비용은 TV 2대이므로 기회비용은 증가하였다. 2024년도에 A국은 비교우위가 있는 자동차 생산에 특화하고, B국은 비교우위가 있는 TV 생산에 특화하여 교환한다. 이 경우 교환 비율이 자동차 1대당 TV 2대이면, B국은 아무런 무역의 이익을 가지지 못하고, A국만 무역의 이익을 갖는다. 2016년도에 A국의 생산 가능한 총생산량은 TV 400대 또는 자동차 200대이다.

14

정답 ②

내생적 성장 이론에서는 자본에 대한 수확체감 현상이 발생하지 않으므로 경제성장률은 1인당 자본량에 관계없이 결정된다. 따라서 내생적 성장 이론에서는 국가 간 소득이 동일한 수준으로 수렴하는 현상이 발생하지 않는다.

15

정답 ④

피구 효과란 경제 불황이 발생하여 물가가 하락하면 민간이 보유한 화폐의 구매력이 증가하므로 실질적인 부가 증가하는 효과가 발생하고, 실질적인 부가 증가하면서 소비도 증가하여 IS 곡선이 오른쪽으로 이동하는 효과를 말한다. 즉, 피구효과는 IS 곡선의 기울기가 아닌 IS 곡선 자체의 이동을 가져오는 효과이다.

16

정답 ①

프리드먼에 의해 제시된 소비함수론인 항상소득 가설에서는 소비가 항상소득에 의해 결정된다고 가정한다. 즉, 항상소득 가설에서 실제소득은 항상소득과 임시소득의 합으로 구성되지만 소비에 미치는 영향이 크고 항구적인 것은 항상소득인 것이다. 반면 임시소득은 소득 변동이 임시적인 것으로 소비에 영향을 미치지 못하거나 영향을 미치는 정도가 매우 낮다.

17

정답 ①

수요나 공급이 가격에 민감할수록 조세 부과로 인한 수요량과 공급량이 더욱 크게 감소하여 시장 왜곡이 더 커진다.

오답분석

③·④·⑤ 수요곡선이나 공급곡선의 이동 폭은 조세 부과의 크기로 인해 달라지는 것이므로, 탄력성과는 무관한 설명이다.

18

정답 ⑤

단기 총공급곡선이 우상향하게 되는 것은 케인스의 시각을 반영한 것이다. 단기 AS 곡선이 우상향할 때 노동 시장과 생산물 시장에서의 불완전 정보로 인한 경우와 임금과 가격의 경직성으로 인한 두 가지 측면에서 설명이 가능하다.

구분	불완전 정보	가격의 경직성
노동 시장	노동자 오인 모형 (ㄴ)	비신축적 임금 모형 (ㄹ)
생산물 시장	불완전 정보 모형 (ㄱ)	비신축적 가격 모형 (ㄷ)

ㄱ. 불완전 정보 모형 : 루카스의 섬 모형으로, 개별 생산자는 물가 상승이 전반적인 물가 상승에 기인한 것인지 아닌지 자신의 상품만 가격이 상승한 것인지를 정보의 불완전성으로 알지 못한다는 것이다.

ㄴ. 노동자 오인 모형 : 노동자들은 기업에 비해서 정보가 부족하여 명목임금의 변화를 실질임금의 변화로 오인하여 화폐환상에 빠지게 되어 총공급곡선이 우상향하게 된다.

ㄷ. 비신축적 가격 모형 : 메뉴 비용으로 설명되는 대표적인 것으로, 가격을 신축적으로 조정하지 않는 기업이 많을수록 총공급곡선은 수평에 가까워진다.

ㄹ. 비신축적 임금 모형 : 명목임금이 계약기간 내에는 경직적이므로 물가 상승은 실질임금 하락으로 이어져 노동고용량의 증가로 이어진다.

19

정답 ③

ㄱ. A씨가 5달러를 원화로 환전한 금액은 5,500원이므로 1달러는 1,100원이다. 한국의 빅맥 가격은 4,400원이므로 달러로 환산하면 4달러이다.

ㄹ. 현재 원화의 명목환율은 1,100원으로, 상대적인 구매력을 나타내는 실질환율의 1,375원보다 낮으므로 원화의 구매력을 과소평가하고 있다.

오답분석

ㄴ. 구매력평가설에 의하면 환율은 국내 물가수준을 외국 물가수준으로 나눈 비율과 동일하다. 빅맥 1개의 가격이 미국에서는 5달러, 한국에서는 4,400원이므로 원화의 대미 달러 환율은 $\frac{4,400}{5,500} \times 1,100 = 880$원이다.

ㄷ. $(\text{실질환율}) = \frac{(\text{명목환율}) \times (\text{외국물가})}{(\text{자국물가})} = \frac{1,100 \times 5,500}{4,400} =$ 1,375원이다.

20

정답 ④

필립스곡선은 인플레이션율과 실업률 간에 단기 상충관계가 존재함을 보여준다. 하지만 장기적으로 인플레이션율과 실업률 사이에는 특별한 관계가 성립하지 않는다. 대상 기간이 길어지면 사람들의 인플레이션에 대한 기대가 바뀔 수 있고 오일 쇼크와 같은 공급 충격도 주어질 수 있기 때문에 장기적으로는 필립스곡선이 성립하지 않는 것이다. 따라서 인플레이션 기대나 원자재 가격 상승 때문에 물가가 상승할 때는 실업률이 하락하지 않을 수 있다.

21

정답 ④

독점시장의 시장가격은 완전경쟁시장의 가격보다 높게 형성되므로 소비자 잉여는 줄어든다.

22

정답 ④

후생경제학 제1정리에 따르면 시장구조가 완전경쟁적이면 자원배분이 효율적이 된다. 그리고 후생경제학 제2정리는 정부가 초기 부존자원을 적절히 재분배하면 임의의 효율적인 자원배분이 시장 기구에 의해 달성될 수 있음을 보여준다. 차선의 이론은 모든 효율성 조건이 충족되지 못하는 상태에서는 더 많은 효율성 조건이 충족된다고 해서 더 효율적인 자원배분이라는 보장이 없다는 이론이다. 한편, 공리주의 사회후생함수(SW)는 각 개인의 효용의 합으로 나타난다. 즉, 사회가 2인(A와 B)으로 구성되고 각각의 효용을 U_A, U_B라 할 경우 사회후생함수(SW)는 SW$= U_A + U_B$로 표현된다.

23

정답 ④

화폐의 기능 중 가치 저장 기능은 발생한 소득을 바로 쓰지 않고 나중에 지출할 수 있도록 한다는 것이다.

오답분석

① 금과 같은 상품화폐의 내재적 가치는 변동한다.
② M2에는 요구불 예금과 저축성 예금이 포함된다.
③ 불태환화폐(Flat Money)는 상품화폐와 달리 내재적 가치를 갖지 않는다.
⑤ 다른 용도로 사용될 수 있더라도 교환의 매개 수단으로 활용될 수 있다.

24

정답 ④

ㄴ·ㄷ. 화폐수요의 이자율 탄력성이 낮은 경우(=이자율의 화폐수요 탄력성은 높음)에는 총통화량을 조금만 증가시켜도 이자율의 하락폭은 커지므로 투자가 늘어나고 이로 인해 국민소득이 늘어나므로 통화정책의 효과가 높아진다.

오답분석

ㄱ. 화폐수요의 이자율 탄력성이 높은 경우(=이자율의 화폐수요 탄력성은 낮음)에는 총통화량을 많이 증가시켜도 이자율의 하락폭은 작기 때문에 투자의 증대효과가 낮다.

25

정답 ③

노동시장에서 기업은 한계수입생산(MRP)과 한계요소비용(MFC)이 일치하는 수준까지 노동력을 수요하려고 한다.

- 한계수입생산 : $MRP_L = MR \times MP_N$, 이때 생산물시장이 완전경쟁시장이라면 한계수입과 가격이 일치하므로 $P \times MP_N$이고, 주어진 생산함수에서 노동의 한계생산을 도출하면 $Y = 200N - N^2$이다. 이를 N으로 미분하면 $MP_N = 200 - 2N$이다.
- 한계요소비용 : $MFC_N = \dfrac{\Delta TFC_N}{\Delta N} = \dfrac{W \cdot \Delta N}{\Delta N} = W$
  여가의 가치는 임금과 동일하므로 $W=40$이 된다.
- 균형노동시간의 도출 : $P \times MP_N = W$
  → $1 \times (200 - 2N) = 40$

따라서 $N=80$이 도출된다.

26

정답 ②

균형재정승수란 정부가 균형재정을 유지하는 경우에 국민소득이 얼마나 증가하는가를 측정하는 것이다. 균형재정이란 정부의 조세수입과 정부지출이 같아지는 상황으로 $\Delta G = \Delta T$라고 할 수 있다. 정부지출과 조세를 동일한 크기만큼 증가시키는 경우로 정부지출승수는 $\dfrac{\Delta Y}{\Delta G} = \dfrac{-MPC}{1-MPC} = \dfrac{-0.8}{1-0.8} = -4$이다. 따라서 정부지출과 조세를 동시에 같은 크기만큼 증가시키면, $\dfrac{\Delta Y}{\Delta G} + \dfrac{\Delta Y}{\Delta T} = \dfrac{1}{1-0.8} + \dfrac{-0.8}{1-0.8} = 5-4 = 1$이 된다. 즉, 균형재정승수는 1이다.

27

정답 ⑤

i) 화폐수량설 공식은 $MV = PV$이다(M : 통화, V : 유통속도, P : 물가, Y : 국민소득). 이때 PV는 명목GDP이므로, 명목 GDP 1,650조 원과 통화량 2,500조 원을 공식에 대입하면 $V=0.66$이다.

ii) [V(유통속도)변화율]$= \Delta V(0.0033) \div V(0.66) = 1 \div 200 =$ 0.5%

iii) EC 방정식에 따르면 (M변화율)+(V변화율)=(P변화율)+(Y변화율)이다. V변화율(0.5%)과 물가변화율(2%), 실질 GDP 증가율(3%)을 대입하면 (M변화율)=4.5이다.

28

정답 ①

가·마. 가격차별(Price Discrimination)이란 동일한 상품에 대해 구입자 혹은 구입량에 따라 다른 가격을 받는 행위를 의미한다. 전월세 상한제도나 대출 최고 이자율을 제한하는 제도는 가격의 법정 최고치를 제한하는 가격상한제(Price Ceiling)에 해당하는 사례이다.

오답분석

나·다. 노인이나 청소년 할인, 수출품과 내수품의 다른 가격 책정 등은 구입자에 따라 가격을 차별하는 대표적인 사례이다.

라. 물건 대량 구매 시 할인해 주거나 전력 사용량에 따른 다른 가격을 적용하는 것은 구입량에 따른 가격차별이다.

29

정답 ④

인플레이션은 구두창 비용, 메뉴 비용, 자원배분의 왜곡, 조세 왜곡 등의 사회적 비용을 발생시켜 경제에 비효율성을 초래한다. 특히 예상하지 못한 인플레이션은 소득의 자의적인 재분배를 가져와 채무자와 실물자산 소유자가 채권자와 화폐자산 소유자에 비해 유리하게 만든다. 인플레이션으로 인한 사회적 비용 중 구두창 비용이란 인플레이션으로 인해 화폐가치가 하락한 상황에서 화폐보유의 기회비용이 상승하는 것을 나타내는 용어이다. 이는 사람들이 화폐보유를 줄이게 되면 금융기관을 자주 방문해야 하므로 거래비용이 증가하게 되는 것을 의미한다. 메뉴 비용이란 물가가 상승할 때 물가 상승에 맞추어 기업들이 생산하는 재화나 서비스의 판매 가격을 조정하는 데 지출되는 비용을 의미한다. 또한 예상하지 못한 인플레이션이 발생하면 기업들은 노동의 수요를 증가시키고, 노동의 수요가 증가하게 되면 일시적으로 생산량과 고용량이 증가하게 된다. 하지만 인플레이션으로 총요소생산성이 상승하는 것은 어려운 일이다.

30

정답 ④

오답분석

다·라. 역선택의 해결 방안에 해당한다.

31

정답 ②

자연독점이란 규모가 가장 큰 단일 공급자를 통한 재화의 생산 및 공급이 최대 효율을 나타내는 경우 발생하는 경제 현상을 의미한다. 자연독점 현상은 최소효율규모의 수준 자체가 매우 크거나 생산량이 증가할수록 평균총비용이 감소하는 '규모의 경제'가 나타날 경우에 발생한다. 최소효율규모란 평균비용곡선상에서 평균비용이 가장 낮은 생산 수준을 나타낸다.

32

정답 ⑤

리카도의 비교우위론이란 한 나라가 두 재화 생산에 있어서 모두 절대우위 혹은 절대열위에 있더라도 양국이 상대적으로 생산비가 낮은 재화 생산에 특화하여 무역을 할 경우 양국 모두 무역으로부터 이익을 얻을 수 있다는 이론을 말한다. 따라서 각 나라의 생산의 기회비용을 비교해 보면 비교우위를 알 수 있다.

구분	甲국	乙국
TV	0.3	0.5
쇠고기	10÷3	2

위의 표와 같이 TV 생산의 기회비용은 甲국이 낮고 쇠고기 생산의 기회비용은 乙국이 더 낮으므로 甲국은 TV 생산, 乙국은 쇠고기 생산에 비교우위를 갖는다. 따라서 무역이 이루어지면 甲국은 TV만 생산하여 수출하고 乙국은 쇠고기만 생산하여 수출하게 된다.

33

정답 ⑤

수요의 가격탄력성이란 어떤 재화의 가격이 변할 때 그 재화의 수요량이 얼마나 변하는지를 나타내는 지표이다. 수요의 가격탄력성은 수요량의 변화율을 가격의 변화율로 나누고 음의 부호(−)를 부가하여 구할 수 있으며, 이 값이 1보다 큰 경우를 '탄력적'이라고 하고 가격 변화에 수요량이 민감하게 변한다는 것을 의미한다. 문제에서 가격 변화율은 10%, 제품 판매량은 5% 감소하였으므로 수요의 가격탄력성은 $\frac{5\%}{10\%}=0.5$이다.

34

정답 ⑤

생산에 투입된 가변요소인 노동의 양이 증가할수록 총생산이 체증적으로 증가하다가 일정 단위를 넘어서면 체감적으로 증가하기 때문에 평균생산과 한계생산은 증가하다가 감소한다. 한계생산물곡선은 평균생산물곡선의 극대점을 통과하므로 한계생산물과 평균생산물이 같은 점에서는 평균생산물이 극대가 된다. 한편, 한계생산물이 0일 때 총생산물이 극대가 된다.

35

정답 ④

오답분석

가. 여가, 자원봉사 등의 활동은 생산활동이 아니므로 GDP에 포함되지 않는다.

다. GDP는 마약 밀수 등의 지하경제를 반영하지 못하는 한계점이 있다.

36

정답 ①

오답분석

다. 내생적 성장 이론에서는 물적자본, 인적자본, 지식자본 등을 고려하므로 자본의 한계생산은 체감하지 않는다고 본다. 즉, 자본의 축적을 통해 일시적인 소득 증가만이 아니라 지속적인 성장이 가능하다고 본다.

라. 내생적 성장 이론에서는 금융시장이 발달하면 저축이 증가하고 투자의 효율성이 개선되어 지속적인 경제성장이 가능하므로 국가 간 소득수준의 수렴 현상이 나타나지 않는다고 본다.

37

정답 ④

공공재의 시장수요곡선은 각각의 수요곡선의 합이다. 따라서 H시 공공재의 시장수요곡선 $P=(10-Q)+(10-0.5Q)=20-1.5Q$이다. 한계비용 $MC=5$이므로 $20-1.5Q=5$이다.
따라서 $Q=10$이다.

38

정답 ④

오답분석

라. 케인스는 절대소득 가설을 이용하여 승수 효과를 설명하였다.

39

정답 ④

IS 곡선이란 생산물시장의 균형이 이루어지는 이자율(r)과 국민소득(Y)의 조합을 나타내는 직선을 말하며, 관계식은 다음과 같다.

$$r=\frac{-1-c(1-t)+m}{b}Y+\frac{1}{b}(C_0-T_0+I_0+G_0+X_0-M_0)$$

즉, IS 곡선의 기울기는 투자의 이자율탄력성(b)이 클수록, 한계소비성향(c)이 클수록, 한계저축성향(s)이 작을수록, 세율(t)이 낮을수록, 한계수입성향(m)이 작을수록 완만해진다. 한편, 소비·투자·정부지출·수출이 증가할 때 IS 곡선은 오른쪽으로, 조세·수입·저축이 증가할 때 왼쪽으로 수평이동한다. 외국의 한계수입성향이 커지는 경우에는 자국의 수출이 증가하므로 IS 곡선은 오른쪽으로 이동한다.

40

정답 ②

고전학파에 따르면 정부지출이 증가하면 경제 전체의 총저축($S_N=Y-C-G$)이 감소한다. 따라서 대부자금의 공급이 감소한다. 이에 따라 실질이자율이 상승하여 민간투자와 민간소비 둘 다 감소한다(구축 효과). 민간투자와 민간소비의 감소분이 정부지출 증가분과 일치하기 때문에 총지출 및 국민소득에는 아무런 영향이 없고 총수요의 구성 요소만 변한다.

41

정답 ②

구조적 실업은 일부 산업의 사양화 등으로 인하여 발생하는 실업을 뜻한다.

오답분석

① 마찰적 실업 : 일시적으로 직장을 옮기는 과정에서 발생하는 실업이다.
③ 계절적 실업 : 생산 또는 수요의 계절적 변화에 따라 발생하는 실업이다.
④ 경기적 실업 : 경기침체로 인해 발생하는 대량의 실업이다.
⑤ 만성적 실업 : 만성적 불황기에 생기는 실업이다.

42

정답 ②

자동차 타이어의 파손, 유리창의 파손 및 각종 일상적인 소규모 손해 등을 복구하기 위해 충당되는 자금에는 경상비가 가장 적합하다.

43

정답 ④

GDP 디플레이터(Deflator)는 명목GDP와 실질GDP 간의 비율로, 국민경제 전체의 물가 압력을 측정하는 지수로 사용된다. 통화량 목표 설정에 있어서도 기준 물가상승률로 사용된다.

44

정답 ①

조세 정책을 시행하는 곳은 기획재정부이며, 한국은행은 통화신용 정책을 시행한다.

오답분석

② 지하경제 양성화, 역외탈세 근절 등은 조세정의뿐만 아니라 국가재정 확보에도 매우 중요한 문제이다.
③ 조세 정책은 재정지출이나 소득재분배 등 중요한 역할을 담당한다.
④ 소득세, 법인세 감면은 기업의 고용 및 투자를 촉진하는 대표적인 정부 정책이다.
⑤ 래퍼 곡선에 대한 설명이다.

45

정답 ④

㉠ 환율이 상승하면 제품을 수입하기 위해 더 많은 원화를 필요로 하고 이에 따라 수입이 감소하게 되므로 순수출이 증가한다.
㉡ 국내 이자율이 높아지면 국내 자산 투자수익률이 좋아져 해외로부터 자본 유입이 확대되고, 이에 따라 환율의 하락 요인으로 작용한다.
㉢ 국내 물가가 상승하면 상대적으로 가격이 저렴한 수입품에 대한 수요가 늘어나 환율의 상승 요인으로 작용한다.

46

정답 ①

한계소비성향은 소비의 증가분을 소득의 증가분으로 나눈 값으로, 소득이 1,000만 원 늘었을 때 현재 소비자들의 한계소비성향이 0.7이므로 소비는 700만 원이 늘었다고 할 수 있다. 즉, 소비의 변화폭은 700이 된다.

47

정답 ⑤

가격탄력성이 1보다 크면 탄력적이라고 할 수 있다.

오답분석

①·② 수요의 가격탄력성은 가격의 변화에 따른 수요의 변화를 의미하며, 분모는 상품가격의 변화량을 상품가격으로 나눈 값이고, 분자는 수요량의 변화량을 수요량으로 나눈 값이다.
③ 대체재가 많을수록 해당 상품 가격 변동에 따른 수요의 변화는 더 크게 반응하게 된다.

48

정답 ②

통상적으로 환율의 변화는 경제주체들에 큰 영향을 주며 원·미국 달러 환율이 상승한다는 것은 원화 가치 하락, 환율이 하락한다는 것은 원화 가치 상승을 의미한다. 따라서 일반적으로 환율이 상승하면 수출품의 국제 가격이 하락하는 효과가 있어 수출이 증가하고 환율이 하락하면 원화의 가치 상승으로 수입량을 늘리기 유리한 상황이다. 환율이 상승하면 원화 가치가 하락하므로 오히려 미국인들의 국내 여행이 증가한다.

49

정답 ③

오답분석

라. 국제유가의 상승은 총공급곡선을 좌측으로 이동시킨다.
마. 루카스의 불완전 정보 모형에 의하면 상대가격 변화에 관한 일시적인 착각은 단기총공급곡선이 우상향하게 되는 요인이다.

50

정답 ④

다. 긍정적 외부 효과를 반영하면 공공사업에는 낮은 할인율을 적용하는 것이 적절하다.
마. 위험도가 높을수록 높은 할인율을 통해 위험의 정도를 반영해야 한다.

| 03 | 법

01	02	03	04	05	06	07	08	09	10
④	⑤	④	③	④	①	④	①	③	⑤
11	12	13	14	15	16	17	18	19	20
④	①	①	①	①	③	②	②	④	④
21	22	23	24	25	26	27	28	29	30
④	③	①	①	③	④	①	②	④	③
31	32	33	34	35	36	37	38	39	40
④	②	⑤	①	③	④	④	①	③	⑤
41	42	43	44	45	46	47	48	49	50
②	①	③	①	②	①	③	③	④	④

01

정답 ④

우리 헌법에서 제도적 보장의 성격을 띠고 있는 것은 직업공무원제, 복수정당제, 사유재산제의 보장, 교육의 자주성·전문성 및 정치적 중립성의 보장, 근로자의 근로3권, 지방자치제도, 대학자치, 민주적 선거제도 등이 있다.

02

정답 ⑤

당사자 간에 채권의 이자율을 약정하지 않았을 경우, 민법의 경우 연 5%의 이율이 적용되지만, 상법의 경우 연 6%의 이율을 적용한다.

- 이자 있는 채권의 이율은 다른 법률의 규정이나 당사자의 약정이 없으면 연 5분으로 한다(민법 제379조).
- 상행위로 인한 채무의 법정이율은 연 6분으로 한다(상법 제54조).

03

정답 ④

종물은 주물의 처분에 수반된다는 민법 제100조 제2항은 임의규정이므로, 당사자는 주물을 처분할 때에 특약으로 종물을 제외할 수 있고 종물만을 별도로 처분할 수도 있다(대판 2012.1.26, 2009다76546).

04

정답 ③

행정소송법에서 정한 행정사건과 다른 법률에 의하여 행정법원의 권한에 속하는 사건의 제1심 관할 법원은 행정법원이다(행정법원이 설치되지 아니한 지역의 경우 지방법원이 관할). 행정소송은 3심급제를 채택하여 제1심 판결에 대한 항소사건은 고등법원이 심판하고, 상고사건은 대법원이 관할한다.

05

정답 ④

㉠은 시공자의 잘못이라는 위법한 행정행위에 대한 것이므로 손해배상을, ㉡은 정당한 법집행에 대한 것이므로 손실보상을 의미한다.

06

정답 ①

모든 제도를 정당화시키는 최고의 헌법원리는 국민주권의 원리이다.

07

정답 ④

오답분석

① 부재자에 의해 선임된 재산관리인은 부재자의 수임인이며 임의대리인이므로 재산관리인의 권한과 관리의 방법 등은 그들 사이의 위임계약에서 합의한 내용에 따른다.

② 선량한 관리자의 주의의무로서 그 직무수행을 하여야 할 것이므로 그 관리행위는 부재자를 위하여 그 재산을 보존, 이용, 개량하는 범위로 한정한다(대판 1976.12.21, 75마551).

③ 법원이 선임한 부재자 재산관리인의 권한은 법원이 부재자 재산관리인의 선임결정을 취소한 경우에 한해서 소멸한다.

⑤ 부재자와 아무 관계도 없는 제3자의 채무담보만을 위하여 부재자 재산에 근저당권을 설정하는 행위는 객관적으로 부재자를 위한 것이라 볼 수 없고 법원의 처분허가 취지에도 어긋나는 것이므로 허용된 권한을 넘는 무효의 처분행위이다.

08

정답 ①

행정청의 처분의 효력 유무 또는 존재 여부를 확인하는 심판은 행정심판의 종류 중 무효 등 확인심판에 해당한다(행정심판법 제5조 제2호).

헌법 제111조 제1항

헌법재판소는 다음 사항을 관장한다.

1. 법원의 제청에 의한 법률의 위헌 여부 심판
2. 탄핵의 심판
3. 정당의 해산 심판
4. 국가기관 상호 간, 국가기관과 지방자치단체 간 및 지방자치단체 상호 간의 권한쟁의에 관한 심판
5. 법률이 정하는 헌법소원에 관한 심판

09

정답 ③

㉡·㉢ 법령보충적 행정규칙이라도 상위법령과 결합하여 일체가 되는 한도 내에서 상위법령의 일부가 됨으로써 대외적 구속력이 발생되는 것일 뿐, 그 행정규칙 자체는 대외적 구속력을 갖는 것은 아니라 할 것이다(헌재결 99헌바91).

오답분석

㉠ 행정규칙이 재량준칙이 되는 준법규의 효력을 갖는 경우 헌법재판소의 헌법소원 대상이 된다(헌재결 2004헌마49).

㉣ 헌법재판소는 행정규칙에 대한 위임입법이 허용되면 헌법상 위임입법에 관한 규정이 열거적인 것이 아니라 예시적인 것으로 보았으며, 행정규칙인 고시 등에 일정한 사항을 위임하더라도 헌법에 위반되는 것은 아니다.

10
정답 ⑤

감사의 임기는 취임 후 3년 내의 최종의 결산기에 관한 정기총회의 종결시까지로 한다(상법 제410조).

11
정답 ④

형법에서는 유추해석과 확대해석을 동일한 것으로 보아 금지하며(죄형법정주의의 원칙), 피고인에게 유리한 유추해석만 가능하다고 본다.

12
정답 ①

주채무자가 시효로 소멸한 때에는 보증인도 그 시효소멸을 원용할 수 있으며, 주채무자가 시효의 이익을 포기하더라도 보증인에게는 그 효력이 없다(대판 1991.1.29, 89다카1114).

13
정답 ①

성년후견인과 피한정후견인의 요건으로 가장 중요한 것이 법원의 선고를 받아야 한다는 것이다. 상습도박이나 낭비벽으로 자기나 가족의 생활을 궁박하게 할 염려가 있는 자라 하더라도 법원의 피한정후견의 심판이 없다면 피한정후견인에 해당되지 않는다.

제한능력자

구분	미성년자	피한정후견인	피성년후견인
요건	19세 미만자	질병, 장애, 노령, 그 밖의 사유로 인한 정신적 제약으로 사무를 처리할 능력이 부족한 사람	질병, 장애, 노령, 그 밖의 사유로 인한 정신적 제약으로 사무를 처리할 능력이 지속적으로 결여된 사람
행위	법정대리인이 대리하여 하거나 법정대리인의 동의를 얻어서 함	한정후견인의 동의가 필요한 법률행위를 동의 없이 하였을 때에는 취소할 수 있다. 다만, 일용품의 구입 등 일상생활에 필요하고 그 대가가 과도하지 아니한 법률행위에 대하여는 그러하지 아니하다.	피성년후견인의 법률행위는 취소할 수 있다. 단, 일용품의 구입 등 일상생활에 필요하고 그 대가가 과도하지 아니한 법률행위는 성년후견인이 취소할 수 없다.
해소	19세가 되거나 혼인(성년의제)	한정후견종료의 심판	성년후견종료의 심판

14
정답 ①

사원총회는 정관으로 이사 또는 기타 임원에게 위임한 사항 외의 법인사무 전반에 관하여 결의한다. 사단법인의 이사는 매년 1회 이상 통상총회를 소집하여야 하며, 임시총회는 총사원의 5분의 1 이상의 청구로 이사가 소집한다(민법 제68조 · 제69조 · 제70조).

15
정답 ①

혼인과 같은 신분행위는 미성년자 단독으로 할 수 없다. 만약, 미성년자가 법정대리인의 동의 없이 법률행위를 하였다면, 이는 취소(소급무효) 또는 추인(정상적 효력 발생)의 사유에 해당된다. 취소는 미성년자 본인과 법정대리인 둘 다 가능하나 추인은 법정대리인만 가능하다.

16
정답 ③

법정과실은 반드시 물건의 사용대가로서 받는 금전 기타의 물건이어야 하므로 사용에 제공되는 것이 물건이 아닌 근로의 임금 · 특허권의 사용료, 사용대가가 아닌 매매의 대금 · 교환의 대가, 받는 것이 물건이 아닌 공작물의 임대료청구권 등은 법정과실이 아니다.

오답분석

①·② 법정과실에 해당한다.
④·⑤ 천연과실에 해당한다.

17
정답 ②

용익물권에는 지상권 · 지역권 · 전세권이 있고, 담보물권에는 유치권 · 질권 · 저당권이 있다. 그리고 담보물권은 특별법상 상사질권(商事質權) · 상사유치권(商事留置權) · 우선특권(優先特權) · 가등기담보권(假登記擔保權) 등이 있으며, 관습법상 양도담보(讓渡擔保) 등이 있다.

18
정답 ②

의사표시의 효력발생시기에 관하여 우리 민법은 도달주의를 원칙으로 하고(민법 제111조 제1항), 격지자 간의 계약의 승낙 등 특별한 경우에 한하여 예외적으로 발신주의를 취하고 있다.

19
정답 ④

의사표시자가 그 통지를 발송한 후 사망하거나 제한능력자가 되어도 의사표시의 효력에 영향을 미치지 아니한다(민법 제111조 제2항).

20
정답 ④

신분법상 행위, 쌍방대리, 불법행위, 유언 등의 사실행위 등에는 대리가 허용되지 않는다.

21

정답 ④

법정추인사유는 취소의 원인이 종료한 후에 발생하여야 한다(민법 제144조 제1항).

오답분석

① 무권대리의 추인은 소급효가 있다(민법 제133조). 그러나 취소할 수 있는 법률행위의 추인은 소급효 자체가 무의미하다.
② 민법 제140조·제143조
③ 민법 제144조
⑤ 민법 제141조

22

정답 ③

무효란 그 행위가 성립하던 당초부터 당연히 법률효과가 발생하지 못하는 것이며, 비진의 표시(심리유보), 통정허위표시, 강행법규에 반하는 법률행위 등이 그 예이다.

23

정답 ①

회사의 자본금은 상법에서 달리 규정한 경우 외에는 발행주식의 액면총액으로 한다(상법 제451조 제1항).

오답분석

② 상법 제329조 제1항·제3항
③ 상법 제331조
④ 상법 제335조 제3항 반대해석
⑤ 상법 제333조 제2항

24

정답 ①

사장단이 아니라 사원의 동의 또는 결의가 있어야 한다.

해산원인(상법 제227조)
회사는 다음의 사유로 인하여 해산한다.
1. 존립기간의 만료 기타 정관으로 정한 사유의 발생
2. 총사원의 동의
3. 사원이 1인으로 된 때
4. 합병
5. 파산
6. 법원의 명령 또는 판결

25

정답 ③

주식회사의 지배인 선임 방법은 이사회의 결의로 해야 한다.

회사별 지배인 선임 방법

합명회사	총사원 과반수의 결의(업무집행사원이 있는 경우에도, 상법 제203조)
합자회사	무한책임사원 과반수의 결의(업무집행사원이 있는 경우에도, 상법 제274조)
주식회사	이사회의 결의(상법 제393조 제1항)
유한회사	이사 과반수의 결의 또는 사원총회의 보통결의(상법 제564조 제1항·제2항)
유한책임회사	정관 또는 총사원의 동의(상법 제287조의19 제2항·제3항)

26

정답 ④

유효한 행정행위가 존재하는 이상 모든 국가기관은 그 존재를 존중하고 스스로의 판단에 대한 기초로 삼아야 한다는 것은 구성요건적 효력을 말한다.

공정력		비록 행정행위에 하자가 있는 경우에도 그 하자가 중대하고 명백하여 당연무효인 경우를 제외하고는, 권한 있는 기관에 의해 취소될 때까지는 일응 적법 또는 유효한 것으로 보아 누구든지(상대방은 물론 제3의 국가기관도) 그 효력을 부인하지 못하는 효력
구속력		행정행위가 그 내용에 따라 관계행정청, 상대방 및 관계인에 대하여 일정한 법적 효과를 발생하는 힘으로, 모든 행정행위에 당연히 인정되는 실체법적 효력
존속력	불가쟁력(형식적)	행정행위에 대한 쟁송제기기간이 경과하거나 쟁송수단을 다 거친 경우에는 상대방 또는 이해관계인은 더 이상 그 행정행위의 효력을 다툴 수 없게 되는 효력
	불가변력(실질적)	일정한 경우 행정행위를 발한 행정청 자신도 행정행위의 하자 등을 이유로 직권으로 취소·변경·철회할 수 없는 제한을 받게 되는 효력

27

정답 ①

이념적·논리적으로는 헌법규범 상호 간의 가치의 우열을 인정할 수 있을 것이다. 그러나 이때 인정되는 헌법규범 상호 간의 우열은 추상적 가치규범의 구체화에 따른 것으로서 헌법의 통일적 해석을 위하여 유용한 정도를 넘어 헌법의 어느 특정 규정이 다른 규정의 효력을 전면 부인할 수 있는 정도의 효력상의 차등을 의미하는 것이라고는 볼 수 없다(헌재결 94헌바20).

28

정답 ②

오답분석

① 집행기관은 의결기관 또는 의사기관에 대하여 그 의결 또는 의사결정을 집행하는 기관이나 행정기관이며, 채권자의 신청에 의하여 강제집행을 실시할 직무를 가진 국가기관이다.
③ 자문기관은 행정기관의 자문에 응하여 행정기관에 전문적인 의견을 제공하거나, 자문을 구하는 사항에 관하여 심의·조정·협의하는 등 행정기관의 의사결정에 도움을 주는 행정기관을 말한다.
④ 의결기관은 의사결정에만 그친다는 점에서 외부에 표시할 권한을 가지는 행정관청과 다르고, 행정관청을 구속한다는 점에서 단순한 자문적 의사의 제공에 그치는 자문기관과 다르다.
⑤ 독임제 행정청이 원칙적인 형태이고, 지자체의 경우 지자체장이 행정청에 해당한다.

29

정답 ④

국채를 모집하거나 예산 외에 국가의 부담이 될 계약을 체결하려 할 때에는 정부는 미리 국회의 의결을 얻어야 한다(헌법 제58조).

오답분석

① 국회의 임시회는 대통령 또는 국회재적의원 4분의 1 이상의 요구에 의하여 집회된다(헌법 제47조 제1항).
② 국회의원은 현행범인인 경우를 제외하고는 회기 중 국회의 동의 없이 체포 또는 구금되지 아니한다(헌법 제44조 제1항).
③ 국회는 의원의 자격을 심사하며, 의원을 징계할 수 있다(헌법 제64조 제2항).
⑤ 정부는 회계연도마다 예산안을 편성하여 회계연도 개시 90일 전까지 국회에 제출하고, 국회는 회계연도 개시 30일 전까지 이를 의결하여야 한다(헌법 제54조 제2항).

30

정답 ③

정당의 목적이나 활동이 민주적 기본질서에 위배될 때 정부는 헌법재판소에 그 해산을 제소할 수 있고, 정당은 헌법재판소의 심판에 의하여 해산된다(헌법 제8조 제4항).

오답분석

① 헌법 제8조 제1항
②·⑤ 헌법 제8조 제2항
④ 헌법 제8조 제3항

31

정답 ④

사채의 모집에 응하고자 하는 자는 사채청약서 2통에 그 인수할 사채의 수와 주소를 기재하고 기명날인 또는 서명하여야 한다(상법 제474조 제1항).

오답분석

① 사채의 상환청구권은 10년간 행사하지 아니하면 소멸시효가 완성한다(상법 제487조 제1항).
② 사채관리회사는 사채를 발행한 회사와 사채권자집회의 동의를 받아 사임할 수 있다(상법 제481조).
③ 채권은 사채전액의 납입이 완료한 후가 아니면 이를 발행하지 못한다(상법 제478조 제1항).
⑤ 사채의 모집이 완료한 때에는 이사는 지체 없이 인수인에 대하여 각 사채의 전액 또는 제1회의 납입을 시켜야 한다(상법 제476조 제1항).

32

정답 ②

비례대표제는 각 정당에게 그 득표수에 비례하여 의석을 배분하는 대표제로, 군소정당의 난립을 가져와 정국의 불안을 가져온다.

33

정답 ⑤

㉢ 상법 제24조 소정의 명의대여자 책임은 명의차용인과 그 상대방의 거래행위에 의하여 생긴 채무에 관하여 명의대여자를 진실한 상대방으로 오인하고 그 신용·명의 등을 신뢰한 제3자를 보호하기 위한 것으로, 불법행위의 경우에는 설령 피해자가 명의대여자를 영업주로 오인하고 있었더라도 그와 같은 오인과 피해의 발생 사이에 아무런 인과관계가 없으므로, 이 경우 신뢰관계를 이유로 명의대여자에게 책임을 지워야 할 이유가 없다(대판 97다55621).
㉣ 영업의 주체를 오인할 수 있는 정도면 명의대여로 인정한다.
㉤ 명의대여자와 명의차용자가 연대하여 변제할 책임이 있다.

34

정답 ①

과잉금지원칙은 국가의 권력은 무제한적으로 행사되어서는 안 되고 국민의 기본권을 제한하는 법률은 목적의 정당성·방법의 적절성·침해의 최소성·법익의 균형성을 갖추어야 한다는 원칙이다. 헌법 제37조 제2항에서는 과잉금지의 원칙을 '필요한 경우에 한하여' 법률로써 기본권을 제한할 수 있다고 표현하고 있다.

오답분석

② 헌법유보원칙 : 헌법에서 직접 기본권 제한에 대한 내용을 규정하는 것으로 헌법은 정당의 목적과 활동(헌법 제8조 제4항), 언론·출판의 자유(헌법 제21조 제4항), 군인·공무원·경찰공무원 등의 국가배상청구권(헌법 제29조 제2항), 공무원의 근로 3권(헌법 제33조 제2항) 등에 대하여 규정하고 있다.
③ 의회유보원칙 : 국민의 권리와 의무에 관련된 영역에서 그 본질적인 사항은 입법자로서 국민 스스로가 결정해야 한다는 원칙이다. 단, 헌법상의 국민의 자유와 권리를 제한할 때는 그 본질적인 사항에 대해 법률로 규율해야 할 것이다. 우리 헌법은 국가안전보장·질서유지·공공복리를 위하여 필요한 경우에 법률로써 제한할 수 있다고 규정하고 있다(헌법 제37조 제2항).
④ 포괄위임입법금지원칙 : 법률에서 구체적으로 범위를 정하지 않고 일반적·포괄적으로 위임하는 것을 금지하는 원칙이다.
⑤ 법률불소급원칙 : 법은 그 시행 이후에 성립하는 사실에 대하여만 효력을 발하고, 과거의 사실에 대하여는 소급 적용될 수 없다는 원칙이다.

35

정답 ③

기본권은 국가안전보장, 질서유지 또는 공공복리라는 세 가지 목적을 위하여 필요한 경우에 한하여 그 제한이 가능하며, 제한하는 경우에도 자유와 권리의 본질적인 내용은 침해할 수 없다(헌법 제37조 제2항).

36

정답 ④

헌법 제11조 제1항은 차별금지 사유로, 성별·종교·사회적 신분만을 열거하고 있고 모든 사유라는 표현이 없어 그것이 제한적 열거규정이냐 예시규정이냐의 문제가 제기된다. 열거규정에 의하면 헌법에 규정된 열거 사유 이외의 사안(인종, 지역, 학력, 연령, 정치적 신념 등)은 차별이 가능하다는 것이고, 예시규정은 자의적이거나 불합리한 것이면 허용되지 아니한다는 보는 것이다. 우리 학설과 판례의 입장은 예시규정을 따르고 있다.

37

정답 ④

오답분석

㉡ 농업협동조합법에 의하여 설립된 조합이 영위하는 사업의 목적은 조합원을 위하여 차별 없는 최대의 봉사를 함에 있을 뿐 영리를 목적으로 하는 것이 아니므로, 동 조합이 그 사업의 일환으로 조합원이 생산하는 물자의 판매사업을 한다 하여도 동 조합을 상인이라 할 수는 없다. 따라서 그 물자의 판매대금 채권은 3년의 단기소멸시효가 적용되는 민법 제163조 제6호 소정의 '상인이 판매한 상품의 대가'에 해당하지 아니한다(대판 99다53292).

38

정답 ①

이사는 법령과 정관의 규정에 따라 회사 및 주주를 위하여 그 직무를 충실하게 수행하여야 한다(상법 제382조의3 제1항).

오답분석

② 이사는 주주총회에서 선임한다(상법 제382조 제1항).
③ 이사의 임기는 3년을 초과하지 못한다(상법 제383조 제2항).
④ 이사는 3명 이상이어야 한다. 다만, 자본금 총액이 10억 원 미만인 회사는 1명 또는 2명으로 할 수 있다(상법 제383조 제1항).
⑤ 이사는 재임 중뿐만 아니라 퇴임 후에도 직무상 알게 된 회사의 영업상 비밀을 누설하여서는 아니 된다(상법 제382조의4).

39

정답 ③

행정소송은 항고소송, 당사자소송, 민중소송, 기관소송으로 구분하며, 항고소송은 취소소송, 무효 등 확인소송, 부작위위법확인소송으로 구분한다(행정소송법 제3조·제4조).

㉡ 취소소송은 항고소송의 하나로, 행정청의 위법한 처분 등을 취소하거나 변경하기 위한 소송이다.
㉢ 무효 등 확인소송은 행정청이 내린 처분 등의 효력 유무 또는 존재 여부를 확인하는 항고소송으로, 취소소송과 달리 제소 기간의 제한이 없다.

오답분석

㉠ 항고소송이란 행정청의 처분 등이나 부작위에 대하여 제기하는 소송을 말하며, 국가 또는 공공단체의 기관이 법률에 위반되는 행위를 한 때에 직접 자기의 법률상 이익과 관계없이 그 시정을 구하기 위하여 제기하는 소송은 민중소송이다.
㉣ 기관소송이란 행정청의 처분 등을 원인으로 하는 법률관계에 관한 소송 그 밖에 공법상의 법률관계에 관한 소송으로, 그 법률관계의 한쪽 당사자를 피고로 하는 소송은 당사자소송이다.

40

정답 ⑤

회사가 종류주식을 발행한 경우에 정관을 변경함으로써 어느 종류주식의 주주에게 손해를 미치게 될 때에는 주주총회의 결의 외에 그 종류주식의 주주의 총회의 결의가 있어야 한다(상법 제435조 제1항).

오답분석

① 채권자가 이의제출 기간 내에 이의를 제출하지 아니한 때에는 합병을 승인한 것으로 본다(상법 제232조 제2항).
② 회사가 합병을 함에는 합병계약서를 작성하여 주주총회의 승인을 얻어야 한다(상법 제522조 제1항).
③ 이사는 제522조 제1항의 주주총회 회일의 2주 전부터 합병을 한 날 이후 6개월이 경과하는 날까지 합병계약서 등의 서류를 본점에 비치하여야 한다(상법 제522조의2 제1항).
④ 주주 및 회사채권자는 영업시간 내에는 언제든지 이사가 본점에 비치한 합병계약서 등의 서류의 열람을 청구하거나, 회사가 정한 비용을 지급하고 그 등본 또는 초본의 교부를 청구할 수 있다(상법 제522조의2 제2항).

41

정답 ②

채권의 준점유자에 대한 변제는 변제자가 선의이며 과실 없는 때에 한하여 효력이 있다(민법 제470조).

오답분석

① 변제할 정당한 이익이 없는 자가 변제를 한 경우, 그 변제자는 채권자의 승낙을 얻어 채권자를 대위할 수 있다(민법 제480조 제1항).
③ 법정변제충당을 위한 변제이익은 특별한 사정이 없는 한, 채무자를 기준으로 판단하여야 한다.
④ 채권자의 대리인이라고 하면서 채권을 행사하는 자는 특별한 사정이 없는 한, 채권의 준점유자에 해당한다(대판 2004.4.23, 2004다5389).
⑤ 채무의 변제로 타인의 물건을 인도한 채무자는 다시 유효한 변제를 하지 않으면 그 물건의 반환을 청구하지 못한다(민법 제463조). 그러나 이는 채권자와 채무자 사이의 상대적 관계이므로 이 경우에도 채무자가 아닌 물건의 소유자는 다른 변제가 없더라도 그 물건의 반환을 구할 수 있다.

42

정답 ①

행정상 강제집행에는 대집행, 집행벌(이행강제금), 직접강제, 강제징수가 있다. 즉시강제는 행정상 장해가 존재하거나 장해의 발생이 목전에 급박한 경우에 성질상 개인에게 의무를 명해서는 공행정 목적을 달성할 수 없거나 또는 미리 의무를 명할 시간적 여유가 없는 경우에 개인에게 의무를 명함이 없이 행정기관이 직접 개인의 신체나 재산에 실력을 가해 행정상 필요한 상태의 실현을 목적으로 하는 작용을 말한다.

43

정답 ③

취소할 수 있는 법률행위를 추인하는 경우 원인이 소멸한 후에 하여야 하지만, 법정대리인이 추인하는 경우에는 원인의 소멸과 관계없이 추인할 수 있다(민법 제144조).

오답분석

① 민법 제141조 본문
② 민법 제146조
④ 민법 제141조 단서
⑤ 대판 2007.11.16, 2005다71659

취소의 효과(민법 제141조)
취소된 법률행위는 처음부터 무효인 것으로 본다. 다만, 제한능력자는 그 행위로 인하여 받은 이익이 현존하는 한도에서 상환(償還)할 책임이 있다.

44

정답 ①

대리권이 있다고 믿을만한 정당한 이유가 있다면 이는 민법 제126조 소정의 권한을 넘은 표현대리행위에 해당한다 할 것이며, 정당하게 부여받은 대리권의 내용되는 행위와 표현대리행위는 반드시 같은 종류의 행위에 속할 필요는 없다(대판 1969.7.22, 69다548).

오답분석

② 대판 1983.12.13, 83다카1489
③ 표현대리가 성립하려면 상대방은 선의·무과실이어야 한다. 따라서 상대방이 계약체결 당시 대리권 없음을 안 때에는 표현대리가 성립할 수 없다.
④ 대리인이 본인의 이름을 표시하지 않은 경우, 특별한 사정이 없는 한 대리 또는 표현대리의 법리가 적용될 수 없다.
⑤ 대판 1998.5.29, 97다55317

45

정답 ②

목적물의 수량이나 면적의 차이(대판 2000.5.12, 2000다12259), 부동산매매에서 시가에 대한 착오(대판 1984.4.10, 81다239)는 중요부분에 대한 착오가 아니다.

오답분석

① 대판 1985.11.12, 85도1765
③ 대판 1999.2.23, 98다47924
④ 민법 제109조 제1항
⑤ 대판 2003.4.11, 2002다70884

46

정답 ①

정관에 특별한 규정이 없는 경우에는 업무집행에 대한 의결기관인 이사회에서 신주발행사항을 결정한다(상법 제416조).

47

정답 ③

청산인은 주식회사 정관의 기재사항이 아니고, 법원에 대한 신고사항이다(상법 제532조). 발기인은 정관을 작성하여 목적, 상호, 회사가 발행할 주식의 총수, 액면주식을 발행하는 경우 1주의 금액, 회사의 설립 시에 발행하는 주식의 총수, 본점의 소재지, 회사가 공고를 하는 방법, 발기인의 성명·주민등록번호 및 주소 등의 사항을 적고 각 발기인이 기명날인 또는 서명하여야 한다(상법 제289조 제1항).

48

정답 ③

헌법재판소는 국가기관 상호간, 국가기관과 지방자치단체간 및 지방자치단체 상호간의 권한쟁의에 관한 심판을 관장한다(헌법 제111조 제1항 제4호).

오답분석

①·⑤ 헌법재판소 재판관의 임기는 6년으로 하며, 법률이 정하는 바에 의하여 연임할 수 있다(헌법 제112조 제1항).
② 헌법 중 제5장 법원에 대한 부분에서 '재판의 전심절차로서 행정심판을 할 수 있다(헌법 제107조 제3항)'라고 규정하고 있다.
④ 헌법재판소에서 법률의 위헌결정, 탄핵의 결정, 정당해산의 결정 또는 헌법소원에 대한 인용결정을 할 때에는 재판장 6인 이상의 찬성이 있어야 한다(헌법 제113조 제1항).

49

정답 ④

乙은 의무이행심판 청구를 통하여 관할행정청의 거부처분에 대해 불복의사를 제기할 수 있다. 의무이행심판이란 당사자의 신청에 대한 행정청의 위법 또는 부당한 거부처분이나 부작위에 대하여 일정한 처분을 하도록 하는 행정심판을 말한다.

50

정답 ④

오답분석

ㄱ. 유치권에는 원칙적으로 우선변제권이 없다. 다만 파산의 경우 별제권에 의해 우선변제권이 인정된다.
ㄴ. 우선변제권이 없는 유치권은 물상대위가 인정되지 않는다.
ㅁ. 물상보증인도 질권설정계약의 당사자가 될 수 있다.

한국부동산원 전공

4일 차 기출응용 모의고사

문항 수 : 각 50문항
시험시간 : 50분

| 01 | 경영

01	02	03	04	05	06	07	08	09	10
④	④	③	①	②	⑤	①	①	⑤	③
11	12	13	14	15	16	17	18	19	20
②	①	②	②	③	②	③	③	②	①
21	22	23	24	25	26	27	28	29	30
④	③	⑤	③	④	⑤	④	③	③	③
31	32	33	34	35	36	37	38	39	40
④	④	④	⑤	③	②	③	③	④	③
41	42	43	44	45	46	47	48	49	50
①	①	①	④	④	③	④	⑤	⑤	③

01

정답 ④

민츠버그(Mintzberg)는 조직을 다음과 같은 다섯 가지 형태로 구분하여 각 조직에서 표면적으로 관찰할 수 있는 유형이 그 조직이 처한 환경에 적합한지 판단하고 그렇지 않다면 해당 조직에게 필요한 변화를 모색할 수 있는 도구를 제시한다.

1. 단순구조 조직(Simple Structure)
2. 기계적 관료제 조직(Machine Bureaucracy)
3. 전문적 관료제 조직(Professional Bureaucracy)
4. 사업부제 조직(Divisional Structure)
5. 애드호크라시 조직(Adhocracy)

02

정답 ④

공정가치 모형은 최초 측정 시 원가로 기록한 후 감가상각을 하지 않고, 회계연도 말에 공정가치로 평가하여 평가손익을 '당기손익'에 반영하는 방법이다. 즉, 투자부동산에 대해 공정가치 모형을 적용할 경우 공정가치 변동으로 발생하는 손익은 발생한 기간의 당기손익에 반영한다.

03

정답 ③

마이클 포터(Michael Porter)의 가치사슬 모형에서 부가가치를 추가하는 활동들은 크게 본원적 활동과 지원적 활동으로 구분한다.

1. 본원적 활동(Primary Activities)
   기업의 제품과 서비스의 생산과 분배에 직접적으로 관련되어 있다. 유입 물류, 조업, 산출 물류, 판매와 마케팅, 서비스 등이 포함된다.
2. 지원적 활동(Support Activities)
   본원적 활동이 가능하도록 하며 조직의 기반구조(일반관리 및 경영활동), 인적자원관리(직원 모집, 채용, 훈련), 기술(제품 및 생산 프로세스 개선), 조달(자재 구매) 등으로 구성된다.

04

정답 ①

카츠(Kartz)는 경영자에게 필요한 능력을 크게 인간적 자질, 전문적 자질, 개념적 자질 3가지로 구분하였다. 그중 인간적 자질은 구성원을 리드하고 관리하며, 다른 구성원들과 함께 일을 할 수 있게 하는 것으로서 모든 경영자가 갖추어야 하는 능력이다. 타인에 대한 이해력과 동기부여 능력은 인간적 자질에 속한다.

오답분석

②·④ 전문적 자질(현장 실무)에 해당한다.
③·⑤ 개념적 자질(상황 판단)에 해당한다.

05

정답 ②

IRP를 중도 해지하면 그동안 세액공제를 받았던 적립금은 물론 운용수익에 대해 16.5%의 기타소득세를 물어야 하므로, IRP는 입출금에서 자유롭지 못하다는 단점이 있다.

06

정답 ⑤

지식경영 시스템은 조직 안의 지식 자원을 체계화하고 공유하여 기업 경쟁력을 강화하는 기업정보 시스템으로, 조직에서 필요한 지식과 정보를 창출하는 연구자, 설계자, 건축가, 과학자, 기술자 등을 반드시 포함하는 것과는 관련이 없다.

07

정답 ①

기능별 조직은 전체 조직을 기능별 분류에 따라 형성시키는 조직의 형태이다. H회사는 수요가 비교적 안정된 소모품을 납품하는 업체이기 때문에 환경적으로도 안정되어 있으며, 부서별 효율성을 추구하므로 기능별 조직이 회사의 조직구조로 적합하다.

기능별 조직의 특징

구분	내용
적합한 환경	• 조직구조 : 기능조직 • 환경 : 안정적 • 기술 : 일상적이며 낮은 상호 의존성 • 조직규모 : 작거나 중간 정도 • 조직목표 : 내적 효율성, 기술의 전문성과 질
장점	• 기능별 규모의 경제 획득 • 기능별 기술개발 용이 • 기능 목표 달성 가능 • 중간 이하 규모의 조직에 적합 • 소품종 생산에 유리
단점	• 환경 변화에 대한 대응이 늦음 • 최고경영자의 의사결정이 지나치게 많음 • 부문 간 상호 조정 곤란 • 혁신이 어려움 • 전체 조직목표에 대한 제한된 시각

08

정답 ①

집단사고(Groupthink)는 응집력이 높은 집단에서 의사결정을 할 때, 동조 압력과 전문가들의 과다한 자신감으로 인해 사고의 다양성이나 자유로운 비판 대신 집단의 지배적인 생각에 순응하여 비합리적인 의사결정을 하게 되는 경향을 뜻한다.

09

정답 ⑤

합작투자는 2개 이상의 기업이 공동의 목표를 달성하기 위해 공동사업체를 설립하여 진출하는 직접투자 방식이다.

10

정답 ③

SWOT 분석은 기업을 Strength(강점), Weakness(약점), Opportunity(기회), Threat(위협)의 4가지 요인으로 분석하여 마케팅 전략을 세우는 방법이다. 해외시장의 성장은 Opportunity(외부환경에서 유리한 기회요인), Threat(외부환경에서 불리한 위협요인)에 해당한다.

오답분석

①·②·④·⑤ Strength(경쟁기업과 비교하여 소비자로부터 강점으로 인식되는 것이 무엇인지)에 해당한다.

11

정답 ②

시계열 분석법은 시계열 자료 수집이 용이하고 변화하는 경향이 뚜렷하여 안정적일 때 이를 기초로 미래의 예측치를 구하지만, 과거의 수요 패턴이 항상 계속적으로 유지된다고 할 수 없으므로 주로 중단기 예측에 이용되며, 비교적 적은 자료로도 예측이 가능하다.

12

정답 ①

오답분석

② 준거가격 : 소비자가 과거의 경험이나 기억, 정보 등으로 제품의 구매를 결정할 때 기준이 되는 가격이다.
③ 명성가격 : 소비자가 가격에 의하여 품질을 평가하는 경향이 특히 강하여 비교적 고급 품질이 선호되는 상품에 설정되는 가격이다.
④ 관습가격 : 일용품의 경우처럼 장기간에 걸친 소비자의 수요로 인해 관습적으로 형성되는 가격이다.
⑤ 기점가격 : 제품을 생산하는 공장의 입지 조건 등을 막론하고 특정 기점에서 공장까지의 운임을 일률적으로 원가에 더하여 형성되는 가격이다.

13

정답 ②

성장기에는 신제품을 인지시키기 위한 정보제공형 광고에서 소비자의 선호도를 높이기 위한 제품선호형 광고로 전환한다.

14

정답 ②

프로그램의 최고 단계 훈련을 마치고, 프로젝트 팀 지도를 전담하는 직원은 블랙벨트이다. 마스터 블랙벨트는 식스 시그마 최고과정에 이른 사람으로, 블랙벨트가 수행하는 프로젝트를 전문적으로 관리한다.

15

정답 ③

균형성과표(BSC; Balanced Score Card)는 조직의 비전과 전략을 달성하기 위한 도구로, 전통적인 재무적 성과지표뿐만 아니라 고객, 업무 프로세스, 학습 및 성장과 같은 비재무적 성과지표 또한 균형적으로 고려한다. 즉, BSC는 통합적 관점에서 미래지향적·전략적으로 성과를 관리하는 도구라고 할 수 있다.

(A) 재무 관점 : 순이익, 매출액 등
(B) 고객 관점 : 고객 만족도, 충성도 등
(C) 업무 프로세스 관점 : 내부 처리 방식 등
(D) 학습 및 성장 관점 : 구성원의 능력개발, 직무 만족도 등

16
정답 ②

오답분석

① 데이터 웨어하우스(Data Warehouse) : 사용자의 의사결정을 돕기 위해 다양한 운영 시스템에서 추출·변환·통합되고 요약된 데이터베이스를 말한다. 크게 원시 데이터 계층, 데이터 웨어하우스 계층, 클라이언트 계층으로 나뉘며 데이터의 추출·저장·조회 등의 활동을 한다. 고객과 제품, 회계와 같은 주제를 중심으로 데이터를 구축하며, 여기에 저장된 모든 데이터는 일관성을 유지해 데이터 호환이나 이식에 문제가 없다. 또한 특정 시점에 데이터를 정확하게 유지하면서 동시에 장기적으로 유지될 수도 있다.

③ 데이터 마트(Data Mart) : 운영데이터나 기타 다른 방법으로 수집된 데이터 저장소로, 특정 그룹의 지식 노동자들을 지원하기 위해 설계된 것이다. 즉, 특별한 목적을 위해 접근의 용이성과 유용성을 강조해 만들어진 작은 데이터 저장소라고 할 수 있다.

④ 데이터 정제(Data Cleansing) : 데이터베이스의 불완전 데이터에 대한 검출·이동·정정 등의 작업을 말한다. 또한 특정 데이터베이스의 데이터 정화뿐만 아니라 다른 데이터베이스로부터 유입된 이종 데이터에 대한 일관성을 부여하는 역할도 한다.

17
정답 ③

공정가치를 측정하기 위해 사용하는 가치평가 기법은 관측할 수 있는 투입변수를 최대한 사용하고 관측할 수 없는 투입변수는 최소한 사용한다.

18
정답 ③

오답분석

① 특허권 : 협의로는 특허법에 의하여 발명을 독점적으로 이용할 수 있는 권리, 광의로는 특허법·실용신안법·의장법 및 상표법에 의하여 발명·실용신안·의장 및 상표를 독점적으로 이용할 수 있는 권리(상표의 경우에는 지정상품에 한함)를 말한다.

② 회원권 : 회원임을 증명하거나 회원 방식의 모임에 참여할 수 있는 입장권 등을 말한다. 일부 시설을 이용할 수 있는 자격을 증명하기 위해서도 사용된다.

④ 라이선스 : 행정상의 허가나 면허, 이를 증명하기 위한 문서 등을 뜻하며, 수출입, 거래, 외국 개발 제품, 제조 기술 등과 관련하여 사용된다.

⑤ 가상화폐 : 실제 시장에서 사용되는 실물 화폐가 아닌 가상 공간에서 사용할 수 있는 화폐로, 전자 상거래 및 온라인 콘텐츠 등에서 사용된다.

19
정답 ②

(자본증가액)=(80,000×1.1−2,000)×40%=34,400원

20
정답 ①

오답분석

② 자기자본을 발행주식수로 나누어 계산한다.
③ 성장성이 아니라 안정성을 보여주는 지표이다.
④ 채권자가 아니라 주주가 배당받을 수 있는 자산의 가치를 의미한다.
⑤ 순자산보다 주가가 높게 형성되어 고평가되었다고 판단한다.

21
정답 ④

장기이자율이 단기이자율보다 높으면 우상향하는 곡선의 형태를 취한다.

22
정답 ③

양적 평가요소는 재무비율 평가항목으로 구성된 안정성, 수익성, 활동성, 생산성, 성장성 등이 있다. 또한 질적 평가요소는 시장점유율, 진입장벽, 경영자의 경영능력, 은행거래 신뢰도, 광고활동, 시장규모, 신용위험 등이 있다.

23
정답 ⑤

보기 중 정인은 시스템 이론에 대한 설명이 아닌 시스템적 접근의 추상성을 극복하고자 하는 상황 이론에 대한 설명을 하고 있다.

24
정답 ③

트러스트는 경제적 자립권과 독립성을 둘 다 포기한 채, 시장독점이라는 하나의 목적으로 여러 기업이 뭉쳐서 이뤄진 하나의 통일체이다.

오답분석

① 카르텔(Kartell) : 기업연합을 의미하는 용어로, 동종 산업에 종사하는 다수의 기업들이 서로 경제적인 자립권과 법률상 독립권을 유지한 채 시장독점을 목적으로 한 연합체이다.

② 신디케이트(Syndicate) : 공동판매 카르텔로, 가장 고도화된 카르텔의 형태이다. 생산은 독립성을 유지하나, 판매는 공동판매회사를 통해서 이루어진다.

④ 콘체른(Konzern) : 법률상의 독립권만 유지되는 형태의 기업연합이다.

⑤ 컨글로머리트(Conglomerate) : 합병 또는 매수에 의해서 상호 관련 없는 이종 기업을 결합하는 기업집중 형태이다.

25
정답 ④

자원기반관점(RBV; Resource Based View)은 기업 경쟁력의 원천을 기업의 외부가 아닌 내부에서 찾는다. 진입장벽, 제품차별화 정도, 사업들의 산업집중도 등은 산업구조론(I.O)의 핵심 요인이다.

26

정답 ⑤

네트워크 구조는 다수의 다른 장소에서 이루어지는 프로젝트들을 관리·통솔하는 과정에서 다른 구조보다 훨씬 더 많은 층위에서의 감독이 필요하며 그만큼 관리비용이 증가한다. 이러한 다수의 관리감독자들은 구성원들에게 혼란을 야기하거나 프로젝트 진행을 심각하게 방해할 수도 있다. 이에 따른 단점을 상쇄하기 위해 최근 많은 기업들은 공동 프로젝트 통합관리 시스템 개발을 통해 효율적인 네트워크 조직운영을 목표로 하고 있다.

네트워크 조직(Network Organization)
자본적으로 연결되지 않은 독립된 조직들이 각자의 전문 분야를 추구하면서도 제품을 생산과 프로젝트 수행을 위한 관계를 형성하여 상호의존적인 협력관계를 형성하는 조직이다.

27

정답 ④

리더의 구성원 교환 이론(LMX: Leader Member Exchange Theory)은 리더－구성원 간의 관계에 따라 리더십 결과가 다르다고 본다.

28

정답 ③

(영업권)＝30,000,000－(9,000,000＋8,000,000)
＝13,000,000원

29

정답 ③

수직적 마케팅 시스템(VMS)은 생산자와 도매상, 소매상들이 하나의 통일된 시스템을 이룬 유통경로체제이다.

오답분석

ㄴ. 수직적 마케팅 시스템은 구성원인 제조업자, 도매상, 소매상, 소비자를 각각 개별적으로 파악하는 것이 아니라, 구성원 전체가 소비자의 필요와 욕구를 만족시키는 유기적인 전체 시스템을 이룬 유통경로 체제이다.
ㄷ. 수직적 마케팅 시스템에서는 구성원들의 행동이 각자의 이익을 극대화하는 방향이 아니라 시스템 전체의 이익을 극대화하는 방향으로 조정된다.

30

정답 ③

미시적 마케팅은 선행적 마케팅과 후행적 마케팅으로 구분되며, 생산이 이루어진 이후의 마케팅 활동인 후행적 마케팅의 대표적인 활동으로 경로·가격·판촉 등이 있다.

31

정답 ④

마일즈(Miles)와 스노우(Snow)의 전략유형

- 공격형 : 새로운 제품과 시장기회를 포착 및 개척하려는 전략으로, 진입장벽을 돌파하여 시장에 막 진입하려는 기업들이 주로 활용한다. 신제품과 신기술의 혁신을 주요 경쟁수단으로 삼는다.
  - 위험을 감수하고 혁신과 모험을 추구하는 적극적 전략
  - 분권화(결과)에 의한 통제
  - 충원과 선발은 영입에 의함
  - 보상은 대외적 경쟁성과 성과급 비중이 큼
  - 인사고과는 성과지향적이고 장기적인 결과를 중시함
- 방어형 : 효율적인 제조를 통해 기존 제품의 품질을 높이거나 가격을 낮춰 고객의 욕구를 충족시키며 가장 탁월한 전략이다.
  - 조직의 안정적 유지를 추구하는 소극적 전략
  - 틈새시장(니치)을 지향하고, 그 밖의 기회는 추구하지 않음
  - 기능식 조직
  - 중앙집권적 계획에 의한 통제
  - 보상은 대내적 공정성을 중시하고, 기본급 비중이 큼
  - 인사고과는 업무과정 지향적이고, 단기적인 결과를 중시함
- 분석형 : 먼저 진입하지 않고 혁신형을 관찰하다가 성공 가능성이 보이면 신속하게 진입하는 전략으로, 공정상의 이점이나 마케팅상의 이점을 살려서 경쟁한다. 공격형 전략과 방어형 전략의 결합형으로, 한편으로 수익의 기회를 최대화하면서 다른 한편으로 위험을 최소화하려는 전략이다.

32

정답 ④

기업이 일방적으로 기부나 봉사활동을 하는 것에서 나아가 기업이 공익을 추구하면서도 이를 통해 실질적인 이익을 얻을 수 있도록 공익과의 접점을 찾는 것을 코즈 마케팅(Cause Marketing)이라 한다.

오답분석

① 그린 마케팅(Green Marketing) : 자연환경을 보전하고 생태계 균형을 중시하는 기업 판매 전략이다.
② 앰부시 마케팅(Ambush Marketing) : 교묘히 규제를 피해가는 마케팅 기법이다.
③ 니치 마케팅(Niche Marketing) : 특정한 성격을 가진 소규모 소비자를 대상으로 판매하는 전략이다.
⑤ 프로보노(Pro Bono) : 각 분야의 전문가들이 사회적 약자를 돕는 활동이다.

33

정답 ④

오답분석

① 적시생산 시스템(JIT; Just – In – Time) : 과잉생산이나 대기시간 등의 낭비를 줄이고 재고를 최소화하여 비용 절감과 품질 향상을 달성하는 생산 시스템이다.
② 자재소요계획(MRP; Material Requirement Planning) : 최종제품의 제조 과정에 필요한 원자재 등의 종속수요 품목을 관리하는 재고관리 기법이다.
③ 주생산계획(MPS; Master Production Schedule) : MRP의 입력 자료 중 하나로, APP를 분해하여 제품이나 작업장 단위로 수립한 생산계획이다.
⑤ 총괄생산계획(APP; Aggregate Production Planning) : 제품군별로 향후 1년 정도의 수요 예측에 따른 월별 생산목표를 결정하는 중기계획이다.

전사적 자원관리(ERP; Enterprise Resource Planning)의 특징
- 기업의 서로 다른 부서 간의 정보 공유를 가능하게 한다.
- 의사결정권자와 사용자가 실시간으로 정보를 공유하게 한다.
- 보다 신속한 의사결정과 효율적인 자원관리를 가능하게 한다.

34

정답 ⑤

다품종 생산이 가능한 것은 공정별 배치에 해당한다.

제품별 배치와 공정별 배치의 장단점

구분	제품별 배치	공정별 배치
장점	• 높은 설비이용률 • 노동의 전문화 • 낮은 제품단위당 원가	• 다품종 생산이 가능 • 저렴한 범용설비 • 장려임금 실시 가능
단점	• 수요 변화에 적응이 어려움 • 설비 고장에 영향을 받음 • 장려임금 실시 불가 • 단순작업	• 낮은 설비이용률 • 높은 제품단위당 원가 • 재공품 재고 증가 • 경로와 일정계획의 문제

35

정답 ③

오답분석

① 빅데이터 : 디지털 환경에서 생성되는 데이터로, 그 규모가 방대하고 생성 주기도 짧으며 형태도 수치 데이터뿐만 아니라 문자와 영상 데이터를 포함하는 대규모 데이터이다.
② 클라우드 컴퓨팅 : 컴퓨터를 활용하는 작업에 있어서 필요한 요소들을 인터넷 서비스를 통해 다양한 종류의 컴퓨터 단말 장치로 제공하는 것으로, 가상화된 IT자원을 서비스로 제공한다.
④ 핀테크(Fintech) : 금융(Finance)과 기술(Technology)을 결합한 조합어로, 첨단 정보 기술을 기반으로 한 금융 서비스 및 산업의 변화를 일으키고자 하는 움직임이다.
⑤ 사물인터넷(IoT) : 인터넷을 기반으로 모든 사물을 연결하여 사람과 사물, 사물과 사물 간의 정보를 상호 소통하는 지능형 기술 및 서비스이다.

36

정답 ②

- (가중평균유통주식수)$=(18,400\times1.02\times6+20,400\times2+18,900\times4)\div12=19,084$
- (무상증자비율)$=400\div(18,400+1,600)=2\%$
- 공정가치 미만 유상증자는 무상증자비율을 구해 소급조정한다.

37

정답 ③

- (평균 재고자산)$=\dfrac{90,000+210,000}{2}=150,000$원
- (재고자산회전율)$=\dfrac{\text{(매출원가가 일어난 기간)}}{\text{(재고자산 회전일 수)}}=\dfrac{360\text{일}}{120\text{일}}=3$회
- (매출원가)=(평균 재고자산)×(재고자산 회전율)
  $=150,000\times3=450,000$원

38

정답 ③

퇴직급여충당부채는 비유동부채에 해당한다. 유동부채에는 단기차입금, 매입채무, 미지급법인세 등이 해당된다.

오답분석

① 당좌자산(유동자산) : 현금 및 현금성자산, 매출채권, 단기매매금융자산 등
② 투자자산(비유동자산) : 만기보유금융자산, 투자부동산, 매도가능금융자산 등
④ 자본잉여금(자본) : 주식발행초과금, 자기주식처분이익, 감자차익 등
⑤ 이익잉여금(자본) : 이익준비금, 임의적립금, 당기순이익, 당기순손실 등

39

정답 ④

자본자산가격결정모형(CAPM)

$rf+[E(rm)-rf]\times\sigma m$
$=0.05+(0.18-0.05)\times0.5$
$=11.5\%$

40

정답 ③

가중치를 장부가치 기준의 구성 비율이 아니라 시장가치 기준의 구성 비율로 하는 이유는 주주와 채권자의 현재 청구권에 대한 요구수익률을 측정하기 위해서이다.

41

정답 ①

공정가치 모형을 적용하는 경우 감가상각비를 인식하지 않는다.

42

정답 ①

생산에 투입하기 위해 보유하는 원재료 및 기타 소모품은 제품의 원가가 순실현가능가치를 초과할 것으로 예상된다면 감액한다.

43

정답 ①

〈재무상태표〉

상품	700,000	선수수익	250,000
미수금	200,000	차입금	1,100,000
현금	900,000	선수금	450,000
매출채권	500,000	자본	1,100,000
대여금	600,000		
	2,900,000		2,900,000

- 20X1년 초 부채 : 1,800,000−300,000=1,500,000
- 20X1년 초 자본 : 1,100,000+150,000=1,250,000
- 20X1년 초 자산 : 1,500,000+1,250,000=2,750,000

44

정답 ④

- 취득원가 : 100,000×2.40183=240,183
- 20X1년 감가상각비 : $(240,183-0)\times\frac{1}{3}=80,061$
- 20X1년 이자비용 : 240,183×12%≒28,822
- 20X1년 인식비용 : 80,061+28,822=108,883

45

정답 ④

포괄손익계산서 또는 주석에 특별손익항목으로 별도로 표시해서는 안 된다.

46

정답 ③

고객에게 이전할 재화나 용역에 대하여 받을 권리를 갖게 될 대가의 회수 가능성이 높지 않은 경우 수익을 인식하지 않는다.

47

정답 ④

- 기초자본 : 45,000−15,000=30,000
- 기말자본 : 30,000+2,000−3,000+1,500+기타포괄손익=32,400
- 기타포괄손익 : 1,900

48

정답 ⑤

(2,000×500)−880,000=120,000

49

정답 ⑤

- A : 유동자산 감소, 당좌자산 감소, 유동부채 불변, 유동비율 감소, 당좌비율 감소
- B : 유동자산 증가, 당좌자산 증가, 유동부채 불변, 유동비율 증가, 당좌비율 증가

50

정답 ③

중립적 정보는 목적이 없거나 행동에 대한 영향력이 없는 정보가 아니다. 오히려 정보이용자의 의사결정에 영향을 주는 정보가 더 목적적합한 정보이다.

| 02 | 경제

01	02	03	04	05	06	07	08	09	10
②	⑤	④	③	③	⑤	②	①	④	③
11	12	13	14	15	16	17	18	19	20
①	⑤	④	②	①	④	②	⑤	①	②
21	22	23	24	25	26	27	28	29	30
④	①	②	④	③	④	②	③	①	①
31	32	33	34	35	36	37	38	39	40
⑤	⑤	④	⑤	④	③	④	①	②	①
41	42	43	44	45	46	47	48	49	50
②	③	③	⑤	①	④	③	④	②	⑤

01

정답 ②

엥겔지수는 가계 소비 지출에서 차지하는 식비의 비율을 의미하며, 가계 소비 지출은 소비함수[(독립적인 소비 지출)+{(한계소비성향)×(가처분소득)}]으로 계산할 수 있다. 각각의 숫자를 대입하면 100만 원+(0.6×300만 원)=280만 원이 소비 지출이 되고, 이 가운데 식비가 70만 원이므로, 엥겔지수는 70만 원÷280만 원=0.25이다.

02

정답 ⑤

사회무차별곡선(SIC)은 동일한 사회후생수준을 나타내는 U_A와 U_B의 조합을 연결한 선을 의미한다.

㉠ 공리주의 사회후생함수 : 사회후생이 각 개인의 효용의 합으로 결정되는 함수 $W=U_A+U_B$

㉡ 평등주의 후생함수 : 저소득층에 대해서는 보다 높은 가중치를, 그리고 고소득층에 대해서는 보다 낮은 가중치를 부여하는 일반적인 사회후생함수 $W=U_A\times U_B$

㉢ 롤스의 사회후생함수 : 사회구성원 중 가난한 계층의 후생수준에 의하여 사회후생이 결정되는 함수 $W=\min[U_A, U_B]$

03

정답 ④

$MR_A=MC_A$, $MR_B=MC_B$를 이용하여 기업 A와 기업 B의 반응곡선을 구한다.

$$84-2Q_A-Q_B=28,\ Q_A=-\frac{1}{2}Q_B+28$$

$$84-Q_A-2Q_B=20,\ Q_B=-\frac{1}{2}Q_A+32$$

쿠르노 모형의 균형은 두 기업의 반응곡선이 교차하는 점에서 이루어지므로 다음 식이 성립한다.

$$-2Q_A+56=-\frac{1}{2}Q_A+32,\ \frac{3}{2}Q_A=24$$

따라서 $Q_A=16$, $Q_B=24$이다.

04

정답 ③

ㄱ. 정부지출 증가로 IS 곡선은 오른쪽으로 이동하며, AD 곡선 또한 오른쪽으로 이동하므로 소득수준은 증가한다.

ㄹ. IS 곡선이 오른쪽으로 이동하여 이자율이 증가하므로 투자지출은 감소한다.

오답분석

ㄴ. IS 곡선이 오른쪽으로 이동하여 이자율이 증가한다.

ㄷ. AS 곡선이 수평이므로 LM 곡선의 이동을 수반하지 않아 명목 통화량은 변하지 않는다.

05

정답 ③

화폐수량설에 따르면 $MV=pY$

$\rightarrow \frac{\Delta M}{M}+\frac{\Delta V}{V}=\frac{\Delta p}{p}+\frac{\Delta Y}{Y}$이다.

그러므로 $\frac{\Delta p}{p}=\frac{\Delta M}{M}+\frac{\Delta V}{V}-\frac{\Delta Y}{Y}=6+0-3=3\%$이다.

피셔 방정식에 따르면 i(명목이자율)$=r$(실질이자율)$+\pi$(물가상승률)이다.

따라서 $r=i-\pi=10-3=7\%(\pi=\frac{\Delta p}{p})$이다.

06

정답 ⑤

(ㄱ) 준칙적 통화정책을 사용할 때 중앙은행이 먼저 실제 인플레이션율을 결정하고 민간이 기대 인플레이션을 결정하게 된다. 중앙은행이 0%의 인플레이션율을 유지할 경우 민간은 $\pi=\pi_e=0$으로 기대 인플레이션율을 설정하므로 $u=0.03-2(\pi-\pi_e)$에 이를 대입하면 $u=0.03$이 도출된다.

(ㄴ) 최적 인플레이션율로 통제했을 때 역시 만약 민간이 합리적인 기대를 통해 기대 인플레이션율을 중앙은행이 결정한 인플레이션율로 맞추게 된다면 $\pi=\pi_e=1$로 기대 인플레이션율을 설정하여 $u=0.03-2(\pi-\pi_e)$에 이를 대입하면 $u=0.03$이 도출된다. 이러한 결과는 민간이 합리적인 기대를 할 경우 어떤 정책을 택하든 자연실업률의 수준에서 벗어나지 못하는 정책 무력성 명제를 나타낸다고 할 수 있다.

07

정답 ②

레온티에프 생산함수의 형태임을 고려할 때 기업이 재화 200개를 생산하려고 할 때 필요한 최소한의 노동(L)과 자본(K)은 각각 400단위, 200단위이다. 따라서 노동가격인 2원과 자본가격인 3원을 각각 곱해주면 전체 비용은 1,400원으로 도출되고, 이를 생산된 재화인 200개로 나누어 주면 평균비용은 7원이다.

08

정답 ①

A국은 B국에 비해 자동차와 휴대폰에서 모두 노동자 1인당 생산량이 많으므로 절대우위를 가진다. 비교우위를 비교하기 위해 A국과 B국의 자동차와 휴대폰에 대한 기회비용을 계산해 보면 다음과 같다.

구분	자동차의 기회비용	휴대폰의 기회비용
A국	휴대폰 2	자동차 0.5
B국	휴대폰 2.5	자동차 0.4

따라서 A국은 자동차에 비교우위가 있고, B국은 휴대폰에 비교우위가 있음을 알 수 있다.

09

정답 ④

쌀의 공급곡선이 수직선일 때, 즉 쌀에 대한 공급의 가격탄력성이 완전 비탄력적일 경우 쌀 수입에 관세를 부과해도 공급량은 불변한다.

10

정답 ③

수요곡선의 기울기가 가파를수록 정부의 조세수입은 더 커진다.

11

정답 ①

- 리카도 대등 정리의 개념
  정부지출 수준이 일정할 때, 정부지출의 재원조달 방법(조세 또는 채권)의 변화는 민간의 경제활동에 아무 영향도 주지 못한다는 것을 보여주는 이론이다.
- 리카도 대등 정리의 가정
  - 저축과 차입이 자유롭고 저축 이자율과 차입 이자율이 동일해야 한다.
  - 경제활동인구 증가율이 0%이어야 한다.
  - 합리적이고 미래지향적인 소비자이어야 한다.
  - 정부지출 수준이 일정해야 한다.

12

정답 ⑤

기펜재는 대체 효과와 소득 효과가 반대 방향으로 나타나며 대체 효과보다 소득 효과가 더 큰 열등재이다. 어떤 재화의 가격이 상승하면 실질소득이 감소한다. 실질소득이 감소하면 소득 효과에 의해서는 열등재의 구입량이 오히려 증가한다.

13

정답 ④

솔로우의 성장 모형은 생산요소 간 대체가 가능한 콥 – 더글라스 생산함수를 가정한다. 솔로우 성장 모형에서 인구증가율이 높아지면 1인당 자본량이 감소하므로 새로운 정상상태에서 1인당 산출량은 감소한다. 이 모형에서는 저축률이 높을수록 투자가 증가하여 1인당 자본량과 1인당 소득은 증가하지만 저축률이 황금률의 균제상태보다 더 높다면 저축을 감소시켜야 1인당 소비가 증가하게 된다. 그러므로 저축률이 높다고 해서 항상 좋은 것은 아니다. 솔로우 성장 모형에서 기술진보가 이루어지면 경제성장률이 높아지므로 균형성장경로가 바뀌게 되는데, 기술진보는 외생적으로 주어진 것으로 가정할 뿐 모형 내에서는 기술진보의 원인을 설명하지 못한다.

14

정답 ②

케인스학파는 생산물시장과 화폐시장을 동시에 고려하는 IS – LM 모형으로 재정정책과 금융정책의 효과를 분석했다. 케인스학파에 의하면 투자의 이자율탄력성이 작기 때문에 IS 곡선은 대체로 급경사이고, 화폐수요의 이자율탄력성이 크므로 LM 곡선은 매우 완만한 형태이다. 따라서 재정정책은 매우 효과적이나, 통화정책은 효과가 별로 없다는 입장이다.

15

정답 ①

IS 곡선 혹은 LM 곡선이 오른쪽으로 이동하면 총수요곡선도 우측으로 이동한다. 개별소득세가 인하되면 투자가 증가하며, 장래 경기에 대한 낙관적인 전망은 미래 소득 및 미래 소비심리의 상승에 영향을 미치기 때문에 소비가 증가하여 IS 곡선이 오른쪽으로 이동한다.

- IS 곡선의 우측 이동 요인 : 소비 증가, 투자 증가, 정부지출 증가, 수출 증가
- LM 곡선의 우측 이동 요인 : 통화량 증가

16

정답 ④

재산권이 확립되어 있다고 하더라도 거래비용이 너무 크면 협상이 이루어지지 않는다. 따라서 거래비용이 너무 크면 협상을 통해 외부성 문제가 해결될 수 없다.

17

정답 ②

개별 기업의 수요곡선을 수평으로 합한 시장 전체의 수요곡선은 우하향하는 형태이다. 그러나 완전경쟁기업은 시장에서 결정된 시장가격으로 원하는 만큼 판매하는 것이 가능하므로 개별 기업이 직면하는 수요곡선은 수평선으로 도출된다.

18

정답 ⑤

X재 수입에 대해 관세를 부과하면 X재의 국내가격이 상승한다. X재의 국내가격이 상승하면 국내 생산량은 증가하고 소비량은 감소하게 된다. 또한 국내가격 상승으로 생산자 잉여는 증가하지만 소비자 잉여는 감소하게 된다. X재 수요와 공급의 가격탄력성이 낮다면 관세가 부과되더라도 수입량은 별로 줄어들지 않으므로 관세부과에 따른 손실이 작아진다.

19

정답 ①

가격차별(Price Discrimination)이란 동일한 상품에 대하여 서로 다른 가격을 설정하는 것을 의미한다. 가격차별이 가능하기 위해서는 소비자를 특성에 따라 구분할 수 있어야 하며, 다른 시장 간에는 재판매가 불가능해야 하고, 시장 분리에 드는 비용보다 시장의 분리를 통해 얻을 수 있는 수입이 많아야 한다. 한편, 경쟁시장에서는 기업이 시장가격보다 높은 가격을 받으면 소비자는 다른 기업의 상품을 구매할 것이므로 기업들은 가격차별을 할 수 없다. 따라서 가격차별이 가능하다는 것은 기업이 시장지배력이 있다는 의미이다.

20

정답 ②

전기요금의 변화는 전력에 대한 수요곡선의 이동 요인이 아니라 수요곡선상의 이동을 가져오는 요인이다. 해당 재화 가격의 변화로 인한 수요곡선상에서의 변동을 '수요량의 변화'라고 한다.

오답분석

해당 재화의 가격 이외의 변수들(소득수준, 다른 재화의 가격, 인구수, 소비자의 선호, 광고 등)의 변화로 수요곡선 자체가 이동하는 것을 '수요의 변화'라고 하며, ①·③·④·⑤는 수요의 변화에 해당한다.

21

정답 ④

스태그플레이션이란 경기가 불황임에도 불구하고 물가가 상승하는 현상을 말한다. 즉, 공급충격으로 인한 비용인상 인플레이션이 지속될 경우 인플레이션과 실업이 동시에 발생하는 것이다. 하지만 공급충격은 지속적으로 발생하는 것은 아니므로 지속적인 비용인상 인플레이션은 불가능하다.

인플레이션의 종류

종류	개념
초인플레이션	물가상승이 1년에 수백 ~ 수천 퍼센트를 기록하는 인플레이션
애그플레이션	농업(Agriculture)과 인플레이션(Inflation)이 결합된 단어로, 농산물의 부족으로 인한 농산물가격의 급등으로 야기되는 인플레이션
에코플레이션	환경(Ecology)과 인플레이션(Inflation)의 조합어로, 환경적 요인에 의해 야기되는 인플레이션
차이나플레이션	중국(China)과 인플레이션(Inflation)의 조합어로, 중국의 경제 성장으로 인해 야기되는 인플레이션

22

정답 ①

가격차별이란 동일한 상품에 대해 구입자 또는 구입량에 따라 다른 가격을 설정하는 행위를 의미한다. 기업은 이윤을 증대시키는 목적으로 가격차별을 실행한다. 가격차별은 나이, 주중고객과 주말고객, 판매지역(국내와 국외), 대량구매 여부 등의 기준에 따라 이루어진다. 일반적으로 가격차별을 하면 기존에는 소비를 하지 못했던 수요자층까지 소비를 할 수 있으므로 산출량이 증가하고 사회후생이 증가한다.

23

정답 ②

독점기업은 시장지배력을 갖고 있으므로 원하는 수준으로 가격을 설정할 수 있으나, 독점기업이 가격을 결정하면 몇 단위의 재화를 구입할 것인지는 소비자가 결정하는 것이므로 독점기업이 가격과 판매량을 모두 원하는 수준으로 결정할 수 있는 것은 아니다.

24

정답 ④

나. 경기호황으로 인한 임시소득의 증가는 소비에 영향을 거의 미치지 않기 때문에 저축률이 상승하게 된다.
라. 소비가 현재 소득뿐 아니라 미래 소득에도 영향을 받는다는 점에서 항상소득 가설과 유사하다.

오답분석

가. 직장에서 승진하여 소득이 증가한 것은 항상소득의 증가를 의미하므로 승진으로 소득이 증가하면 소비가 큰 폭으로 증가한다.
다. 항상소득 가설에 의하면 항상소득이 증가하면 소비가 큰 폭으로 증가하지만 임시소득이 증가하는 경우에는 소비가 별로 증가하지 않는다. 그러므로 항상소득에 대한 한계소비성향이 임시소득에 대한 한계소비성향보다 더 크게 나타난다.

25

정답 ③

소국의 수입관세 부과 시 국내가격은 상승하고 생산량은 증가한다. 그에 따라 생산자 잉여도 증가하게 된다.

오답분석

① 부과한 관세만큼 국내가격이 상승하게 된다.
② 국내가격이 상승하므로 소비량은 감소하게 된다.
④ 수입관세 부과 시 정부는 관세수입을 얻고, 관세부과로 인한 가격 조정에 따른 사회적 후생손실이 발생한다.
⑤ 소국은 국제 시장에서의 가격설정 능력이 없다. 따라서 관세를 부과해도 교역조건은 변화하지 않는다. 반면 대국의 경우 수입관세 부과 시 교역조건이 개선된다.

26

정답 ④

경제가 유동성함정에 놓여 있다면 LM 곡선은 수평선이므로 통화량이 증가하더라도 이자율 변동에 영향을 미치지 못한다. 즉, 유동성함정 구간에서는 통화정책이 완전히 무력하다. 반면, 경제가 유동성함정 구간에 놓여 있더라도 확대적인 재정정책을 실시하면 IS 곡선이 우측으로 이동하므로 이자율은 변하지 않지만 국민소득은 대폭 증가한다. 즉, 재정정책은 매우 효과적이다.

27

정답 ②

가격에 대한 공급의 반응 속도가 빠를수록 공급이 가격에 대해 탄력적이라고 표현한다. 즉, 공급이 빨리 증가하면 가격은 상대적으로 적게 상승한다. 일반적으로 수요가 동일하게 증가할 경우 공급이 가격에 대해 비탄력적일수록 가격이 큰 폭으로 증가한다.

28

정답 ③

일반적으로 한계대체율 체감과 무차별곡선의 볼록성은 같은 의미이다. 무차별곡선이 볼록할 경우 무차별곡선의 기울기는 X재 소비 증가에 따라 점점 평평해지며, 이는 X재를 많이 소비할수록 Y재 단위로 나타낸 X재의 상대적 선호도가 감소한다는 의미이므로 한계대체율 체감을 의미한다.

29

정답 ①

교정적 조세(Corrective Taxation)란 피구세와 같이 외부성에 따른 자원배분의 효율성을 시정하기 위해 부과하는 조세를 의미한다.

오답분석

나. 오염배출권은 오염배출권거래제도가 시행될 때 만들어지는 것이지 피구세가 부과될 때 생겨나는 것은 아니다.

다. 피구세의 세율이 어떻게 정해지느냐에 따라 오염배출량이 달라지므로 피구세와 오염배출권거래제도하에서 오염배출량이 반드시 동일하다는 보장은 없다.

마. 오염배출권이 자유롭게 거래될 수 있다면 오염을 줄이는 데 비용이 적게 드는 당사자는 오염배출권을 매각하고 직접 오염을 줄일 것이고, 오염을 줄이는 데 비용이 많이 드는 당사자는 오염면허를 매입하고 오염을 배출할 것이다. 그러므로 오염배출권이 자유롭게 거래될 수 있다면 적은 비용으로 오염을 줄일 수 있는 당사자가 오염을 줄이게 된다. 오염배출권거래제도는 환경문제와 같은 외부성을 해결하는 데 있어 시장유인을 사용하는 방법이다.

30

정답 ①

경기적 실업이란 경기침체로 인한 총수요의 부족으로 발생하는 실업이다. 그러므로 경기적 실업을 감소시키기 위해서는 총수요를 확장시켜 경기를 활성화시키는 경제안정화정책이 필요하다.

오답분석

② 새로운 직장을 찾거나 다니던 직장을 그만두고 다른 직장을 찾을 때 발생하는 실업은 마찰적 실업에 해당하는 사례이며, 마찰적 실업만 존재하는 상태를 완전고용상태라고 정의한다.

③ 계절적 실업에 해당하는 사례이다.

④·⑤ 구조적 실업에 해당하는 사례이다. 구조적 실업이란 경제구조 변화로 노동수요 구조가 변함에 따라 발생하는 실업을 말하며, 산업 간 노동이동이 쉽지 않으므로 장기화되는 경향이 있다. 구조적 실업을 감소시키기 위해서는 직업훈련, 재취업교육 등이 필요하다.

31

정답 ⑤

제도 변화 후 새로운 내시균형은 (조업 가동, 1톤 배출)이므로 오염물질의 총배출량은 2톤에서 1톤으로 감소했다.

구분		乙	
		1톤 배출	2톤 배출
甲	조업 중단	(0, 4)	(5, 3)
	조업 가동	(10, 4)	(8, 3)

오답분석

① 초기 상태의 내시균형은 (조업 가동, 2톤 배출)이다.

② 초기 상태의 甲의 우월전략은 ‘조업 가동’이며, 乙의 우월전략은 ‘2톤 배출’이다.

③ 제도 변화 후 甲의 우월전략은 ‘조업 가동’이며, 乙의 우월전략은 ‘1톤 배출’이다.

④ 甲이 乙에게 보상금을 지급한 것이므로 제도 변화 후 甲과 乙의 전체 보수는 이전과 동일하다.

32

정답 ⑤

새케인스학파는 합리적 기대를 받아들이지만 가격의 경직성으로 인해 단기에는 통화정책이 효과를 나타낼 수 있다고 본다.

33

정답 ④

실제GDP는 한 나라의 국경 안에서 실제로 생산된 모든 최종 생산물의 시장가치를 의미하며, 잠재GDP는 한 나라에 존재하는 노동과 자본 등 모든 생산요소를 정상적으로 사용할 경우 달성할 수 있는 최대 GDP를 의미한다. 즉, 잠재GDP는 자연산출량 완전고용산출량 상태에서의 GDP를 의미한다. 따라서 실제GDP가 잠재GDP 수준에 미달한다면 디플레이션 갭이 존재하는 상태이므로 실제실업률이 자연실업률보다 높다. 실제실업률이 자연실업률보다 높으면 노동시장에서 임금하락 압력이 존재하고, 임금이 하락하면 점차 단기총공급곡선이 오른쪽으로 이동하므로 물가가 하락하고 국민소득은 증가한다.

34

정답 ⑤

(기업의 이윤)$=4Q-0.25L=8L^{0.5}-0.25L$이므로 이를 극대화하는 노동투입량은 이윤을 L로 1계미분하여 도출한다.

$4L^{-0.5}-0.25=0 \rightarrow L=256$이다. 따라서 이를 생산함수에 대입하면 $Q=32$가 도출된다.

35

정답 ④

자본의 한계생산은 $MP_K=\frac{\partial Q}{\partial K}=L^{0.5}$ 이므로 자본투입량이 증가하여도 자본의 한계생산에는 변함이 없다.

오답분석

① 노동의 한계생산은 $MP_L=\frac{\partial Q}{\partial L}=0.5L^{-0.5}K$가 된다. 이때 노동을 늘릴수록 노동의 한계생산은 감소한다.

② 자본의 한계생산은 $MP_K=\frac{\partial Q}{\partial K}=L^{0.5}$가 된다. 이때 노동을 늘릴수록 자본의 한계생산은 증가한다.

③ • 최적상태의 도출 : $\min C=wL+rK,\ st\ L^{0.5}K=Q$

• 비용극소화 조건

$$MRTS_{LK}=\frac{MP_L}{MP_K}=\frac{0.5L^{-0.5}K}{L^{0.5}}=\frac{K}{2L}=\frac{w}{r}$$

$\rightarrow 2Lw=rK$

노동과 자본의 단위당 가격이 동일하다면 $2L=K$이므로 자본투입량은 노동투입량의 2배가 된다.

⑤ $Q=L^{0.5}K$는 콥-더글라스 함수이다.

36

정답 ③

오답분석

① 단기 경기변동에서 소비와 투자가 모두 경기순응적이며, 소비의 변동성은 투자의 변동성보다 작다.

② 확장적 재정정책을 실시하면 이자율이 상승하여 민간투자가 감소하는 구축 효과가 발생하게 되는데, 변동환율제도하에서는 확장적 재정정책을 실시하면 환율 하락으로 인해 추가적으로 총수요가 감소하는 효과가 발생한다. 즉, 확장적 재정정책으로 이자율이 상승하면 자본 유입이 이루어지므로 외환의 공급이 증가하여 환율이 하락한다. 이렇듯 평가 절상이 이루어지면 순수출이 감소하므로 폐쇄경제에서보다 총수요가 더 큰 폭으로 감소한다.

④ 장기균형 상태에 있던 경제에 원유가격이 일시적으로 상승하면 단기에는 물가가 상승하고 국민소득이 감소하지만 장기적으로는 원유가격이 하락하여 총공급곡선이 다시 오른쪽으로 이동하므로 물가와 국민소득은 변하지 않는다.

⑤ 총공급곡선이 우상향 형태일 때 물가수준이 하락하면 총공급곡선 자체가 이동하는 것이 아니라 총공급곡선상에서 좌하방으로 이동한다.

37

정답 ④

균제상태에서 $\Delta k=sf(k)-(\delta+n)=0$이 성립하므로
$f(k)=2k^{0.5}$, $s=0.3$, $\delta=0.25$, $n=0.05$를 대입하면
$0.6k^{0.5}-0.3k=0$으로 정리할 수 있다.

따라서 식을 풀면 $k=4$가 도출되고, 1인당 생산함수 $y=2k^{0.5}$에 대입하면 $y=4$가 도출된다.

38

정답 ①

승수 효과란 정부가 지출을 늘리면 가계나 기업의 소득과 수입이 증가하고 종수요가 증가하게 되는데, 이때 종수요가 정부의 지출액 이상으로 증가하는 것을 말한다. 일반적으로 한계소비성향을 c라고 가정할 경우 정부지출이 $\triangle G$만큼 증가할 때의 국민소득 증가분 $\triangle Y$는 다음과 같이 구한다.

$$\triangle Y=\triangle G+c\triangle G+c^2\triangle G+c^3\triangle G+\cdots$$
$$=(1+c+c^2+c^3+\cdots)\triangle G$$
$$=\frac{1}{1-c}\triangle G$$

위 식에 $\triangle Y=500$, $c=0.8$을 대입해 보면 다음과 같다.

$$\triangle Y=\frac{1}{1-c}\triangle G$$

$\rightarrow \triangle G=(1-c)\triangle Y=(1-0.8)\times 500=100$

따라서 한계소비성향이 0.8일 경우 국민소득을 500만큼 증가시키기 위해서는 정부지출을 100 정도 늘려야 한다.

39

정답 ②

최적생산량은 한계비용과 한계수입이 일치하는 지점에서 구할 수 있다. 한계비용과 한계수입은 각각 총비용과 총수입을 미분하여 구할 수 있으며, $50+Q^2$를 Q에 대하여 미분하면 $2Q$이고, $60Q-Q^2$를 Q에 대하여 미분하면 $60-2Q$이다. 따라서 $2Q=60-2Q$이므로 $Q=15$이다.

40

정답 ①

오답분석

다・라. 교역 이후 가격 하락으로 소비자 잉여는 B+D만큼 증가하여 A+B+D가 되고, 생산자 잉여는 B만큼 감소하여 C가 된다. 즉, 교역으로 소비자들이 얻는 이익(B+D)이 농민들이 입는 손해(B)보다 크기 때문에 소비자 잉여와 생산자 잉여를 합하여 구하는 사회적 잉여는 농산물 수입 이전보다 D만큼 증가한 A+B+C+D가 된다.

41

정답 ②

A가 최선의 선택을 하려면 순편익이 가장 높은 운동을 골라야 한다.

- 헬스 : 5−3=2만 원
- 수영 : 7−2=5만 원
- 자전거 : 8−5=3만 원
- 달리기 : 4−3=1만 원
- 등산 : 3−2=1만 원

따라서 A가 할 수 있는 최선의 선택은 수영이다.

42

정답 ③

동질적으로 판매되는 상품의 가치는 동일하다는 가정 아래 각 나라별 화폐로 해당 제품의 가격을 평가하여 구매력을 비교하는 것이 빅맥지수이다.

오답분석

㉠ 빅맥지수는 영국 경제지인 〈이코노미스트〉에서 최초로 고안하였다.
㉣ 빅맥지수에 사용하는 빅맥 가격은 제품가격만 반영하고 서비스가격은 포함되지 않기 때문에 각 나라별 환율에 대한 상대적 구매력 평가 외에 다른 목적으로 사용하기에는 측정값이 정확하지 않다.

43

정답 ③

실질GDP는 물가상승 요인을 제거하기 위하여 기준연도 가격에 해당 연도 생산량을 곱하여 계산한다. 따라서 2022년 가격 50만 원×2023년 생산량 15대=7,500,000원이다.

44

정답 ⑤

(한계비용)=(총비용 변화분)÷(생산량 변화분)

- 생산량이 50일 때 총비용 : (평균비용 16)×(생산량 5)=800
- 생산량이 100일 때 총비용 : (평균비용 15)×(생산량 100)=1,500

따라서 한계비용은 (총비용 변화분 700)÷(생산량 변화분 50)=14이다.

45

정답 ①

㉠ 세로축이 세율이라면 해당 그래프는 과세대상액이 커질수록 세율도 높아지는 누진세를 나타낸다. 우리나라에서 부가가치세(VAT)는 현재 일률적으로 10%의 세율을 적용하므로 비례세에 해당한다.
㉡ 세로축이 세액이라면 과세대상액이 커질수록 세액이 일정한 기울기로 커지므로 해당 그래프는 비례세를 나타낸다. 법인세의 경우 누진세율이 적용되므로 과세대상액이 커지면 기울기가 세율구간별로 증가하는 형태로 나타난다.

오답분석

㉢ 조세부담의 역진성이란 소득이 낮은 자가 소득이 높은 자에 비해 상대적으로 높은 세율을 부담하는 것으로, 비례세의 경우 이론적으로 조세부담의 역진성이 나타난다.
㉣ 비례세에 해당하므로 모든 과세대상에 동일한 세율이 적용된다.

46

정답 ④

형식적 지식은 정형화 혹은 문서화되어 있는 지식으로 경쟁기업이 쉽게 모방하거나 유출되기 쉽다. 따라서 경쟁우위를 유지하기 위해 지식보안에도 각별히 신경써야 한다.

47

정답 ③

양적완화와 통화확장 정책은 시장에 통화량을 공급함으로 인해 오히려 인플레이션을 더욱 심화시켜 위기를 더욱 확대한다. 따라서 하이퍼인플레이션인 상황인 A국가의 경우, 이 두 정책의 실시는 물가를 더욱 상승시켜 경제가 급격히 악화될 수 있으므로 진영의 발언은 적절하지 않다.

48

정답 ④

오답분석

① 매몰비용의 오류 : 이미 투입한 비용과 노력 때문에 경제성이 없는 사업을 지속하여 손실을 키우는 것
② 감각적 소비 : 제품을 구입할 때 품질, 가격, 기능보다 디자인, 색상, 패션 등을 중시하는 소비 패턴
③ 보이지 않는 손 : 개인의 사적 영리활동이 사회 전체의 공적 이익을 증진시키는 것
⑤ 희소성 : 사람들의 욕망에 비해 그 욕망을 충족시켜 주는 재화나 서비스가 부족한 현상

49

정답 ②

오답분석

㉡ 케인스 모형에서 재정정책의 효과는 강력한 반면 금융정책의 효과가 미약하다. 따라서 (A)의 $Y_0 \rightarrow Y_1$의 크기는 (B)의 $Y_a \rightarrow Y_b$의 크기보다 크다.
㉣ 케인스는 승수 효과를 통해 정부가 지출을 조금만 늘리면 국민의 소득은 지출에 비해 기하급수적으로 늘어난다고 주장하였다. 또한 케인스학파에서는 소비를 미덕으로 여기므로 소득이 증가하면 소비 또한 증가하여 정부지출의 증가는 재고의 감소를 가져온다.

50

정답 ⑤

고전학파에 따르면 임금이 완전 신축적이므로 항상 완전고용을 달성한다. 그러므로 고전학파는 실업문제 해소를 위해 정부의 개입은 불필요하다고 주장한다. 반면 케인스학파는 실업문제 해소를 위해 재정정책이 금융정책보다 더 효과적이라고 주장한다.

| 03 | 법

01	02	03	04	05	06	07	08	09	10
④	⑤	②	③	⑤	②	③	②	④	③
11	12	13	14	15	16	17	18	19	20
④	②	⑤	①	①	③	②	④	②	④
21	22	23	24	25	26	27	28	29	30
③	③	②	②	①	②	④	②	③	⑤
31	32	33	34	35	36	37	38	39	40
②	⑤	④	②	①	④	④	①	④	③
41	42	43	44	45	46	47	48	49	50
④	⑤	②	①	④	②	③	③	①	⑤

01
정답 ④

국가원로자문회의의 의장은 전직 대통령 중 전임 대통령이 되며, 직전의 전임 대통령이 없을 때에는 대통령이 지명하게 된다.

대한민국 대통령의 권한
- 비상적 권한 : 긴급명령권 및 긴급재정경제처분·명령권, 계엄선포권, 국민투표부의권
- 행정적 권한 : 행정에 대한 최고결정권과 최고지휘권, 법률집행권, 외교에 대한 권한(조약체결·비준권, 선전포고 및 강화권, 외교권), 정부의 구성과 공무원임면권, 국군통수권, 재정에 대한 권한(예산안제출권, 예비비지출권), 영전수여권
- 입법적 권한 : 임시국회소집요구권, 국회출석발언권, 국회에 대한 서한에 의한 의사표시권, 헌법개정에 대한 권한, 법률안제출권, 법률안거부권, 법률안공포권, 행정입법권(위임명령·집행명령제정권)
- 사법적 권한 : 위헌정당해산제소권, 사면·감형·복권에 대한 권한

02
정답 ⑤

급부와 반대급부 사이의 '현저한 불균형'은 단순히 시가와의 차액 또는 시가와의 배율로 판단할 수 있는 것은 아니고 구체적·개별적 사안에 있어서 일반인의 사회통념에 따라 결정해야 한다. 그 판단에 있어서는 피해 당사자의 궁박·경솔·무경험의 정도가 아울러 고려되어야 하고, 당사자의 주관적 가치가 아닌 거래상의 객관적 가치에 의해야 한다(대판 2010.7.15, 2009다50308).

03
정답 ②

영업과 상호를 양수하면 양도인의 채권·채무도 양수한 것으로 보는 것이 원칙이다(상법 제42조 참조).

오답분석

① 상법 제25조 제2항
③ 상법 제25조 제1항

04
정답 ③

상법에서 명시적으로 규정하고 있는 회사의 종류는 합명회사, 합자회사, 유한책임회사, 주식회사, 유한회사의 5종이다. 사원의 인적 신용이 회사신용의 기초가 되는 회사를 인적 회사(예 개인주의적 회사, 합명회사·합자회사)라 하고, 회사재산이 회사신용의 기초가 되는 회사를 물적 회사(예 단체주의적 회사, 주식회사·유한회사)라 한다.

회사의 종류

구분	유형	내용
인적 회사	합명회사	무한책임사원만으로 구성되는 회사
	합자회사	무한책임사원과 유한책임사원으로 구성되는 복합적 조직의 회사
물적 회사	유한회사	사원이 회사에 대하여 출자금액을 한도로 책임을 질 뿐, 회사채권자에 대하여 아무 책임도 지지 않는 사원으로 구성된 회사
	유한책임회사	주주들이 자신의 출자금액 한도에서 회사채권자에 대하여 법적인 책임을 부담하는 회사로, 이사·감사의 선임 의무가 없으며 사원 아닌 자를 업무집행자로 선임할 수 있다.
	주식회사	사원인 주주(株主)의 출자로 이루어지며 권리·의무의 단위로서의 주식으로 나누어진 일정한 자본을 가지고 모든 주주는 그 주식의 인수가액을 한도로 하는 출자의무를 부담할 뿐, 회사채무에 대하여 아무런 책임도 지지 않는 회사

05
정답 ⑤

오답분석

① 법률행위의 일부분이 무효인 때에는 그 전부를 무효로 한다(민법 제137조).
② 무효인 법률행위는 추인하여도 그 효력이 생기지 않는다. 그러나 당사자가 그 무효임을 알고 추인한 때에는 새로운 법률행위로 본다(민법 제139조).
③ 취소 등의 단독행위는 조건을 붙이면 상대방의 지위를 불리하게 하므로 조건을 붙일 수 없는 것이 원칙이다.
④ 취소한 법률행위는 처음부터 무효인 것으로 간주되므로 일단 취소된 이상 그 후에는 취소할 수 있는 법률행위의 추인에 의하여 유효하게 할 수는 없고, 다만 무효인 법률행위의 추인의 요건과 효력으로서 추인할 수는 있다.

06

정답 ②

적법절차의 원칙이 우리나라 헌법에 최초로 규정된 것은 현행 헌법이다.

오답분석

① 헌법 제12조 제1항은 "…… 법률과 적법한 절차에 의하지 아니하고는 처벌·보안처분 또는 강제노역을 받지 아니한다."라고 하여 적법절차원칙을 규정하고 있는데, 헌법재판소는 이 원칙이 형사소송 절차에 국한되지 않고 모든 국가작용 전반에 대하여 적용된다고 밝힌 바 있으므로, 국민에게 부담을 주는 행정작용인 과징금 부과의 절차에 있어서도 적법절차원칙이 준수되어야 할 것이다(헌재결 2003.7.24, 2001헌가25).

③ 헌법에 규정된 적법절차의 원칙은 일반적 헌법원리로서 모든 공권력의 행사에 적용되는바, 이는 절차의 적법성뿐만 아니라 절차의 적정성까지 보장되어야 한다는 뜻으로 이해된다. 즉, 형식적인 절차뿐만 아니라 실체적 법률 내용이 합리성과 정당성을 갖춘 것이어야 한다는 실질적인 의미로 확대해석되고 있다(헌재결 2007.4.26, 2006헌바10).

④ 우리 헌법은 제12조 제3항에서 "체포·구속·압수 또는 수색을 할 때에는 적법한 절차에 따라 검사의 신청에 의하여 법관이 발부한 영장을 제시하여야 한다."고 규정하고 있을 뿐, 압수수색에 관한 통지절차 등을 따로 규정하고 있지 않으므로 압수수색의 사전통지나 집행 당시의 참여권의 보장은 압수수색에 있어 국민의 기본권을 보장하고 헌법상의 적법절차원칙의 실현을 위한 구체적인 방법의 하나일 뿐 헌법상 명문으로 규정된 권리는 아니다(헌재결 2012.12.27, 2011헌바225).

⑤ 국회는 자율적 판단에 따라 공청회나 청문회를 개최할 수 있고, 국민은 청원권을 통하여 정부나 국회에 입법에 관한 건의를 할 수 있으며, 헌법소원과 위헌법률심판제도를 통하여 위헌적인 법률을 다툴 수 있으므로 법률의 공정성과 타당성을 보장하고 국민의 권리 보장을 위해 국민들의 의견을 반영하기 위한 절차가 일정 부분 마련되어 있다고 볼 수 있다. 게다가 해석을 통해 입법절차에서의 국민의 직접참여권 보장을 내용으로 하는 청문권을 인정할 현실적인 필요성도 크지 않다. 따라서 국회입법에 대하여는 원칙적으로 일반 국민의 지위에서 적법절차에서 파생되는 청문권은 인정되지 아니한다(헌재결 2005.11.24, 2005헌마579).

07

정답 ③

회사의 합병은 합병 후 존속하는 회사 또는 합병으로 인하여 설립되는 회사가 그 본점소재지에서 합병의 등기를 함으로써 그 효력이 생긴다(상법 제234조).

08

정답 ②

오답분석

① 근로계약 자체가 무효이므로 취소와는 별개가 된다.

③ 무효인 법률행위는 추인하여도 그 효력이 생기지 아니한다. 그러나 당사자가 그 무효임을 알고 추인한 때에는 새로운 법률행위로 본다(민법 제139조).

④·⑤ 甲과 乙의 근로계약은 확정적 무효이다.

09

정답 ④

식품위생법상 일반음식점영업허가는 기속행위에 해당한다. 식품위생법상 일반음식점영업허가는 성질상 일반적 금지의 해제에 불과하므로 허가권자는 허가신청이 법에서 정한 요건을 구비한 때에는 허가하여야 하고, 관계 법령에서 정하는 제한사유 외에 공공복리 등의 사유를 들어 허가신청을 거부할 수는 없다(대판 97누12532).

10

정답 ③

오답분석

① 조례는 규칙의 상위규범이다.

② 국제법상의 기관들은 자체적으로 조약을 체결할 수 있다.

④ 재판의 근거로 사용된 조리(條理)와 법원으로서의 조례는 서로 무관하다.

⑤ 의원 발의의 경우 재적의원 1/5 이상 또는 10인 이상의 의원의 연서가 필요하다.

11

정답 ④

민법은 인간이 사회생활을 영위함에 있어 상호간에 지켜야 할 법을 의미하는 것으로, 사법(私法) 중 일반적으로 적용되는 일반사법이다.

12

정답 ②

물권적 청구권이란 물권 내용의 완전한 실현이 어떤 사정으로 방해되었거나 또는 방해될 염려가 있는 경우에 그 방해 사실을 제거 또는 예방하여 물권 내용의 완전한 실현을 가능케 하는 데 필요한 행위를 청구할 수 있는 권리이다. 이는 사권의 보호를 위한 수단으로, 소유권 절대의 원칙과 가장 관련이 깊다.

13

정답 ⑤

민법은 속인주의 내지 대인고권의 효과로 거주지 여하를 막론하고 모든 한국인에게 적용된다.

14

정답 ①

대통령은 국무회의의 의장이 되고, 국무총리는 국무회의 부의장이 된다(헌법 제88조 제3항).

오답분석

② 헌법 제87조 제1항
③ 헌법 제88조 제3항
④ 헌법 제86조 제2항
⑤ 헌법 제87조 제3항

15

정답 ①

간주(의제)는 추정과 달리 반증만으로 번복이 불가능하고 취소절차를 거쳐야만 그 효과를 전복시킬 수 있다. 따라서 사실의 확정에 있어서 간주는 그 효력이 추정보다 강하다고 할 수 있다.

오답분석

② "~한 것으로 본다."라고 규정하고 있으면 이는 간주규정이다.
③ 실종선고를 받은 자는 전조(실종의 선고)의 기간이 만료한 때에 사망한 것으로 본다(민법 제28조).
④ 추정에 대한 설명이다.
⑤ 간주에 대한 설명이다.

16

정답 ③

법인은 그 주된 사무소의 소재지에서 설립신고가 아니라 설립등기로 성립한다(민법 제33조). 법인은 모두 비영리법인으로 비영리법인의 설립에 관하여 우리 민법은 허가주의를 취하여 법인의 설립요건에 주무관청의 허가를 얻어 설립등기를 함으로써 성립한다고 본다.

17

정답 ②

제한능력자가 법정대리인의 동의 없이 한 법률행위는 무효가 아니라 취소할 수 있는 행위이다.

18

정답 ④

법에 규정된 것 외에는 예외를 두지 아니 한다.

주소, 거소, 가주소의 구분

주소	생활의 근거가 되는 곳을 주소로 한다. 주소는 동시에 두 곳 이상 둘 수 있다(민법 제18조).
거소	주소를 알 수 없으면 거소를 주소로 본다. 국내에 주소가 없는 자에 대하여는 국내에 있는 거소를 주소로 본다(민법 제19조 · 제20조).
가주소	어느 행위에 있어서 가주소를 정한 때에 있어서 그 행위에 관하여는 이를 주소로 본다(민법 제21조). 따라서 주소지로서 효력을 갖는 경우는 주소(주민등록지), 거소와 가주소가 있으며, 복수도 가능하다.

19

정답 ②

채무의 변제를 받는 것은 이로 인하여 권리를 상실하는 것이므로, 단순히 권리만 얻거나 의무만을 면하는 행위에 속하지 않는다. 따라서 미성년자 단독으로 유효하게 할 수 없고 법정대리인의 동의를 얻어서 해야 하는 행위에 속한다.

미성년자의 행위능력

원칙	법정대리인의 동의를 요하고 이를 위반한 행위는 취소할 수 있다.
예외 (단독으로 할 수 있는 행위)	• 단순히 권리만을 얻거나 또는 의무만을 면하는 행위 • 처분이 허락된 재산의 처분행위 • 허락된 영업에 대한 미성년자의 행위 • 혼인을 한 미성년자의 행위(성년의제) • 대리행위 • 유언행위(만 17세에 달한 미성년자의 경우) • 법정대리인의 허락을 얻어 회사의 무한책임사원이 된 미성년자가 사원자격에 기해서 한 행위(상법 제7조) • 근로계약과 임금의 청구(근로기준법 제67조 · 제68조)

20

정답 ④

상법은 영리성, 집단성 · 반복성, 획일성 · 정형성, 공시주의, 기업책임의 가중과 경감, 기업의 유지 · 강화, 기술성 · 진보성, 세계성 · 통일성 등의 특징을 지닌다.

21

정답 ③

상업등기부의 종류에는 상호등기부, 미성년자등기부, 법정대리인등기부, 지배인등기부, 합자조합등기부, 합명회사등기부, 합자회사등기부, 유한책임회사등기부, 주식회사등기부, 유한회사등기부, 외국회사등기부 11종이 있다(상업등기법 제11조 제1항).

22

정답 ③

실종선고를 받아도 당사자가 존속한다면 그의 권리능력은 소멸되지 않는다. 실종선고기간이 만료한 때 사망한 것으로 간주된다(민법 제28조).

23

정답 ②

회사가 가진 자기주식은 의결권이 없다(상법 제369조 제2항).

오답분석

① 상법 제289조 제1항 제7호
③ 상법 제293조
④ 상법 제312조
⑤ 상법 제292조

24

정답 ②

행정행위(처분)의 부관이란 행정행위의 일반적인 효과를 제한하기 위하여 주된 의사표시에 붙여진 종된 의사표시로, 행정처분에 대하여 부가할 수 있다. 부관의 종류에는 조건, 기한, 부담 등이 있다.

부관의 종류

- 조건 : 행정행위의 효력의 발생 또는 소멸을 발생이 불확실한 장래의 사실에 의존하게 하는 행정청의 의사표시로, 조건성취에 의하여 당연히 효력을 발생하게 하는 정지조건과 당연히 그 효력을 상실하게 하는 해제조건이 있다.
- 기한 : 행정행위의 효력의 발생 또는 소멸을 발생이 장래에 도래할 것이 확실한 사실에 의존하게 하는 행정청의 의사표시로, 기한의 도래로 행정행위가 당연히 효력을 발생하는 시기와 당연히 효력을 상실하는 종기가 있다.
- 부담 : 행정행위의 주된 의사표시에 부가하여 그 상대방에게 작위 · 부작위 · 급부 · 수인의무를 명하는 행정청의 의사표시로, 특허 · 허가 등의 수익적 행정행위에 붙여지는 것이 보통이다.
- 철회권의 유보 : 행정행위의 주된 의사표시에 부수하여, 장래 일정한 사유가 있는 경우에 그 행정행위를 철회할 수 있는 권리를 유보하는 행정청의 의사표시이다(숙박업 허가를 하면서 윤락행위를 하면 허가를 취소한다는 경우).

25

정답 ①

기판력은 확정된 재판의 판단 내용이 소송당사자와 후소법원을 구속하고, 이와 모순되는 주장 · 판단을 부적법으로 하는 소송법상의 효력을 말하는 것으로, 행정행위의 특징과는 관련 없다.

26

정답 ②

구 상훈법(2011.8.4. 법률 제10985호로 개정되기 전의 것) 제8조는 서훈취소의 요건을 구체적으로 명시하고 있고 절차에 관하여 상세하게 규정하고 있다. 그리고 서훈취소는 서훈수여의 경우와는 달리 이미 발생된 서훈대상자 등의 권리 등에 영향을 미치는 행위로서 관련 당사자에게 미치는 불이익의 내용과 정도 등을 고려하면 사법심사의 필요성이 크다. 따라서 기본권의 보장 및 법치주의의 이념에 비추어 보면, 비록 서훈취소가 대통령이 국가원수로서 행하는 행위라고 하더라도 법원이 사법심사를 자제하여야 할 고도의 정치성을 띤 행위라고 볼 수는 없다(대판 2012두26920).

27

정답 ④

우리나라 헌법은 1987년 10월 29일에 제9차로 개정되었다. 헌법 전문상의 제8차라고 밝히고 있는 것은 9차 개정의 현행 헌법을 공표하면서 그때까지 8차례에 걸쳐 개정되었던 것을 이제 9차로 개정하여 공포하는 취지를 밝힌 것이다(대한민국 헌법 전문).

28

정답 ②

건축허가는 법률행위적 행정행위 중 명령적 행위에 속한다.

행정행위의 구분

법률행위적 행정행위	명령적 행위	하명, 허가, 면제
	형성적 행위	특허, 인가, 대리
준법률행위적 행정행위		확인, 공증, 통지, 수리

29

정답 ③

오답분석

① 확정력에는 형식적 확정력(불가쟁력)과 실질적 확정력(불가변력)이 있다.
② 불가쟁력은 행정행위의 상대방 기타 이해관계인이 더 이상 그 효력을 다툴 수 없게 되는 힘을 의미한다.
④ 강제력에는 행정법상 의무위반자에게 처벌을 가할 수 있는 제재력과 행정법상 의무불이행자에게 의무의 이행을 강제할 수 있는 자력집행력이 있다.
⑤ 일정한 행정행위의 경우 그 성질상 행정청 스스로도 직권취소나 변경이 제한되는 경우가 있는데, 이를 불가변력이라 한다.

30

정답 ⑤

행정주체와 국민과의 관계는 행정주체인 국가의 물품공급계약관계, 공사도급계약관계, 국가의 회사주식매입관계, 국채모집관계 등과 같이 상호 대등한 당사자로서 사법관계일 때도 있고, 행정주체와 국민은 법률상 지배자와 종속관계의 위치로 인 · 허가 및 그 취소, 토지의 수용 등과 같이 행정주체가 국민에게 일방적으로 명령 · 강제할 수 있는 공법관계일 때도 있다.

31 정답 ②

긴급재정경제처분·명령권이란 중대한 재정·경제상의 위기에 있어서 국가안전보장 또는 공공의 안녕질서를 유지하기 위해 대통령이 행하는 재정·경제상의 처분을 말한다(헌법 제76조 제1항).

오답분석

① 헌법 제77조 제1항
③ 헌법 제1조 제1항
④ 헌법 전문과 헌법 제5조·제6조 등에서 국제평화주의를 선언하고 있다.
⑤ 실질적 의미의 헌법은 규범의 형식과 관계없이 국가의 통치조직·작용의 기본원칙에 대한 규범을 총칭한다.

32 정답 ⑤

헌법의 개정은 헌법의 동일성을 유지하면서 의식적으로 헌법전의 내용을 수정·삭제·추가하는 것을 말한다.

33 정답 ④

우리 재판소는 새로운 입법으로 과거에 소급하여 과세하거나 이미 납세의무가 존재하는 경우에도 소급하여 중과세하는 것은 소급입법 과세금지원칙에 위반된다는 일관된 태도를 취하여 왔다(헌재결 2002헌바63).

오답분석

① 다만 일반적으로 국민이 소급입법을 예상할 수 있었거나 법적 상태가 불확실하고 혼란스러워 보호할 만한 신뢰이익이 적은 경우와 소급입법에 의한 당사자의 손실이 없거나 아주 경미한 경우 그리고 신뢰보호의 요청에 우선하는 심히 중대한 공익상의 사유가 소급입법을 정당화하는 경우 등에는 예외적으로 진정소급입법이 허용된다(헌재결 97헌바76).
② 부진정소급입법은 원칙적으로 허용되지만 소급효를 요구하는 공익상의 사유와 신뢰보호의 요청 사이의 교량 과정에서 신뢰보호의 관점이 입법자의 형성권에 제한을 가하게 된다(헌재결 94헌바12).
③ 개발이익 환수에 관한 법률 시행 전에 개발에 착수하였지만, 아직 개발이 완료되지 아니하고 진행 중인 사업에 개발부담금을 부과하는 것은 부진정소급입법에 해당하는 것으로 원칙적으로 허용되며, 법률 시행 전의 개발 부분은 환수대상에서 제외하고 있으므로 신뢰보호의 원칙에 위배되지 아니한다(헌재결 98헌바19).
⑤ 기존 퇴직연금 수급자의 경우에도 연금 외의 사업소득금액이나 근로소득금액이 있고 소득월액이 전년 평균임금월액을 초과한 때에는 퇴직연금 중 일부(1/2의 범위 내)의 지급이 정지되지만, 이는 청구인들이 이 사건 심판대상조항 시행일(2005. 7.1.) 이후에 지급 받는 퇴직연금부터 적용된다(법 부칙 제1조). 즉, 이 사건 심판대상조항은 이미 발생하여 이행기에 도달한 퇴직연금 수급권의 내용을 변경함이 없이 이 사건 심판대상조항 시행 이후의 법률관계, 다시 말해 장래 이행기가 도래하는 퇴직연금 수급권의 내용을 변경함에 불과하므로, 이미 종료된 과거의 사실관계 또는 법률관계에 새로운 법률이 소급적으로 적용되어 과거를 법적으로 새로이 평가하는 진정소급입법에는 해당하지 아니한다(헌재결 2004헌바42).

34 정답 ②

헌법제정권력은 국민이 정치적 존재에 대한 근본결단을 내리는 정치적 의사이다. 법적 권한으로 시원적 창조성과 자유성, 항구성, 단일불가분성, 불가양성 등의 본질을 가지며 인격 불가침, 법치국가의 원리, 민주주의의 원리 등과 같은 근본규범의 제약을 받는다.

35 정답 ①

헌법의 폐지는 기존의 헌법(전)은 배제하지만 헌법제정권력의 주체는 경질되지 않으면서 헌법의 근본규범성을 인정하고 헌법의 전부를 배제하는 경우이다.

36 정답 ④

우리나라 헌법은 법치주의, 국제평화주의, 국민주권의 원리, 문화국가의 원리, 자유민주주의, 권력분립주의, 기본권 존중주의, 복지국가의 원리, 사회적 시장경제주의원리 등을 표방하고 있다.

37 정답 ④

자유민주적 기본질서의 내용에 기본적 인권의 존중, 권력분립주의, 법치주의, 사법권의 독립은 포함되지만, 계엄선포 및 긴급명령권, 복수정당제는 포함되지 않는다.

38 정답 ①

㉠ 헌법 제10조에 의거한 행복추구권은 헌법에 열거된 기본권으로서 행복추구의 수단이 될 수 있는 개별적 기본권들을 제외한 헌법에 열거되지 아니한 권리들에 대한 포괄적인 기본권의 성격을 가지며, '일반적 행동자유권', '개성의 자유로운 발현권', '자기결정권', '계약의 자유' 등이 그 보호영역 내에 포함된다(헌재결 2002헌마677).
㉡ 행복추구권은 다른 기본에 대한 보충적 기본권으로서의 성격을 지니므로, 공무담임권이라는 우선적으로 적용되는 기본권이 존재하여 그 침해 여부를 판단하는 이상, 행복추구권 침해 여부를 독자적으로 판단할 필요가 없다(헌재결 99헌마112).

오답분석

㉢ "행복추구권은 국민이 행복을 추구하기 위하여 필요한 급부를 국가에게 적극적으로 요구할 수 있는 것을 내용으로 하는 것이 아니라, 행복추구활동을 국가권력의 간섭 없이 자유롭게 할 수 있다는 포괄적인 의미의 자유권으로서의 성격을 갖는다."를 보아 적극적 성격을 부정하고 포괄적 자유권으로 보고 있다(헌재결 93헌가14).

㉣ 청구인 부의 묘에 청구인 모의 합장 분묘는 구 장사 등에 관한 법률 제17조가 적용되지 아니하여 그 설치기간에 제한이 없으나, 이를 이장하여 새로 설치하는 분묘는 새로운 분묘로 취급되어 이 사건 부칙 조항에 의해 구 장사 등에 관한 법률 제17조의 설치기간 제한을 받게 되는 바, 이로써 청구인은 부모의 분묘를 가꾸고 봉제사를 하고자 하는 권리를 제한당한다고 할 수 있다. 청구인은 이러한 권리가 헌법 제34조의 사회보장권이라고 하나, 이는 헌법 제10조의 행복추구권의 한 내용으로 봄이 타당하다(헌재결 2007헌마872).

39

정답 ④

탄핵결정은 공직으로부터 파면함에 그친다. 그러나 이에 의하여 민·형사상의 책임이 면제되지는 않는다(헌법 제65조 제4항).

오답분석

① 헌법 제65조 제1항
② 헌법 제65조 제2항 단서
③ 헌법 제71조
⑤ 헌법 제65조 제3항

40

정답 ③

(가)는 비례의 원칙, (나)는 자기구속의 원칙, (다)는 신뢰보호의 원칙, (라)는 부당결부금지의 원칙이다.

행정청의 행위에 대하여 신뢰보호의 원칙이 적용되기 위한 요건 중 공적견해의 표명이라는 요건 등 일부 요건이 충족된 경우라고 하더라도 행정청이 앞서 표명한 공적인 견해에 반하는 행정처분을 함으로써 달성하려는 공익이 행정청의 공적견해표명을 신뢰한 개인이 그 행정처분으로 인하여 입게 되는 이익의 침해를 정당화할 수 있을 정도로 강한 경우에는 신뢰보호의 원칙을 들어 그 행정처분이 위법하다고 할 수는 없다(대판 2008.4.24, 2007두25060).

오답분석

① 자동차 등을 이용하여 범죄행위를 하기만 하면 그 범죄행위가 얼마나 중한 것인지, 그러한 범죄행위를 행함에 있어 자동차 등이 당해 범죄 행위에 어느 정도로 기여했는지 등에 대한 아무런 고려 없이 무조건 운전면허를 취소하도록 하고 있으므로, 비난의 정도가 극히 미약한 경우까지도 운전면허를 취소할 수밖에 없도록 하는 것으로 최소침해성의 원칙에 위반된다고 할 것이다(헌재결 2005.11.24, 2004헌가28).

② 평등의 원칙은 본질적으로 같은 것을 자의적으로 다르게 취급함을 금지하는 것이고, 위법한 행정처분이 수차례에 걸쳐 반복적으로 행하여졌다 하더라도 그러한 처분이 위법한 것인 때에는 행정청에 대하여 자기구속력을 갖게 된다고 할 수 없다(대판 2009.6.25, 2008두13132).

④ 대판 2009.2.12, 2005다65500

⑤ 고속국도의 유지관리 및 도로확장 등의 사유로 접도구역에 매설한 송유시설의 이설이 불가피할 경우 그 이설 비용을 부담하도록 한 것은 고속국도 관리청이 접도구역의 송유관 매설에 대한 허가를 할 것을 전제로 한 것으로, 상대방은 공작물설치자로서 특별한 관계가 있다고 볼 수 있고, 관리청인 원고로부터 접도구역의 송유관 매설에 관한 허가를 얻게 됨으로써 접도구역이 아닌 사유지를 이용하여 매설하는 경우에 비하여는 공사절차 등의 면에서 이익을 얻는다고 할 수 있으며, 처음부터 이러한 경제적 이해관계를 고려하여 이 사건 협약을 체결한 것이라고 할 것이므로 부당결부금지원칙에 위반된 것이라고 할 수는 없다(대판 2009.2.12, 2005다65500).

41

정답 ④

타인에게 자기의 성명 또는 상호를 사용하여 영업을 할 것을 허락한 자는 자기를 영업주로 오인하여 거래한 제3자에 대하여 그 타인과 연대하여 변제할 책임이 있다(상법 제24조).

오답분석

① 상인은 그 성명 기타의 명칭으로 상호를 정할 수 있다(상법 제18조).
② 지점의 상호에는 본점과의 종속관계를 표시하여야 한다(상법 제21조 제2항).
③ 회사가 아니면 상호에 회사임을 표시하는 문자를 사용하지 못한다. 회사의 영업을 양수한 경우에도 같다(상법 제20조).
⑤ 상호를 등기한 자가 정당한 사유 없이 2년간 상호를 사용하지 아니하는 때에는 이를 폐지한 것으로 본다(상법 제26조).

42

정답 ⑤

청원의 심사의무는 헌법 제26조 제2항에서, 청원의 수리·심사·결과의 통지에 대해서는 청원법에서 규정하고 있다.

오답분석

① 청원기관의 장은 청원이 사인간의 권리관계 또는 개인의 사생활에 관한 사항에 해당하는 경우에는 처리를 하지 아니할 수 있다(청원법 제6조 제5호).
② 정부에 제출된 청원의 심사는 국무회의를 경유하여야 한다(헌법 제89조 제15호).
③ 공무원, 군인, 수형자도 청원을 할 수 있다. 다만, 직무와 관련된 청원이나 집단적 청원은 할 수 없다.
④ 청원법 제5조 제2호에 의하면 공무원의 위법·부당한 행위에 대한 시정이나 징계의 요구의 청원도 가능하다.

43

정답 ②

자기명의로써 타인의 계산으로 물건 또는 유가증권의 매매를 영업으로 하는 자를 위탁매매인이라 한다(상법 제101조).

오답분석

① 중개업자(중개인) : 타인 간의 상행위의 중개를 영업으로 하는 자(상법 제93조)
③ 대리상 : 일정한 상인을 위하여 상업사용인이 아니면서 상시 그 영업부류에 속하는 거래의 대리 또는 중개를 영업으로 하는 자(상법 제87조)
④ 운송주선인 : 자기의 명의로 물건운송의 주선을 영업으로 하는 자(상법 제114조)
⑤ 운송인 : 육상 또는 호천, 항만에서 물건 또는 여객의 운송을 영업으로 하는 자(상법 제125조)

44

정답 ①

발기인이 받을 특별이익과 이를 받을 자의 성명이 변태설립사항에 해당하고(상법 제290조 제1호), 발기인의 성명과 주소는 절대적 기재사항이다(상법 제289조 제8호).

변태설립사항(상법 제290조)

다음의 사항은 정관에 기재함으로써 그 효력이 있다.

1. 발기인이 받을 특별이익과 이를 받을 자의 성명
2. 현물출자를 하는 자의 성명과 그 목적인 재산의 종류, 수량, 가격과 이에 대하여 부여할 주식의 종류와 수
3. 회사성립 후에 양수할 것을 약정한 재산의 종류, 수량, 가격과 그 양도인의 성명
4. 회사가 부담할 설립비용과 발기인이 받을 보수액

45

정답 ④

회사의 법인격은 법률이 부여한 것으로 그의 권리능력은 법률에 의하여 제한을 받는다. 즉, 상법은 "회사는 다른 회사의 무한책임사원이 되지 못한다."는 규정을 두어 정책적 제한을 하고 있다(상법 제173조).

46

정답 ②

점유자가 점유물을 반환할 때에는 회복자에 대하여 점유물을 보존하기 위하여 지출한 금액 기타 필요비의 상환을 청구할 수 있다. 그러나 점유자가 과실을 취득한 경우에는 통상의 필요비는 청구하지 못한다(민법 제203조 제1항).

오답분석

① 선의의 점유자라도 본권에 대한 소에서 패소한 때에는 그 소가 제기된 때로부터 악의의 점유자로 본다(민법 제197조 제2항).
③ 점유자의 점유가 무과실의 점유라는 것은 추정되지 않으므로 점유자가 자신의 점유가 과실 없음을 입증하여야 한다(대판 1986.2.25, 85다카771). 점유자의 점유에서 추정되는 것은 자주점유이다. 과실 없는 점유를 추정하지는 않는다.
④ 폭력 또는 은비에 의한 점유자에게는 과실수취권이 인정되지 않는다(민법 제201조 제2항 · 제3항).
⑤ 유익비에 관하여는 그 가액의 증가가 현존한 경우에 한하여 회복자의 선택에 좇아 그 지출금액이나 증가액의 상환을 청구할 수 있다(민법 제203조 제2항).

47

정답 ③

소유권에 기한 방해배제청구권에 있어서 방해라 함은 현재에도 지속되고 있는 침해를 의미하고, 방해결과의 제거를 내용으로 하는 것이 되어서는 아니 되며, 이는 손해배상의 영역에 속한다(대판 2003.3.28, 2003다5917).

오답분석

① 소유권에 기한 물권적 청구권은 소멸시효에 걸리지 않는다(대판 1982.7.27, 80다2968).
② 상대방의 고의 · 과실을 불문하고 물권적 청구권은 발생한다.
④ 소유권을 양도함에 있어 소유권에 의하여 발생되는 물상청구권을 소유권과 분리, 소유권 없는 전소유자에게 유보하여 제3자에게 대하여 이를 행사케 한다는 것은 소유권의 절대적 권리인 점에 비추어 허용될 수 없다(대판 1969.5.27, 68다725).
⑤ 직접점유자의 점유가 침탈된 경우 간접점유자는 원칙적으로 직접점유자에게 반환을 청구하고 직접점유자가 반환받기를 거부하는 경우, 자신에게 반환할 것을 청구할 수 있다(민법 제207조 제2항).

48

정답 ③

국가의 신체와 생명에 대한 보호의무는 교통과실범의 경우 발생한 침해에 대한 사후처벌뿐 아니라, 무엇보다도 우선적으로 운전면허취득에 관한 법규 등 여러 가지 사전적·사후적 조치를 함께 취함으로써 이행된다 할 것이므로, 형벌은 국가가 취할 수 있는 유효적절한 수많은 수단 중의 하나일 뿐이지, 결코 형벌까지 동원해야만 보호법익을 유효적절하게 보호할 수 있다는 의미의 최종적인 유일한 수단이 될 수는 없다 할 것이다. 따라서 이 법률조항은 국가의 기본권 보호의무를 명백히 위반한 것이라고 할 수 없다(헌재결 2009.2.26, 2005헌마764).

오답분석

① 국가의 기본권 보호의무란 사인인 제3자에 의한 생명이나 신체에 대한 침해로부터 이를 보호하여야 할 국가의 의무를 말하는 것으로, 국가가 직접 주방용 오물분쇄기의 사용을 금지하여 개인의 기본권을 제한하는 경우에는 국가의 기본권 보호의무 위반 여부가 문제되지 않는다(헌재결 2018.6.28, 2016헌마1151).

② 헌법 제10조 제2문은 "국가는 개인이 가지는 불가침의 기본적 인권을 확인하고 이를 보장할 의무를 진다."고 규정함으로써, 소극적으로 국가권력이 국민의 기본권을 침해하는 것을 금지하는 데 그치지 아니하고 나아가 적극적으로 국민의 기본권을 타인의 침해로부터 보호할 의무를 부과하고 있다. 이러한 국가의 기본권 보호 의무로부터 국가 자체가 불법적으로 국민의 생명권, 신체의 자유 등의 기본권을 침해하는 경우 그에 대한 손해배상을 해주어야 할 국가의 행위의무가 도출된다고 볼 수 있다(헌재결 2003.1.30, 2002헌마358).

④ 국가는 원전의 건설·운영을 산업통상자원부장관의 전원개발사업 실시계획 승인만으로 가능하도록 한 것이 아니라, 원자력안전법에서 규정하고 있는 건설허가 및 운영허가 등의 절차를 거치도록 하여, 허가 단계에서 보다 엄격한 기준을 마련하여 원전으로 인한 피해가 발생하지 않도록 조치들을 강구하고 있다. 따라서 원전 건설을 내용으로 하는 전원개발사업 실시계획에 대한 승인 권한을 다른 전원개발과 마찬가지로 산업통상자원부장관에게 부여하고 있다 하더라도, 국가가 국민의 생명·신체의 안전을 보호하기 위하여 필요한 최소한의 보호조치를 취하지 아니한 것이라고 보기는 어렵다(헌재결 2016.10.27, 2015헌바358).

⑤ '살아서 출생한 태아'와는 달리 '살아서 출생하지 못한 태아'에 대해서는 손해배상청구권을 부정함으로써 후자에게 불리한 결과를 초래하고 있으나 이러한 결과는 사법관계에서 요구되는 법적 안정성의 요청이라는 법치국가이념에 의한 것으로 헌법적으로 정당화된다 할 것이므로, 그와 같은 차별적 입법조치가 있다는 이유만으로 곧 국가가 기본권 보호를 위해 필요한 최소한의 입법적 조치를 다하지 않아 그로써 위헌적인 입법적 불비나 불완전한 입법상태가 초래된 것이라고 볼 수 없다. 그렇다면 이러한 입법적 태도가 입법형성권의 한계를 명백히 일탈한 것으로 보기는 어려우므로 이 사건 법률조항들이 국가의 생명권 보호의무를 위반한 것이라 볼 수 없다(헌재결 2008.7.31, 2004헌바81).

49

정답 ①

오답분석

ⓔ 행정처분에 부담인 부관을 붙인 경우 부관의 무효화에 의하여 본체인 행정처분 자체의 효력에도 영향이 있게 될 수는 있지만, 그 처분을 받은 사람이 부담의 이행으로 사법상 매매 등의 법률행위를 한 경우에는 그 부관은 특별한 사정이 없는 한 법률행위를 하게 된 동기 내지 연유로 작용하였을 뿐이므로 이는 법률행위의 취소사유가 될 수 있음은 별론으로 하고 그 법률행위 자체를 당연히 무효화하는 것은 아니다. 또한 행정처분에 붙은 부담인 부관이 제소기간의 도과로 확정되어 이미 불가쟁력이 생겼다면 그 하자가 중대하고 명백하여 당연무효로 보아야 할 경우 외에는 누구나 그 효력을 부인할 수 없을 것이지만, 부담의 이행으로서 하게 된 사법상 매매 등의 법률행위는 부담을 붙인 행정처분과는 어디까지나 별개의 법률행위이므로 그 부담의 불가쟁력의 문제와는 별도로 법률행위가 사회질서 위반이나 강행규정에 위반되는지 여부 등을 따져보아 그 법률행위의 유효 여부를 판단하여야 한다(대판 2009.6.25, 2006다18174). 따라서 부담이 무효이거나 취소가 된다고 해서 그 이행행위인 기부채납이나 금전납부가 바로 부당이득이 되는 것은 아니다.

50

정답 ⑤

부가가치세법상의 사업자등록은 과세관청으로 하여금 부가가치세의 납세의무자를 파악하고 그 과세자료를 확보하게 하려는 데 제도의 취지가 있는바, 이는 단순한 사업사실의 신고로서 사업자가 관할세무서장에게 소정의 사업자등록신청서를 제출함으로써 성립하는 것이고, 사업자등록증의 교부는 이와 같은 등록사실을 증명하는 증서의 교부행위에 불과한 것이다. 나아가 구 부가가치세법 제5조 제5항에 의한 과세관청의 사업자등록 직권말소행위도 폐업사실의 기재일 뿐 그에 의하여 사업자로서의 지위에 변동을 가져오는 것이 아니라는 점에서 항고소송의 대상이 되는 행정처분으로 볼 수 없다. 이러한 점에 비추어 볼 때, 과세관청이 사업자등록을 관리하는 과정에서 위장사업자의 사업자명의를 직권으로 실사업자의 명의로 정정하는 행위 또한 당해 사업사실 중 주체에 관한 정정기재일 뿐 그에 의하여 사업자로서의 지위에 변동을 가져오는 것이 아니므로 항고소송의 대상이 되는 행정처분으로 볼 수 없다(대판 2011.1.27, 2008두2200).

오답분석

① 과거에 법률에 의하여 당연퇴직된 공무원이 자신을 복직 또는 재임용시켜 줄 것을 요구하는 신청에 대하여 그와 같은 조치가 불가능하다는 행정청의 거부행위는 당연퇴직의 효과가 계속하여 존재한다는 것을 알려주는 일종의 안내에 불과하므로 원고의 실체상의 권리관계에 직접적인 변동을 일으키는 것으로 볼 수 없고, 당연퇴직의 근거 법률이 헌법재판소의 위헌결정으로 효력을 잃게 되었다고 하더라도 당연퇴직된 이후 헌법소원 등의 청구기간이 도과한 경우에는 당연퇴직의 내용과 상반되는 처분을 요구할 수 있는 조리상의 신청권을 인정할 수도 없다고 할 것이어서, 이와 같은 경우 행정청의 복직 또는 재임용거부행위는 항고소송의 대상이 되는 행정처분에 해당한다고 할 수 없으므로 그 취소를 구하는 소는 부적법하다고 할 것이다(대판 2006.3.10, 2005두562).

② 한국마사회가 조교사 또는 기수의 면허를 부여하거나 취소하는 것은 경마를 독점적으로 개최할 수 있는 지위에서 우수한 능력을 갖추었다고 인정되는 사람에게 경마에서의 일정한 기능과 역할을 수행할 수 있는 자격을 부여하거나 이를 박탈하는 것에 지나지 아니하므로, 이는 국가 기타 행정기관으로부터 위탁받은 행정권한의 행사가 아니라 일반 사법상의 법률관계에서 이루어지는 단체 내부에서의 징계 내지 제재처분이다(대판 2008.1.31, 2005두8269).

③ 감액처분으로도 아직 취소되지 않고 남아 있는 부분이 위법하다 하여 다투고자 하는 경우, 감액처분을 항고소송의 대상으로 할 수는 없고, 당초 징수결정 중 감액처분에 의하여 취소되지 않고 남은 부분을 항고소송의 대상으로 할 수 있을 뿐이며, 그 결과 제소기간의 준수 여부도 감액처분이 아닌 당초 처분을 기준으로 판단해야 한다(대판 2012.9.27, 2011두27247).

④ 구 남녀차별금지 및 구제에 관한 법률 제28조에 의하면, 국가인권위원회의 성희롱결정과 이에 따른 시정조치의 권고는 불가분의 일체로 행하여지는 것인데 국가인권위원회의 이러한 결정과 시정조치의 권고는 성희롱 행위자로 결정된 자의 인격권에 영향을 미침과 동시에 공공기관의 장 또는 사용자에게 일정한 법률상의 의무를 부담시키는 것이므로 국가인권위원회의 성희롱결정 및 시정조치 권고는 행정소송의 대상이 되는 행정처분에 해당한다고 보지 않을 수 없다(대판 2005.7.8, 2005두487).

MEMO

M E M O

한국부동산원 NCS 필기시험 답안카드

성 명

지원 분야

문제지 형별기재란	
(　　　)형	Ⓐ Ⓑ

수 험 번 호						
⓪	⓪	⓪	⓪	⓪	⓪	⓪
①	①	①	①	①	①	①
②	②	②	②	②	②	②
③	③	③	③	③	③	③
④	④	④	④	④	④	④
⑤	⑤	⑤	⑤	⑤	⑤	⑤
⑥	⑥	⑥	⑥	⑥	⑥	⑥
⑦	⑦	⑦	⑦	⑦	⑦	⑦
⑧	⑧	⑧	⑧	⑧	⑧	⑧
⑨	⑨	⑨	⑨	⑨	⑨	⑨

감독위원 확인
㊞ 인

1	① ② ③ ④ ⑤	11	① ② ③ ④ ⑤	21	① ② ③ ④ ⑤	31	① ② ③ ④ ⑤
2	① ② ③ ④ ⑤	12	① ② ③ ④ ⑤	22	① ② ③ ④ ⑤	32	① ② ③ ④ ⑤
3	① ② ③ ④ ⑤	13	① ② ③ ④ ⑤	23	① ② ③ ④ ⑤	33	① ② ③ ④ ⑤
4	① ② ③ ④ ⑤	14	① ② ③ ④ ⑤	24	① ② ③ ④ ⑤	34	① ② ③ ④ ⑤
5	① ② ③ ④ ⑤	15	① ② ③ ④ ⑤	25	① ② ③ ④ ⑤	35	① ② ③ ④ ⑤
6	① ② ③ ④ ⑤	16	① ② ③ ④ ⑤	26	① ② ③ ④ ⑤	36	① ② ③ ④ ⑤
7	① ② ③ ④ ⑤	17	① ② ③ ④ ⑤	27	① ② ③ ④ ⑤	37	① ② ③ ④ ⑤
8	① ② ③ ④ ⑤	18	① ② ③ ④ ⑤	28	① ② ③ ④ ⑤	38	① ② ③ ④ ⑤
9	① ② ③ ④ ⑤	19	① ② ③ ④ ⑤	29	① ② ③ ④ ⑤	39	① ② ③ ④ ⑤
10	① ② ③ ④ ⑤	20	① ② ③ ④ ⑤	30	① ② ③ ④ ⑤	40	① ② ③ ④ ⑤

※ 본 답안지는 마킹연습용 모의 답안지입니다.

〈절취선〉

한국부동산원 NCS 필기시험 답안카드

성 명

지원 분야

문제지 형별기재란	
(　　　)형	Ⓐ Ⓑ

수 험 번 호						
⓪	⓪	⓪	⓪	⓪	⓪	⓪
①	①	①	①	①	①	①
②	②	②	②	②	②	②
③	③	③	③	③	③	③
④	④	④	④	④	④	④
⑤	⑤	⑤	⑤	⑤	⑤	⑤
⑥	⑥	⑥	⑥	⑥	⑥	⑥
⑦	⑦	⑦	⑦	⑦	⑦	⑦
⑧	⑧	⑧	⑧	⑧	⑧	⑧
⑨	⑨	⑨	⑨	⑨	⑨	⑨

감독위원 확인
㉮인

1	① ② ③ ④ ⑤	11	① ② ③ ④ ⑤	21	① ② ③ ④ ⑤	31	① ② ③ ④ ⑤
2	① ② ③ ④ ⑤	12	① ② ③ ④ ⑤	22	① ② ③ ④ ⑤	32	① ② ③ ④ ⑤
3	① ② ③ ④ ⑤	13	① ② ③ ④ ⑤	23	① ② ③ ④ ⑤	33	① ② ③ ④ ⑤
4	① ② ③ ④ ⑤	14	① ② ③ ④ ⑤	24	① ② ③ ④ ⑤	34	① ② ③ ④ ⑤
5	① ② ③ ④ ⑤	15	① ② ③ ④ ⑤	25	① ② ③ ④ ⑤	35	① ② ③ ④ ⑤
6	① ② ③ ④ ⑤	16	① ② ③ ④ ⑤	26	① ② ③ ④ ⑤	36	① ② ③ ④ ⑤
7	① ② ③ ④ ⑤	17	① ② ③ ④ ⑤	27	① ② ③ ④ ⑤	37	① ② ③ ④ ⑤
8	① ② ③ ④ ⑤	18	① ② ③ ④ ⑤	28	① ② ③ ④ ⑤	38	① ② ③ ④ ⑤
9	① ② ③ ④ ⑤	19	① ② ③ ④ ⑤	29	① ② ③ ④ ⑤	39	① ② ③ ④ ⑤
10	① ② ③ ④ ⑤	20	① ② ③ ④ ⑤	30	① ② ③ ④ ⑤	40	① ② ③ ④ ⑤

※ 본 답안지는 마킹연습용 모의 답안지입니다.

한국부동산원 전공 필기전형 답안카드

성 명

지원 분야

문제지 형별기재란	
(　　　)형	Ⓐ Ⓑ

수 험 번 호						
⓪	⓪	⓪	⓪	⓪	⓪	⓪
①	①	①	①	①	①	①
②	②	②	②	②	②	②
③	③	③	③	③	③	③
④	④	④	④	④	④	④
⑤	⑤	⑤	⑤	⑤	⑤	⑤
⑥	⑥	⑥	⑥	⑥	⑥	⑥
⑦	⑦	⑦	⑦	⑦	⑦	⑦
⑧	⑧	⑧	⑧	⑧	⑧	⑧
⑨	⑨	⑨	⑨	⑨	⑨	⑨

감독위원 확인
인

1	① ② ③ ④ ⑤	21	① ② ③ ④ ⑤	41	① ② ③ ④ ⑤
2	① ② ③ ④ ⑤	22	① ② ③ ④ ⑤	42	① ② ③ ④ ⑤
3	① ② ③ ④ ⑤	23	① ② ③ ④ ⑤	43	① ② ③ ④ ⑤
4	① ② ③ ④ ⑤	24	① ② ③ ④ ⑤	44	① ② ③ ④ ⑤
5	① ② ③ ④ ⑤	25	① ② ③ ④ ⑤	45	① ② ③ ④ ⑤
6	① ② ③ ④ ⑤	26	① ② ③ ④ ⑤	46	① ② ③ ④ ⑤
7	① ② ③ ④ ⑤	27	① ② ③ ④ ⑤	47	① ② ③ ④ ⑤
8	① ② ③ ④ ⑤	28	① ② ③ ④ ⑤	48	① ② ③ ④ ⑤
9	① ② ③ ④ ⑤	29	① ② ③ ④ ⑤	49	① ② ③ ④ ⑤
10	① ② ③ ④ ⑤	30	① ② ③ ④ ⑤	50	① ② ③ ④ ⑤
11	① ② ③ ④ ⑤	31	① ② ③ ④ ⑤		
12	① ② ③ ④ ⑤	32	① ② ③ ④ ⑤		
13	① ② ③ ④ ⑤	33	① ② ③ ④ ⑤		
14	① ② ③ ④ ⑤	34	① ② ③ ④ ⑤		
15	① ② ③ ④ ⑤	35	① ② ③ ④ ⑤		
16	① ② ③ ④ ⑤	36	① ② ③ ④ ⑤		
17	① ② ③ ④ ⑤	37	① ② ③ ④ ⑤		
18	① ② ③ ④ ⑤	38	① ② ③ ④ ⑤		
19	① ② ③ ④ ⑤	39	① ② ③ ④ ⑤		
20	① ② ③ ④ ⑤	40	① ② ③ ④ ⑤		

※ 본 답안지는 마킹연습용 모의 답안지입니다.

〈절취선〉

한국부동산원 전공 필기전형 답안카드

성 명

지원 분야

문제지 형별기재란	
(　　　)형	Ⓐ Ⓑ

수 험 번 호						
⓪	⓪	⓪	⓪	⓪	⓪	⓪
①	①	①	①	①	①	①
②	②	②	②	②	②	②
③	③	③	③	③	③	③
④	④	④	④	④	④	④
⑤	⑤	⑤	⑤	⑤	⑤	⑤
⑥	⑥	⑥	⑥	⑥	⑥	⑥
⑦	⑦	⑦	⑦	⑦	⑦	⑦
⑧	⑧	⑧	⑧	⑧	⑧	⑧
⑨	⑨	⑨	⑨	⑨	⑨	⑨

감독위원 확인
㊞ 인

1	①	②	③	④	⑤	21	①	②	③	④	⑤	41	①	②	③	④	⑤
2	①	②	③	④	⑤	22	①	②	③	④	⑤	42	①	②	③	④	⑤
3	①	②	③	④	⑤	23	①	②	③	④	⑤	43	①	②	③	④	⑤
4	①	②	③	④	⑤	24	①	②	③	④	⑤	44	①	②	③	④	⑤
5	①	②	③	④	⑤	25	①	②	③	④	⑤	45	①	②	③	④	⑤
6	①	②	③	④	⑤	26	①	②	③	④	⑤	46	①	②	③	④	⑤
7	①	②	③	④	⑤	27	①	②	③	④	⑤	47	①	②	③	④	⑤
8	①	②	③	④	⑤	28	①	②	③	④	⑤	48	①	②	③	④	⑤
9	①	②	③	④	⑤	29	①	②	③	④	⑤	49	①	②	③	④	⑤
10	①	②	③	④	⑤	30	①	②	③	④	⑤	50	①	②	③	④	⑤
11	①	②	③	④	⑤	31	①	②	③	④	⑤						
12	①	②	③	④	⑤	32	①	②	③	④	⑤						
13	①	②	③	④	⑤	33	①	②	③	④	⑤						
14	①	②	③	④	⑤	34	①	②	③	④	⑤						
15	①	②	③	④	⑤	35	①	②	③	④	⑤						
16	①	②	③	④	⑤	36	①	②	③	④	⑤						
17	①	②	③	④	⑤	37	①	②	③	④	⑤						
18	①	②	③	④	⑤	38	①	②	③	④	⑤						
19	①	②	③	④	⑤	39	①	②	③	④	⑤						
20	①	②	③	④	⑤	40	①	②	③	④	⑤						

※ 본 답안지는 마킹연습용 모의 답안지입니다.

2026 최신판 시대에듀 사이다 모의고사
한국부동산원 NCS + 전공

개정6판1쇄 발행	2025년 09월 10일 (인쇄 2025년 08월 28일)
초 판 발 행	2021년 08월 20일 (인쇄 2021년 07월 14일)
발 행 인	박영일
책 임 편 집	이해욱
편 저	SDC(Sidae Data Center)
편 집 진 행	여연주 · 오세혁
표지디자인	김도연
편집디자인	유가영 · 고현준
발 행 처	(주)시대고시기획
출 판 등 록	제10-1521호
주 소	서울시 마포구 큰우물로 75 [도화동 538 성지 B/D] 9F
전 화	1600-3600
팩 스	02-701-8823
홈 페 이 지	www.sdedu.co.kr

I S B N	979-11-383-9906-7 (13320)
정 가	18,000원

사
이
다

사일 동안
이것만 풀면
다 합격!

한국부동산원
NCS + 전공

NEXT STEP
시대에듀가 합격을 준비하는
당신에게 제안합니다.
성공의 기회
시대에듀를 잡으십시오.
시대에듀
기회란 포착되어 활용되기 전에는 기회인지조차 알 수 없는 것이다.
– 마크 트웨인 –